环喜马拉雅人类活动与区域发展协同创新中心
北京大学新结构经济学研究院西藏分院　　研究成果
西藏大学珠峰研究院

『产业—生态』关联演化研究

RESEARCH ON THE CO-EVOLUTION OF INDUSTRY AND ECOLOGY

徐爱燕　杜青龙　李　原◎著

经济管理出版社
ECONOMY & MANAGEMENT PUBLISHING HOUSE

图书在版编目（CIP）数据

“产业—生态”关联演化研究/徐爱燕，杜青龙，李原著．—北京：经济管理出版社，2023.11

ISBN 978-7-5096-9452-7

Ⅰ.①产… Ⅱ.①徐… ②杜… ③李… Ⅲ.①生态经济—产业结构升级—研究—西藏 Ⅳ.①F127.75

中国国家版本馆 CIP 数据核字(2023)第 222765 号

组稿编辑：张巧梅
责任编辑：张巧梅　白　毅
责任印制：张莉琼
责任校对：蔡晓臻

出版发行：经济管理出版社
（北京市海淀区北蜂窝 8 号中雅大厦 A 座 11 层　100038）
网　　址：www. E-mp. com. cn
电　　话：（010）51915602
印　　刷：北京晨旭印刷厂
经　　销：新华书店
开　　本：720mm×1000mm/16
印　　张：15
字　　数：269 千字
版　　次：2024 年 4 月第 1 版　　2024 年 4 月第 1 次印刷
书　　号：ISBN 978-7-5096-9452-7
定　　价：98.00 元

联系地址：北京市海淀区北蜂窝 8 号中雅大厦 11 层
电话：（010）68022974　　邮编：100038

资助基金：

1. 国家社会科学基金重点项目“西藏地区‘产业—生态安全’关联演化分析及生态补偿机制研究”（项目号：18AJY005）

2. 藏财预指【2022】1号中央支持地方部区合建/一流学科珠峰学科建设计划项目-珠峰学科建设计划项目-（优势学科）应用经济学优势学科建设

前　言

西藏生态环境因其特殊性、脆弱性及战略重要性，持续受到学界和社会各界的广泛关注。西藏自治区人民政府通过坚持不懈地执行“五位一体”总体布局，在大力发展产业的同时，不断优化环保治理模式、强化生态保护补偿，生态环境得到大幅度改善。但在“产业—生态”关联演化中，生态保护与产业发展的新问题、新矛盾层出不穷，如何确保二者实现耦合演化而不是耗散演化，是当前西藏产业发展与生态保护的核心问题。

针对如何实现产业发展与生态水平的耦合演化，已有文献进行了大量的研究，并取得了不错的成就，但也存在诸多不足：一是割裂产业发展与生态保障水平的时空关联性，导致出现相互矛盾的结论；二是在生态保护补偿、协同治理研究方面忽视了企业主体的逐利性，导致理论难以指导生产实践；三是定量研究占据了主导地位，研究方法多元性明显不足。环境数据（特别是西藏的环境数据）公开度有限，研究时需要对数据进行处理，导致分析时的数据已经“面目全非”。另外，定量研究难以描述复杂的组织关系行为、动态过程以及这些行为、过程背后的复杂发生机制。因此，对西藏“产业—生态”关联演化的耦合性以及生态保护补偿机制展开研究，不仅在实现西藏生态环境恢复与治理、区域资源合理开发与社会经济融合发展方面具有现实迫切性，也是对产业发展与生态保障水平耦合演化相关文献的有力补充。

本书主要通过定量研究与定性研究相结合的方法对西藏产业与生态关联演化、生态保护补偿展开研究。定量研究方法主要包括文献计量法、时间序列模型、面板模型、因果计量（如倾向值匹配、合成分析、双重差分等）等。定性研究方法则主要包括扎根理论法与案例研究方法。具体研究过程与主要结论如下：

综合利用文献计量和扎根研究方法，对西藏生态保障研究进行综述，并构建西藏生态保障水平研究比较框架模型。主要结论包括：一是既有文献对西藏生态水平的研究主要分为三个阶段，目前处于相对稳定的研究阶段，研究内容主要包括生态建设、生态系统保护、生态保护政策、产业结构调整四个层面。二是既有文献对西藏生态的研究主要聚焦于生态建设/生态系统保护、农牧区生态建设、生态保护政策、产业结构调整、青藏高原特殊环境、西藏生态系统与西藏生态文明这七大范畴。三是西藏省级层面的生态水平研究与国家层面的生态水平研究在主题词方面既有关联，也存在明显区别。

在给定生态水平定义与构建生态水平测度指标体系基础上，基于 DPSIR（驱动力—压力—状态—影响—响应）模型，对西藏的生态水平进行测量。测量结果显示：一是整体趋势向好。西藏的生态水平值由 2000 年的 0.455（一般状态：预警）上升到 2020 年的 0.687（状态：良好），且从 2013 年开始，生态水平值稳定在"状态：良好"区间。二是政策干预效应明显。党的十八大后，西藏的生态水平值首次（2013 年）超越 0.6 的临界点；中央第六次西藏工作座谈会后，西藏的生态水平值（2016 年）有一个明显的跃升缺口。

基于 VAR 模型与哈肯模型，对西藏产业与生态水平的关联演化进行了分析。VAR 模型分析结果显示，产业结构调整、产业规模和生态水平之间存在相互影响的动态调整关系。哈肯模型分析结果显示，西藏产业结构调整和生态系统的势函数图形能够揭示二者的协同演化轨迹，这表明产业结构系统是"产业结构调整—生态系统"的有序参量，是影响二者耦合演化的主导因素，决定了整个系统演化的进程及方向。同时，产业结构系统对生态水平的正向反馈机制尚未有效建立，"产业—生态"系统进一步耦合演化还面临着较大阻力。

以绿色全要素生产率为表征指标，对西藏"产业—生态"关联演化的结果——"耦合性"进行了分析。主要结论包括：一是西藏"产业—生态"关联演化的耦合性总体较好，特别是党的十八大后，"产业—生态"关联演化的耦合性水平得到很好的巩固、提升。从横向比较看，与西部其他地区相比，西藏"产业—生态"关联演化的耦合性相对良好。二是西藏目前走的是一条"高发展、高治理"的路子。得益于较高的污染治理投入，超污染物排放规模对"产业—生态"关联演化的耦合性影响尚不显著。三是应通过产业结构升级与强化污染治理投入并举来提升西藏“产业—生态”关联演化的耦合性。

采用案例研究方法，对“产业—生态”关联演化的路径、机制与绩效进行分析。围绕政府主导、市场主导、混合治理三种模式，以多主体“治理闭环”为核心，研究发现，一是当产业与生态均是自我演化时（即经济学视角的产业生态系统），生态得不到有效保障，产业发展是以牺牲生态为代价的。二是当出现跨边界治理组织或个体时，产业与生态关联演化的路径差异较大。三是从驱动力来看，政府进行生态治理是“目标驱动”的，驱动力来源于上级给定的“目标压力”。市场进行生态治理则是“取向驱动”的，驱动力来源于因动机、价值观等形成的“取向模式”。四是从实现关联演化的闭环机制来看，政府主导的闭环机制为“（政府）合法性规制+（企业）相机性寻租”，相机性寻租可以弥补因“单边—单向”治理结构导致的目标不相容问题。市场主导模式达成治理闭环的机制为“（市场）社会系统规范+（企业）寻利”。在混合治理模式下，公司针对不同的治理主体给出不同的响应机制，从而形成与单主体相同的闭环机制。

为进一步研究自治区政府在“产业—生态”关联演化中的角色，本书基于“生态保护第一”的新环保政策对“产业—生态”关联演化的冲击效应进行了研究，主要采用了双重差分模型与合成分析模型。主要结论包括：一是地区新环保政策有效抑制了污染物的排放。二是新环保政策对经济总量无影响，但对产业结构影响较大——新环保政策明显抑制了第三产业的发展速度，这与第四章基于哈肯模型的关联演化分析结论相吻合。三是新环保政策对“产业—生态”关联演化的冲击效应，新环保政策对污染物的排放有明显的抑制作用，即新环保政策对西藏“产业—生态”耦合演化具有一定正向效果。四是新环保政策手段单一，生态保护补偿没有发挥应有的效应，导致“产业—生态”没有实现最大程度的耦合演化。

在宏观研究基础上，本书第八章基于社会结构的视角从微观层面研究西藏的生态文明建设及其对“产业—生态”耦合演化的影响。通过对农牧业（研究主体为村民）与旅游业（研究主体为游客）展开研究，我们发现，微观层面经济主体的生态文明对产业发展与生态水平的关联演化也存在显著影响。农牧民、旅游消费者在生产生活、旅游消费过程中形成的“取向”，既有个人因素考虑（如农牧民对美好生活的向往、游客的旅游成本以及对西藏旅游的高预期价值），也有恪守生态文明的公民责任感（基于生态文明的四个维度构成：文化价值观、精神文明、生活方式、生态理念），其中，恪守生态文明的公民责任感是自然人主体维系高质量生态文明的基石。最重要的是，农牧民、旅游消费者在生产生活中表现出的生态文明，不仅包括人与自然（景观）的关系，更包括人与人、人与社会的和谐共生与良性循环。

基于第二章至第八章的研究结论，例如，“西藏生态基线超越红线并不高，距离警戒线并不远”“产业结构系统对生态的正向反馈机制尚未有效建立”“西藏目前走的是一条‘高发展、高治理’的路子”等，进一步提出推进西藏“产业—生态”耦合演化的基本对策，即在稳妥推进规制化手段的同时，积极建立多主体、多层次、多目标的多元化生态保护补偿机制，通过经济手段、制度手段与生态文明建设来促进人与自然、人与人、人与社会之间的和谐发展。通过对西藏经济环境、社会文化环境、生态环境与技术环境进行分析，对西藏自治区隆子县以及高争水泥、华泰龙矿业等公司生态保护补偿案例进行总结，提出了西藏多元化生态保护补偿的基本框架，构建了西藏多元化生态保护补偿机制的具体实施方案，包括实施“生态+产业”战略、盘活生态资源、建立台账、出台生态资源定价机制与标准、筹建生态保护补偿银行等。

综上所述，本书综合运用定量研究与定性研究相结合的方法，对西藏“产业—生态”的关联演化特征与轨迹、耦合水平、干扰因素等进行了详细的分析。梳理了西藏生态研究的七大范畴，明晰了生态水平演化特征，厘清了产业结构升级、污染治理投入对“产业—生态”耦合演化的影响效应，明确了市场、政府协同治理绩效的帕累托改善方向，为进一步研究“产业—生态”演化以及生态保护补偿机制的学者提供了理论支持。提出的决策建议又为政府、企业、市民如何在“产业—生态”关联演化中扮演恰当的角色提供了参照，并为各利益相关群体如何构建生态保护补偿机制提供了明确的建议。

另外，本书从最初的架构，到成书的审核，再到后来的字斟字酌，均得到了安玉琴教授的悉心指导。亦如多年以来，安玉琴教授对我们三位作者工作上的关心与帮助。

限于知识素养和学术水平，本书中难免也存在缺陷与不足，欢迎各位读者批评指正。

目　录

第一章　绪论 …… 1

第一节　研究背景 …… 1
第二节　理论基础与核心概念 …… 4
第三节　研究目标 …… 7
第四节　主要研究内容 …… 7
第五节　研究方法与技术路线 …… 9
第六节　研究的理论贡献与实践意义 …… 11

第二章　西藏生态水平研究综述：基于文献计量和扎根分析的视角 …… 14

第一节　前言 …… 14
第二节　数据来源 …… 15
第三节　分析方法 …… 15
第四节　西藏生态水平研究的文献计量分析 …… 16
第五节　西藏生态水平研究：一个比较框架模型 …… 21
第六节　研究结论与研究展望 …… 28

第三章　西藏生态保障水平与生态基线分析 …… 30

第一节　前言 …… 30
第二节　文献综述 …… 31
第三节　西藏生态水平操作性定义 …… 34

第四节 西藏生态保障水平测算 …… 38
第五节 西藏生态保障水平演化特点分析 …… 40
第六节 西藏生态保障水平演化趋势预测 …… 41
第七节 西藏生态基线分析 …… 44
第八节 结论与对策 …… 48

第四章 西藏“产业—生态”关联演化相关性及演化轨迹分析 …… 50

第一节 文献综述 …… 50
第二节 理论假设 …… 52
第三节 产业结构与生态水平关联演化的相关性分析 …… 55
第四节 产业规模与生态水平关联演化的相关性分析 …… 62
第五节 产业发展与生态水平关联演化轨迹分析 …… 69
第六节 结论与政策建议 …… 74

第五章 西藏“产业—生态”关联演化耦合性分析：基于绿色全要素生产率的视角 …… 80

第一节 “产业—生态”关联演化耦合性及其度量 …… 80
第二节 （绿色）全要素生产率测算方法 …… 83
第三节 样本、变量选取 …… 84
第四节 西藏全要素生产率测算 …… 86
第五节 西藏绿色全要素生产率测算 …… 92
第六节 “污染物—产业”规模一致性与关联演化耦合度 …… 97
第七节 国家环境规制政策变革对关联演化耦合度的影响 …… 101
第八节 产业结构升级、污染治理投入对关联演化的影响 …… 105
第九节 研究结论与政策建议 …… 108

第六章 “产业—生态”关联演化的路径、机制与绩效分析：案例研究 …… 111

第一节 前言 …… 111
第二节 文献综述 …… 112
第三节 研究方法 …… 116

第四节　研究发现 …… 119
第五节　研究结论与政策建议 …… 127

第七章　西藏新环保政策对“产业—生态”关联演化的冲击效应分析 …… 132

第一节　前言 …… 132
第二节　文献综述 …… 133
第三节　研究设计与计量模型 …… 135
第四节　实证检验 …… 138
第五节　研究结论与政策建议 …… 149

第八章　生态文明建设及其对“产业—生态”耦合的影响：基于社会结构的视角 …… 152

第一节　引言 …… 152
第二节　文献综述 …… 153
第三节　研究设计 …… 154
第四节　生态文明研究之农牧业 …… 155
第五节　生态文明研究之旅游业 …… 163
第六节　结论讨论与管理建议 …… 169

第九章　促进西藏“产业—生态”耦合演化的多元化生态保护补偿机制研究 …… 172

第一节　生态保护补偿文献综述 …… 172
第二节　西藏“产业—生态”关联演化研究结论总结 …… 180
第三节　西藏宏观环境分析 …… 185
第四节　西藏生态保护补偿实践案例 …… 190
第五节　西藏建构多元化生态保护补偿机制的基本框架 …… 198

参考文献 …… 207

附　录 …… 222

第一章　绪论

第一节　研究背景

20 世纪 60 年代，卡逊在《寂静的春天》一书中以生动而严肃的笔触描写了因过度施（使）用化学药品和肥料而导致环境污染、生态破坏的场景，引发了广泛关注，书中记录的大量工业文明对生态所带来的负面影响，直接推动了现代环保主义的发展。1977 年，美国学者布朗从安全角度研究环境议题，学界开始逐渐开展生态保护方面的探索（崔胜辉等，2005；鞠昌华等，2020），并从尺度范围将研究区域细分为国际大区域、国家区域、省市区域以及生态功能区域（鞠昌华等，2020）。

从尺度上看，西藏生态保护区隶属于省市区域，但由于西藏生态环境的特殊性、脆弱性及战略重要性，其持续受到党和政府以及广大人民群众的关注。2009 年，国务院通过了《西藏生态安全屏障保护与建设规划（2008-2030 年）》，将西藏纳入生态环境重点治理区域。2015 年，中央第六次西藏工作座谈会提出“生态保护第一”的指导思想。为此，中央及自治区各级政府通过完善法律法规、加大资金投入、深化科技手段运用、优化治理理念等手段，使西藏的生态保护成效持续向好。我国通过中央财政转移支付、西藏本级财政拨款、援藏资金支持等方式，对西藏的生态治理与生态保护进行补偿，截至 2020 年，累计投入资金达 814 亿元。截至 2021 年，西藏已经拥有各类自然保护区、公园、综合示范区与封禁保护区55个，自然保护地占全区国土面积的38.75%；封禁区面积达到4.8万公顷；天然草原综合植被覆盖度、森林覆盖率、湿地面积大幅度提升；江河湖泊水质整体趋于良好，各类野生动植物得到有效保护，黑颈鹤数量达到8000多只，数量上涨了3倍；藏羚羊数量提升到约30万只；国家一级保护野生植物巨柏稳步增加，白颊猕猴、东歌林莺等新物种不断被发现；全区天气优良天数达到99.4%，PM2.5/PM10年均浓度大幅下降；清洁能源使用率实现了翻番，居民消费观念不断改善，新能源使用、绿色生活方式开始在年轻群体中成为主流与时尚。

自《环境保护督察方案（试行）》出台后，我国形成了"地方政府+中央环保督察组"的"压力型"环保治理体系（周晓博和马天明，2020；苑春荟和燕阳，2020）。这种治理体系在西藏环保治理中也取得了显著的成效，使西藏"全区生物多样性和生态系统总体保持稳定，西藏仍然是世界上生态环境质量最好的地区之一"（西藏自治区生态环境厅，2021）。但自治区在环保治理模式、生态保护补偿方面也存在一些问题，如产业发展与生态保护的相容性矛盾没有得到较好的解决。另外，治理体系面临的边界有效性问题（苑春荟和燕阳，2020）同样不容回避：一是存在"政府失灵"现象；二是"运动式"治理存在破坏营商环境的现象（孟庆春等，2020）。因此，无论是生产实践还是学术研究，西藏的环保治理与生态保护补偿需要进一步厘清产业发展、生态保护补偿（或环境规制）与生态水平之间的关系。

就如何解决产业发展与生态保护的相容性矛盾问题，已有文献取得了一些研究成果。如就产业关联性与生态水平而言，原嫄等（2016，2020）认为，产业结构等产业要素对生态水平具有显著影响。同时，生态水平对产业发展也会产生直接的限制性作用，如生态约束可能会影响经济主体的部分发展权利（IPCC，2000；Fischer & Morgenstern，2006），推进或制约区域经济发展阶段演进、产业结构升级、产业类型的专业化和多样化趋势（原嫄等，2016，2020；Friedl & Getzner，2003；徐成龙等，2014）。即产业发展与生态水平可以表现为一种耦合演化的趋势，这种耦合演化既体现在时间维度上，也体现在空间维度上。

在经济发展与生态保护补偿机制设计方面，已有文献取得了丰硕的研究成果。已有文献在生态保护补偿机制研究方面的核心问题是如何解决资源环境领域的外部性问题，研究成果主要包括两大基本思路：基于科斯定理的市场补偿机制和基于“庇古税”思路的政府补偿机制（柳荻等，2018）。关于市场治理与政府治理两种机制谁更有效，已有文献得出了矛盾的研究结果：Pagiola 和 Platais（2006）、Wunder（2015）等学者认为，市场补偿比政府补偿更有效率，这与 Engel 和 Pagiola（2008）等的研究成果相矛盾。矛盾的结论说明治理机制的设计与选择可能存在诸多调节变量，如 Borner 等（2017）认为，情景变量（如政治环境、制度、供应成本的异质性等）、确定环境和社会经济产出的方案设计（如支付类型和水平、补偿目标等）均会影响补偿机制的作用效率。国际上，政府补偿与市场补偿是两种常用的机制，但在中国的生态保护补偿实践中，政府补偿是当前最主要的形式，因为这种方式比较容易启动（刘丽，2010），且效率更高（柳荻等，2018）。

已有研究文献在经济发展、生态水平、生态保护补偿（或生态治理）方面取得了一定的成就，但也面临诸多不足：

（1）产业发展与生态水平在时间、空间维度上具有共同演化的特征。目前对二者共同演化的研究表现为单项的研究，即研究产业发展（或经济发展）如何影响生态水平，而较少进行逆向研究或关联研究。在生态保护补偿类型与补偿机制的研究上，已有文献突出了时空性，但是补偿机制的时空性常与“产业—生态”关联演化的时空性相互割裂，这可能是导致补偿机制研究结果具有矛盾性的重要原因之一。

（2）针对治理体系不完善导致的诸多问题，党的十九大提出要“构建以政府为主导、企业为主体、社会组织和公众共同参与”的环境治理体系。2020 年中共中央办公厅、国务院办公厅印发的《关于构建现代环境治理体系的指导意见》也要求环保治理需遵循“多方共治、市场导向”原则。已有文献也已经注意到仅依靠政府“压力型”体制对企业环保进行治理的局限性，并认为协同治理才是未来的方向（周晓博和马天明，2020；苑春荟和燕阳，2020）。但不同主体在行为、利益、目标等方面存在较大差异，协同治理面临的诸多问题依然亟待进一步研究（董珍，2018；孟庆春等，2020；锁利铭等，2021）。

（3）第一，在研究方法上，无论是对产业、生态之间的（关联）演化的研究，还是对生态保护补偿、治理机制的选择，已有文献更倾向于采用定量研究方法，研究方法多元性明显不足。更重要的是，西藏数据获取有限，很多学者（原嫄和孙欣彤，2020）在进行研究时，都将西藏排除在外。另外，对于非常复杂的组织关系行为、动态过程（即所谓的"HOW"的问题）以及这些行为、过程背后的复杂发生机制（即所谓的"WHY"的问题），定量研究难以回答这类问题，但这恰好是定性研究方法的优势（Eisenhard，1989；罗伯特·K. 殷，2016；毛基业和李高勇，2014）。第二，已有文献强调依据问卷、二手资料等得出的数据，对真实情景下的生态保护补偿等现象缺乏关注。第三，环保治理现象在数字化背景下越来越普遍，但却缺乏足够的文献支持，这种情况更适合采用案例研究方法进行归纳总结（潘善琳和崔丽丽，2018）。

因此，进一步加强对西藏"产业—生态"关联演化中的耦合性以及相应的生态保护补偿机制的研究，对实现西藏生态环境恢复与治理、区域资源合理开发与社会经济融合发展，具有重大的理论与现实意义。

第二节　理论基础与核心概念

一、理论基础

（一）经济自由主义与政府干预主义

经济自由主义的核心主张是市场调节占主导地位，政府尽可能少干预或不干预。政府存在的目的是为经济社会发展提供服务，且在经济社会发展模式中处于从属地位。国家干预主义则认为，政府在社会经济的发展和市场竞争中必须实施主动干预，且这种干预占据主导地位。经济自由主义和国家干预主义虽然彼此长期斗争，但常常是对立统一的（李繁荣，2017）。

因为资源的稀缺性，人们总是试图寻找资源配置的最佳方式，达到使用最少的资源耗费生产出最多的产品和劳务。其中，市场配置资源是依据市场机制进行配置，市场机制主要依赖"看不见的手"（包括价格机制、竞争机制和供求机制等）调节着生产资料和劳动力在社会生产各个部门之间的分配。"看不见的手"迫使市场主体去改进技术、改善管理、优化资源配置，从而在竞争中获取竞争优势。党的十八届三中全会提出，使市场在资源配置中起决定性作用。

是否需要政府干预取决于是否存在市场失灵。大多数经济学家认为市场失灵是存在的，市场失灵会导致资源的错配以及低效率。在生态研究中，外部性与公共产品是常见的研究范畴。外部性（或溢出性）是指一个人或一群人的行动和决策使另一个人或一群人受损或受益的情况，如果经济行为使他人或社会受损，但却没有人为此承担代价，我们称之为负外部性。负外部性会导致资源配置无法达到帕累托最优。为了纠正市场配置资源导致的负外部性，就需要国家进行干预。生态政策一般针对公共产品，市场配置机制也常常失灵，如果政府不进行干预，就会出现“公地悲剧”① 现象。解决“公地悲剧”有两种办法，一是政府使用权力配置资源，二是道德约束。

我国新结构主义学派认为，“有为的政府”是不可或缺的（张维迎和林毅夫，2017）。因为无论是产业发展还是生态优化，都需要一个资源要素积累以及比较优势的变化过程。政府在产业发展与生态演化的过程中需要承担激励作用，并动员和配置有限的资源。斯蒂格利茨也认为，发展中国家由于监管制度不完善，完全依赖“看不见的手”容易导致资源错配与发展风险（即市场失灵）。张维迎认为，“不存在市场失灵，只存在经济理论失灵”，政府的职能应该被限制在提供中性的公共服务方面，如基础设施建设、保护竞争以及维持秩序等。

（二）交易成本理论

Arrow 将交易费用定义为经济制度运行的费用。交易成本理论主要关注契约关系的治理，弗里德兰等提出了一个把（制度）环境、治理、个体相区别的三层次框架模型（见图 1-1），这与科斯提出的因果模型相类似。制度环境决定了游戏规制，如果产权、合同法、规范、习俗等的变化导致了治理比较成本的变动，就会导致经济组织的重组（威廉姆森，2016）。

交易成本经济学明确主张“有限理性”，即人类的认知是“意欲理性的，但仅是有限地如此”行为。有限理性导致“动机和判断力的脆弱性”，交易成本理论将其称为机会主义。机会主义可以采取明目张胆的、狡诈的和自然的三种方式。明目张胆的方式是指可以不受惩罚地撕毁合同；狡诈的方式是指很有策略性（常常被指为“欺骗性地谋求自利”）；自然的方式则指在边际上做体制的手脚（威廉姆森，2016）。

① Hadin（1968）举了一个“公地悲剧”的例子：当牧民面对一块免费草地的时候，每一个牧民都想多养牛，因为多养一头牛的收益是大于成本的。但如果每个人都有这个想法，而草量是有限的，草地将可能被过度放牧，从而不能满足牛的食量，致使所有牧民的牛均挨饿，收益下降。

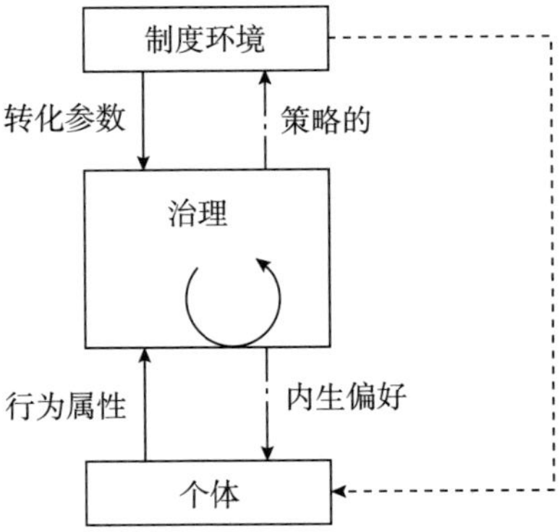

图 1-1　三层次框架模型

二、核心概念界定

（1）耦合。表示两个系统之间的关联程度，当一个系统发生变化时对另一个子系统的影响很小，则称它们是松散耦合的；反之则称它们是紧密耦合的。

（2）关联演化。两个相近相通，又相差相异的系统，不仅有静态的相似性，也有动态的互动性。当两个系统中的某一个发生突变时，两个系统至少能够实现稳定演化，我们称之为耦合演化。耦合演化可以激发两个系统的内在潜能，从而实现两者的优势互补和共同提升（叶翠红，2016）。

（3）生态保障（省市区域尺度）。指在正确生态观指导下，通过科学规划人类活动与人类赖以生存的环境或生态条件之间的关系，使一定区域范围内的资源占用与生态承载力处于耦合状态，人类生存环境长期处于健康可持续发展状态。

（4）“产业—生态”关联演化。指在产业与生态水平两个变量中，一个发生突变时，另一个变量会相应产生变化。变化结果有两种状态：一种状态是稳定演化，即突变体不具有负外部性，我们称之为耦合演化；二者能够相互促进、相互正向影响。另一种状态是耗散演化，即突变体具有负外部性时，一方的发展是以牺牲另一方的利益为条件的。

第三节　研究目标

一、总目标

对西藏“产业—生态”关联演化的内在规律进行探索，寻找产业、生态之间耦合演化（而非耗散演化）的路径、机制，并在此基础上探讨适合西藏经济发展规律和生态特殊性的生态保护补偿机制。

二、分目标

（1）对西藏生态研究进行梳理，并与国内其他地区进行比较。

（2）厘清西藏生态水平演化的特征。

（3）厘清西藏产业与生态水平关联演化的动态特征。

（4）明确西藏产业发展与生态水平关联演化的耦合程度。

（5）探索产业发展与生态水平实现耦合演化的路径与内在机制。

（6）研究中央政府以及自治区政府环保政策（规制政策+市场生态保护补偿）对关联演化的冲击效应。

（7）研究生态文明对“产业—生态”关联演化的影响。

（8）依据前文分析结果，建构适合西藏经济发展规律、生态特殊性的多元化补偿机制。

第四节　主要研究内容

围绕西藏“产业—生态”关联演化，以及如何设计多元化补偿机制，本书的主要研究内容如下：

第一章，绪论。主要介绍本书的研究背景、理论基础与核心概念、研究目标、主要研究内容、研究方法与技术路线、研究的理论贡献与实践意义等内容。

第二章，西藏生态水平研究综述：基于文献计量和扎根分析的视角。运用文献计量方法及扎根理论的编码技术，采用 CiteSpace 软件，在对西藏生态研究文献与全国生态研究文献进行比较分析的基础上，对西藏生态研究成果进行系统性梳理，并构建了西藏生态研究的比较框架模型。

第三章，西藏生态保障水平与生态基线分析。通过构建西藏生态水平的测度指标体系，基于 DPSIR（驱动力—压力—状态—影响—响应）模型，对西藏的生态水平进行了测量，并分析了西藏目前的生态基线情况。

第四章，西藏“产业—生态”关联演化相关性及演化轨迹分析。首先，基于 VAR 模型对西藏产业结构、产业规模与生态水平关联演化的相关性展开了研究，基于 VAR 模型得出的结论可以发现，产业结构调整与生态水平冲击效应较明显。其次，基于哈肯模型揭示了二者协同演化的轨迹。

第五章，西藏“产业—生态”关联演化耦合性分析：基于绿色全要素生产率的视角。以西部 12 个省级单位为分析样本，以 2004~2020 年为分析时间单位构建面板数据，以绿色全要素生产率为表征指标，对西藏的“产业—生态”关联演化耦合性展开了分析，以期揭示西藏“产业—生态”关联演化的耦合性水平及其影响因素。

第六章，“产业—生态”关联演化的路径、机制与绩效分析：案例研究。主要探讨多主体共治的路径、机制，特别是如何实现多主体“治理闭环”。以跨界理论为基础，采用多案例方法重点探讨了三种模式的边界特征、三种模式实现跨界治理及治理闭环的路径与机制差异、三种模式的绩效特征及协同治理的帕累托改进方向。

第七章，西藏新环保政策对“产业—生态”关联演化的冲击效应分析。基于“生态保护第一”指导思想的西藏新环保政策对“产业—生态”关联演化的冲击效应。利用双重差分分析法与合成分析法，检验了新环保政策在“加大对青藏高原空气污染源的控制和治理”这一具体会议精神上的响应效果。通过双重差分法确认了新环保政策对三种主要废气污染物在单位 GDP 上的排放具有明显的抑制效应，且该抑制效应主要来自强制性的规制政策与行政命令；利用合成分析法通过反事实框架进一步确认了新环保政策与其中两种主要污染物在单位 GDP 上的减排存在因果效应。

第八章，生态文明建设及其对“产业—生态”耦合的影响：基于社会结构的视角。一是从社会经济系统的视角出发，探讨自然人主体（居民、游客等）的生态文明对“产业—生态”关联演化的影响。二是作为第六章的补充与延续，主要研究了农牧业、旅游业在生产、生活中表现出的生态文明及其对西藏“产业—生态”耦合演化的影响。

第九章，促进西藏“产业—生态”耦合演化的多元化生态保护补偿机制研究。提出推进西藏“产业—生态”耦合演化的主要任务。并通过对经济环境、社会文化环境、生态环境与技术环境的分析，对西藏自治区隆子县以及高争水泥、华泰龙矿业等公司生态保护补偿案例的总结，提出西藏多元化生态保护补偿的基本框架。

第五节　研究方法与技术路线

一、研究方法

基于现有文献和理论，结合当前西藏经济发展与生态水平演化的特征，构建研究理论体系框架。依据通过深度访谈获得的一手数据、《中国统计年鉴》等获得的二手数据，基于研究需要，构建定性分析与定量分析相结合的分析方法。定量分析主要包括回归分析、时间序列模型、面板模型等；定性分析主要包括扎根理论法和案例研究方法，具体研究方法及应用如下：

（一）定量研究方法

（1）文献计量法。在第二章使用了文献计量法。

（2）时间序列模型。该方法主要用于分析产业演化等时间序列类数据。

（3）VAR 模型与哈肯模型。在第四章使用了 VAR 模型与哈肯模型分析产业与生态水平之间的耦合演化关系。

（4）面板数据模型。第五章主要使用了面板模型。

（5）因果推断方法。第七章主要使用了基于反事实框架的因果推断方法。

（二）定性研究方法

（1）扎根理论。第二章和第八章分别使用了扎根理论。

（2）案例研究方法。第六章使用了案例研究方法。

二、技术路线图

依据研究目的，本书设定的研究技术路线如图 1-2 所示。

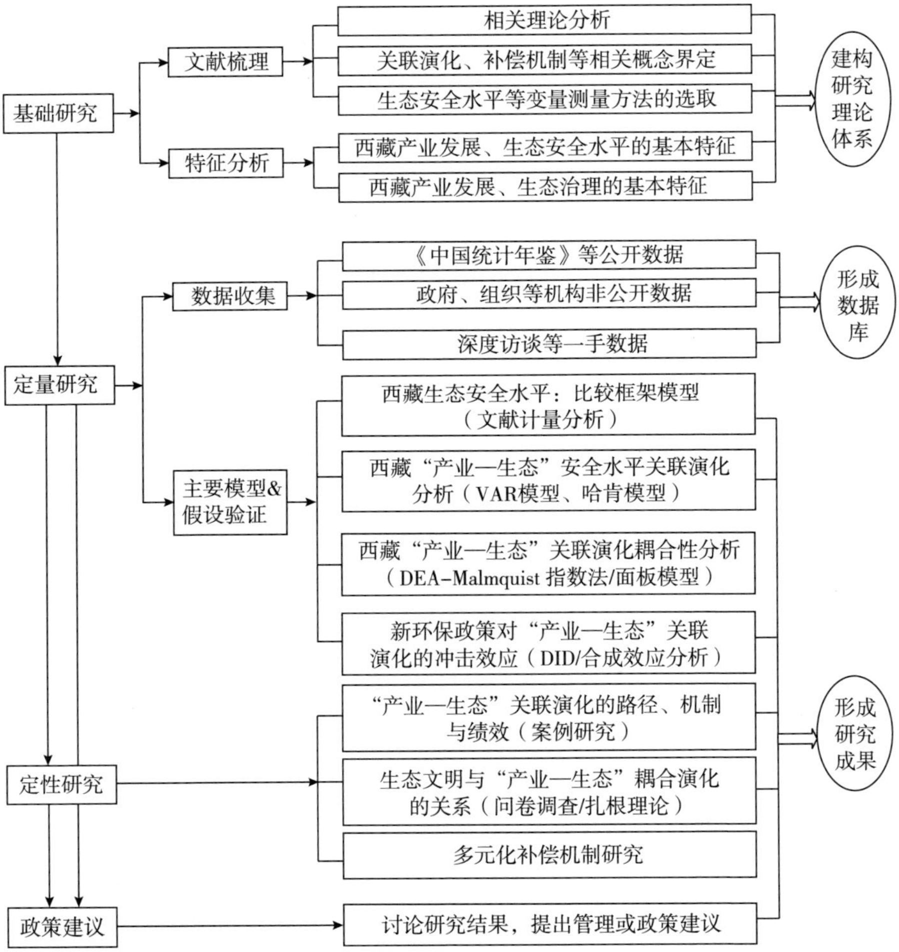

图 1-2　研究技术路线

第六节　研究的理论贡献与实践意义

一、理论贡献

（1）综合运用实证研究、因果推断、扎根理论、案例研究等方法，对西藏“产业—生态”的演化特征、干扰因素进行了详细分析，研究发现，产业发展与生态水平并不是单向影响关系，而是辩证统一的共生关系，研究结论为进一步研究“产业—生态”关联演化以及生态保护补偿机制的学者提供了理论支持。

（2）运用文献计量方法及扎根理论编码技术，梳理了西藏生态研究的七大范畴：生态建设/生态系统保护、农牧区生态保护、生态保护政策、产业结构调整、青藏高原特殊环境、西藏生态系统、西藏生态文明，并建构了西藏生态研究比较框架模型。西藏生态保障研究的核心差异性是强调西藏高原环境特殊性，但对生态保障与经济发展的关联的研究相对较少。

（3）基于 DPSIR（驱动力—压力—状态—影响—响应）模型，计算了西藏生态水平；明晰了西藏生态水平演化特征，即呈现“安全—预警—安全”的螺旋形发展特征，说明西藏的生态水平依然较为脆弱，容易因外部因素的干扰而产生较强的波动。

（4）通过 VAR 模型和哈肯模型，证实了西藏产业发展与生态水平之间存在关联演化关系，而西藏产业结构调整是“产业—生态”演化的主要序参量。因此，优化“产业—生态”的演化关系，需要不断优化西藏的产业结构，大力发展绿色生态产业。

（5）通过分析绿色全要素生产率与“产业—生态”耦合演化的内涵特征，得出以下结论：①西藏的污染物排放规模虽然超出了产业发展规模，但西藏对高污染采取了高治理投入，因此，污染物排放对“产业—生态”关联演化耦合性的影响并不显著。②通过强化产业结构升级与提升污染治理投入，可以有效提升西藏的绿色全要素生产率。

（6）明确了市场、政府协同治理绩效的帕累托改善方向。研究发现，政府主导的治理容易形成产业生态学视角的产业系统，导致产业发展与生态水平的负向关联，并具有稳定性差、易反弹等特点。而市场主导的治理更容易形成经济与生态协同的产业系统，即市场治理有助于促进产业发展与生态水平的耦合演化，具有内化性好、稳定性强等特点。

（7）生态文明对“产业—生态”关联演化存在显著影响。微观个体介入生态治理的“取向模式（生态文明观）”可能是基于自身利益，也可能是基于公民责任感。“取向模式”一旦内化（即社会化机制），市场会通过关系链实施“社会控制”行为以达成“取向”目标。因此，生态文明下的公民责任感是自然人主体维系高质量生态文明的基石。其中，自然人表现出的生态文明，不仅包括人与自然（土地、牧场、景观等）的关系，更包括人与人、人与社会的和谐共生与良性循环，如农牧民与当地经济发展水平的嵌入关系，旅游者与城市界面、城市治理之间的关系等。

（8）通过对西藏生态保护补偿案例进行分析发现，自治区政府倾向于基于“庇古税”路线的生态保护补偿，这种方式具有启动快、效率高等特点，但存在成本有效性与预算效率不能得到保障，生态市场、生态金融发展缓慢等缺陷。企业倾向于基于科斯理论的生态保护补偿，这种方式可以调动企业主体的自觉性，但存在“政府与企业协同度不足、企业成本压力大、浪费严重等”问题。

二、实践意义

（1）明晰了西藏生态环境保护的实际水平，即从 2016 年开始，西藏的生态保障指数达到 0. 697，逐渐远离预警线，但距离预警区域依然较近。研究结论为西藏产业发展、生态治理与生态保护补偿的相关研究提供了基础数据。

（2）基于 VAR 模型和哈肯模型分析了产业发展与生态水平的关联演化过程，发现产业结构系统是生态保障系统的有序参量，是影响二者系统协同演化发展的主导因素，决定着整个系统演化的进程及方向。研究结论为西藏如何协调产业发展与生态水平的关系、构建基于产业发展的生态保护补偿理论提供了参考。

（3）研究结论显示，产业结构系统对生态保障的正向反馈机制尚未有效建立，生态保障系统演化及发展还面临着较大阻力。以旅游业为例，旅游业对生态保障的影响要远小于生态治理对产业发展的影响。此研究结论揭示了西藏环保治理政策对产业发展以及营商环境的负面影响，要求政府部门切实关注产业发展与生态水平的耦合协调问题。

（4）通过分析发现，产业结构升级与强化污染治理投入并举是西藏实现“产业—生态”关联演化的有效途径。通过对 2005~2020 年西藏“污染物—产业”规模进行一致性分析发现，西藏目前走的是一条“高发展、高治理”的路子，可持续性不强。需要在保障高污染治理投入的同时，不断促进产业结构升级。

（5）对西藏 2016 年出台的新环保政策对“产业—生态”关联演化的冲击效应进行了分析，结论显示，新环保政策对污染物的排放有明显的抑制作用，对经济总量增长没有助推作用，对第三产业具有较强的负向冲击效应。研究结论为西藏如何进一步优化以“法规+命令+控制”为核心的“命令控制型”行政手段提出了建设性意见。

（6）明确了推进西藏“产业—生态”耦合演化的主要任务是“在稳妥推进规制化手段的同时，积极建立多主体、多层次、多目标的多元化生态保护补偿机制，通过经济手段、制度手段以及生态文明建设来促进人与自然、人与人、人与社会之间的和谐发展”。并通过案例分析发现西藏多元化生态保护补偿的基本框架，基于该框架给出多元化生态保护补偿机制的具体建构方案，包括实施“生态+产业”战略、盘活生态资源、建立生态台账、出台生态资源定价机制与标准、筹建生态保护补偿银行等。

第二章　西藏生态水平研究综述：基于文献计量和扎根分析的视角

第一节　前言

对于生态保障，国内学术界现阶段的研究主要集中在两个方面：一是从生态规制方面进行研究，“强制性”是研究的内核（范小杉等，2018；刘晓莉，2019；瞿为民和朱德明，2003）；二是从发展理念方面进行研究，“生态文明”是研究的内核（赵军和胡秀芳，2004；黄娟，2016；谢高地，2018；杨振姣和郑泽飞，2018）。自2015年中央第六次西藏工作座谈会提出“要坚持生态保护第一”后，学术界对西藏生态保障也开展了大量的研究。

当前学界需要进一步厘清的是：“生态发展第一”是不是就不需要重视经济增长呢？西藏的经济增长、环境规制、生态保障之间到底应该如何协调，未来的研究方向在哪里？在回答这些问题之前，我们需要对当前西藏生态保障的相关文献进行梳理、统整：当前对西藏生态保障的研究究竟有哪些贡献？对西藏生态保障的研究与主流研究的内容、方向、方法等是否具有一致性？西藏生态保障的研究重点、特殊性应该是什么？

鉴于此，本章利用文献计量分析法对西藏生态保障的相关研究进行归纳总结，并利用扎根理论对研究内容进行整合，以期形成一个统整性强的理论框架模型，为后面章节的分析提供框架性思路。在实际分析时，本章还采用了比较分析法，将西藏生态保障研究放到中国生态保障的框架下进行比较分析，以厘清西藏生态保障研究的不足及未来的研究方向。

第二节 数据来源

本章主要着眼于国内对西藏生态保障的研究，因此，所有数据样本均来源于中国知网（CNKI）数据库，检索时文献类别设定为“期刊”。由于在 CNKI 中与西藏生态保障研究有关的发文起步于 2000 年，因此，本章选择 2000~2019 年的期刊论文作为研究样本；以篇名、主题词搜索“生态安全”，摘要包括“青藏高原”或“西藏”，所得文献共计 421 篇。手动剔除重复、会议征稿、研究单位介绍不详等不符合要求的检索结果，最终得到可供分析的期刊文献共 409 篇。用于进行对比分析的全国生态安全研究文献的采集方式与上述类同，但重点放在与产业发展、经济发展相关联的文献上。在手动剔除重复、期刊会议征稿、研究单位介绍不详等不符合要求的检索结果后，最终得到可供分析的期刊文献共计 884 篇。

第三节 分析方法

本章分析包括两部分，第一部分采用文献计量分析方法（Bibliometric Analysis）对西藏生态保障研究方面的文献体系、文献计量特征进行研究，探索既有文献的结构、特征和规律（郑烨，2014）。具体分析时我们采用 CiteSpace 软件作为分析软件，该软件主要通过可视化手段来呈现科学知识的结构、规律和分布情况，并形成“科学知识图谱”（陈悦等，2015），这符合本章文献计量分析的要求。第二部分主要是利用扎根理论的编码技术（包括开放式编码、主轴编码、选择性编码）对现有文献的核心关键词进行编码，以对既有研究文献进行深度统整，并建立了既有文献的比较框架模型（Strauss & Carbin，1998）。

第四节　西藏生态水平研究的文献计量分析

一、研究阶段划分

按照发文数量多少，对西藏生态保障的研究可以划分为三个阶段：起步阶段、快速增长阶段以及稳定成熟阶段，具体如图 2-1 所示。

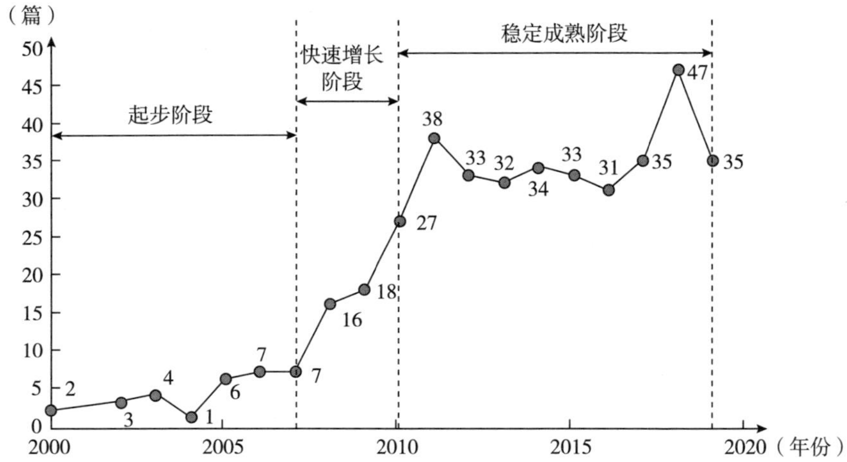

图 2-1　西藏生态保障研究的发展阶段（2000~2019 年）

（1）起步阶段（2000~2007 年）。学者开始对西藏生态保障进行研究，但发文数量较少：此阶段共计发文 30 篇，比重占分析样本的 7.33%；年均发文约 4 篇，年均比重偏低。

（2）快速增长阶段（2008~2010 年）。此阶段的最大特点是文献增长速度较快，分布曲线最为陡峭；三年累计发文 61 篇，比重占总分析样本的 14.91%，年均发文约 20 篇。

（3）稳定成熟阶段（2011~2019 年）。该阶段已经形成了相对稳定的年均发文数量，年均发文约 35 篇；进入分析的样本文献为 318 篇，占总样本的 77.75%。因此，后文的计量分析结论主要由 2011 年以后的研究文献所得出。

二、作者群图谱

此处主要针对核心作者群进行分析。所谓核心作者群，是指影响较大的作者集合；只有发表多于特定数量论文的作者才能进入核心作者群。依据普赖斯的理论，核心作者应满足的最低发表论文数为：$N_1 = 0.747 \times \sqrt{N_{max}}$，其中，$N_1$ 为核心作者至少应发表的论文数，N_{max} 为统计年段内最高产作者的论文篇数（魏彩霞，2019）。

从最终可供本章分析的 409 篇期刊文献统计数据的前 10 名来看（见表 2-1），目前针对生态保障发文最多的是唐静，共计 6 篇，因此，$N_1 = 1.97$，取整后 $N_1 = 2$，即发文数量达到 2 篇及以上的作者可以进入西藏生态保障研究领域的核心作者群。计量分析结果显示，进入西藏生态保障研究领域的核心作者共 63 人，发表相关论文 140 篇，占西藏生态保障研究样本总数（409 篇）的 34.23%。与普赖斯所要求的核心作者发文量占比需达到 50%存在较大差距，这说明目前对西藏生态保障的研究尚未形成稳定的核心作者群。

表 2-1 中国生态保障（青藏高原/高原）研究领域的核心作者群（前 10 位）

序号	作者	作者单位	发文量
1	唐静	西藏民族大学	6
2	陈爱东	西藏大学	6
3	刘雨林	中国社会科学院农村发展研究所	5
4	毛阳海	中国人民政治协商会议全国委员会社会和法制委员会	4
5	张宪洲	苏州大学	4
6	刘兴元	中国环境科学研究院	3
7	余成群	中国海洋大学	3
8	达瓦次仁	中国环境科学研究院	3
9	李国政	湖南商学院	3
10	韩有文	南京大学	2

对西藏生态保障的研究没有形成研究生态圈是另一个值得关注的现象。采用

Cosine 算法对作者合作网络的强度进行分析。图 2-2 展示了作者之间的关联，29 个节点之间总共形成了 15 条连线，网络密度仅为 0.0369。这表明，在西藏生态保障研究领域尚未形成合作生态圈，“单打独斗”现象较为严重。

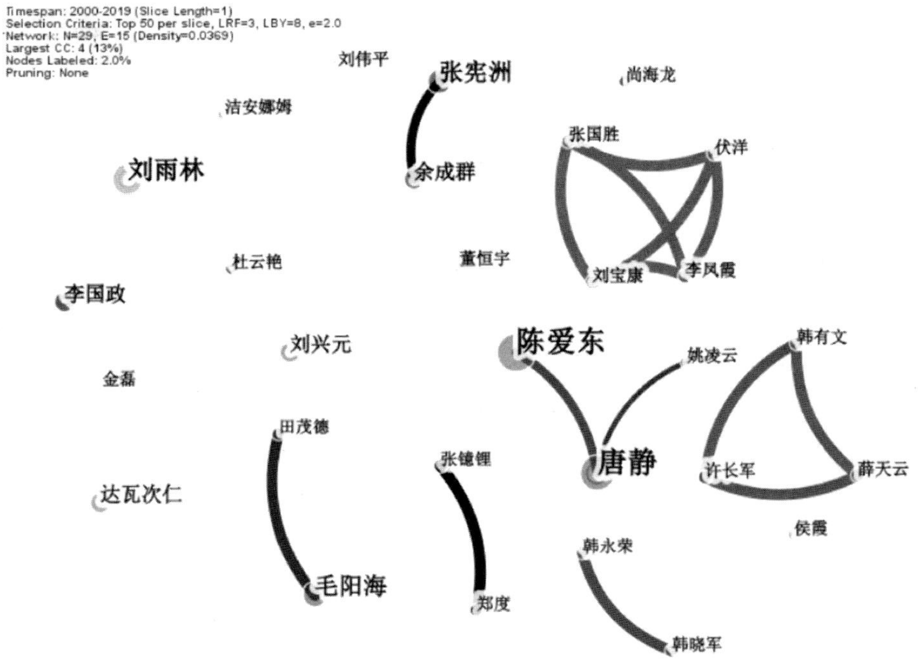

图 2-2　西藏生态保障研究作者合作网络

注：圆点大小表示影响力大小；圆点之间的连线表示合作网络，连线的粗细表示合作网络强度。

三、机构群图谱

图 2-3 展示了在西藏生态保障研究领域发文数量排名前 8 的机构名称及发文数量、占比。总体来看，机构发文的分布比较分散，没有任何一个机构的发文数量超过 5%，这与前文关于核心作者群的研究结论是一致的。其中，发文量最多的机构为西藏民族大学（学院）和中国科学院，两个单位的发文量占比均为 4%~5%，占总发文数的 8.88%。

与核心作者合作网络类似，研究机构间同样没有形成良好的生态圈。在对发文机构的合作网络图谱进行研究后发现（见图 2-4），24 个机构（节点）仅有 7

次连接，网络密度仅为0.0254，这说明发文机构间有一定的合作，但紧密度非常低。机构网络密度低于核心作者群的网络密度，说明目前作者之间的合作主要是单位内部作者的合作。

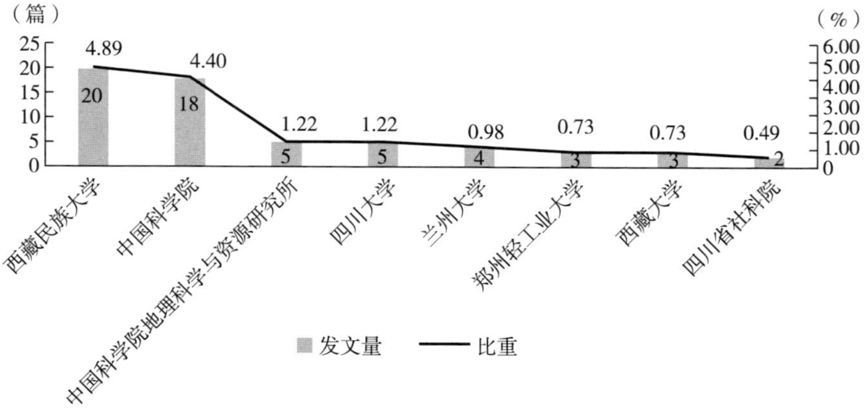

图 2-3　西藏生态保障研究发文量最多的 8 个机构

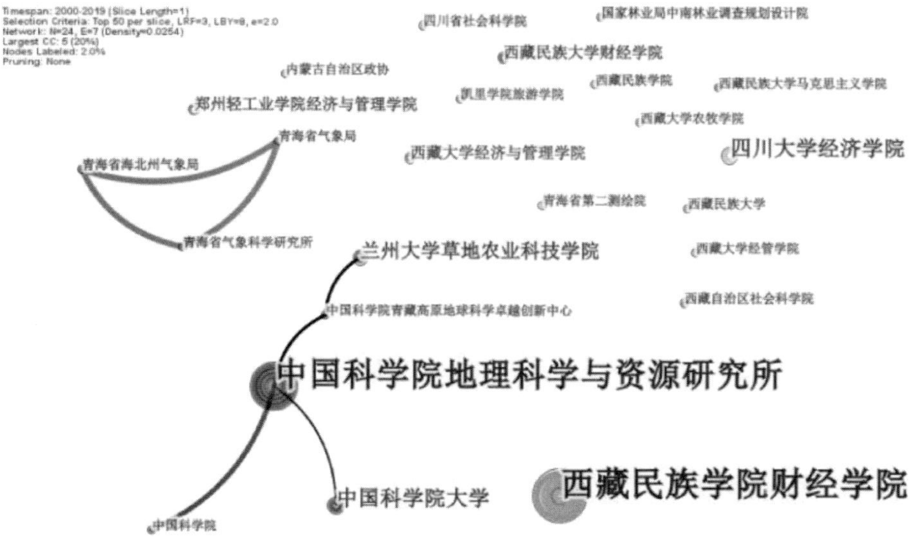

图 2-4　西藏生态保障研究机构合作网络

注：圆点大小表示影响力大小；圆点之间的连线表示合作网络，连线的粗细表示合作网络强度。

四、研究热点：关键字图谱谱系

通过关键词图谱对文献的关键字进行共词分析，以发现国内学者在西藏生态保障领域的研究热点和前沿问题（刘雨林，2007）。本章将时间段设置为2000~2019年，时间切片为1年，采用Cosine算法，生成近20年西藏生态保障领域关键词共现知识图谱。在此基础上选择LLR算法对从关键词中提取的聚类进行命名，得到西藏生态保障研究的关键词聚类图谱。聚类分析共提取了七大谱系，模块值Q=0.5313（大于标准值0.3），平均轮廓值MS=0.734（大于标准值0.5），说明聚类网络结构是显著且稳定有效的。依据LLR算法获得聚类命名，在此基础上结合初始代码的内涵，运用扎根理论的开放式编码方法进行编码，得到最后的聚类编码名称（见表2-2）。

表2-2　西藏生态保障研究关键词开放式编码

序号	聚类代码（范畴）	初级代码
#0	生态建设与生态系统保护	西藏、生态屏障、生态文明建设、生态保护、生态建设、西藏高原、西藏自治区、生态环境保护、甘肃、林业、经济社会发展、改革开放、农牧民增收、主体功能区划、民主改革、新时代、人大代表、编制、绿水青山、补助、人口问题、试验区建设、力度、环境保护、生态旅游
#1	农牧区生态保护	农牧区生态、农牧民、自然保护区、合作医疗、合作医疗制度、财政支出、义务教育、财政收支、藏族人口、和平解放、西藏全区、人口覆盖率、禁伐禁猎区、改革开放以来、藏语文、百岁老人
#2	生态保护政策	生态环境、可持续发展、三江源、气候变化、生态保护补偿、生态经济、生态保护红线、西藏特色、PSR模型、生态监测、绿色财政、财政政策、路径选择、安全屏障、生态系统
#3	产业结构调整	适度的新型工业化、草原、畜牧业、生态底线、牧业、新型工业化、可再生能源、低碳发展、西藏矿业开发
#4	青藏高原环境特殊性	青藏高原、青藏现代强烈隆起区、环境规划、环保规划、环境保护规划、生态屏障、跨越式发展、西藏生态、博弈、矿产资源、经济
#5	西藏生态系统	西藏自治区、民族自治地方、草原生态、日光城、拉萨、奖励机制、林业局、湿地生态系统、高原生态
#6	西藏生态文明	生态文明、美丽中国、生态功能区、中国特色社会主义、游牧文明

注：初始代码通过CiteSpace软件抽取获得。

图2-5展示了西藏生态保障研究的演进，横坐标代表文献发表时间（2000~

2019 年），纵坐标代表西藏生态保障的聚类代码和部分重要次级代码。2003 年开始形成第一个聚类主题。视图显示，2008 年之前有关生态保障与经济发展（或产业关联）的研究成果相对较少；2015 年后与经济发展（或产业关联）相关的研究较多，包括生态保护、可持续发展、生态文明建设。

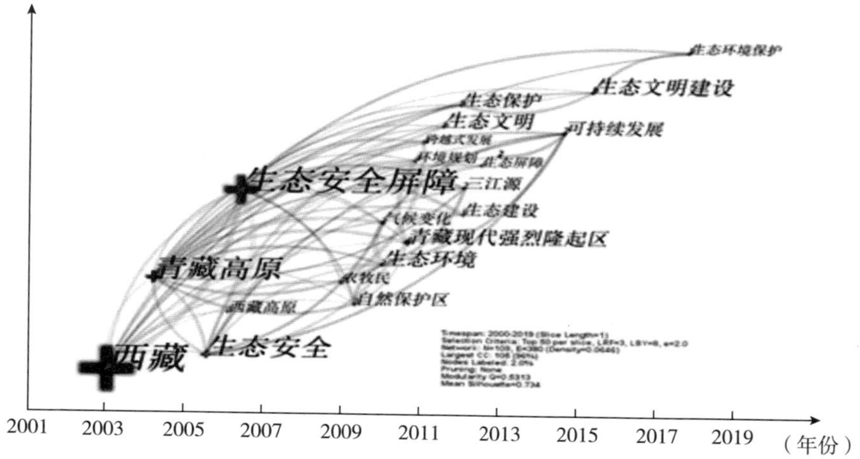

图 2-5 西藏生态保障研究热点关键词（2000~2019 年）

注；图中文字字体越大，表示该内容在文献中出现的频次越多。

第五节 西藏生态水平研究：一个比较框架模型

为了更直观、有效地观察既有文献在西藏生态水平研究领域的贡献，本节将其纳入全国生态水平研究文献的框架中进行参照分析，并将二者整合在一个框架模型中。本节共采集了 2000~2019 年 884 篇相关文献作为参照，这些文献均来自 CNKI 期刊库的 CSSCI 类期刊。在进行模型框架整合时，采用了 Strauss 和 Carbin（1998）的扎根编码技术：开放式编码、主轴编码及选择性编码。

一、西藏与全国生态水平研究的主题词比较

从关键词词频来看（见表2-3），西藏生态水平研究词频最高的是"西藏自治区"，之后是"青藏高原"，两个词均用于表征研究区域的特殊性，主题词"生态安全"排在了第三位；全国生态保障研究词频最高的是直接表征研究主题的词——"生态安全"。

表2-3 西藏和全国生态保障高频关键词排列

序号	词频	关键词（西藏）	序号	词频	关键词（全国）
1	160	西藏自治区	1	153	生态安全
2	61	青藏高原	2	113	生态文明（建设）
3	44	生态安全	3	52	可持续发展
4	41	生态文明建设	4	26	经济发展
5	15	民族自治区	5	26	生态环境
6	15	生态环境	6	21	生态保护补偿
7	13	青藏现代强烈隆起区	7	19	生态保护（红线）
8	9	生态保护	8	15	PSR 模型
9	9	可持续发展	9	15	绿色发展
10	8	自然保护区	10	12	指标体系
11	8	生态建设	11	10	新时代
12	8	三江源	12	10	生态经济
13	7	气候变化	13	10	生态足迹
14	6	农牧民	14	9	美丽中国
15	5	生态环境保护	15	8	生态承载力
16	5	草原生态			

注：主题词通过 CiteSpace 软件抽取获得。

与全国范围内生态保障研究关键词相比，对西藏的生态保障研究有几个值得进一步关注的点：一是与经济发展相关的主题词过少；二是对研究方法的关注不足，研究模型、指标体系等均未成为主题词。

二、全国生态水平研究热点聚焦：开放式编码

使用 CiteSpace 软件对 884 个样本的关键字进行共词分析，共计得到十大类

别（范畴）。聚类分析时的模块值 Q=0.5452，平均轮廓值 S=0.2871。由于 S<0.5，说明网络结构聚类信度不高。本节通过人工编码进行了后期校正，编码时要求认可率达到60%以上。对通过 CiteSpace 软件抽取的初始代码运用扎根理论进行开放式编码，得到最后的十大谱系（范畴），包括：#0 生态保障、#1 生态文明建设、#2 评价指标与方法、#3 生态文明、#4 习近平生态文明观、#5 可持续发展、#6 生态保护补偿、#7 国家安全、#8 生态屏障、#9 主体功能区（见表 2-4）。

表 2-4 "生态保障—经济发展"研究关键词聚类节点明细表

序号	聚类代码（范畴）	初始代码（按频次多少排列）
#0	生态保障	生态安全、环境保护、指标评价、水资源、生态城市、生态帝国主义、主体功能区战略、综合经济、生态风险、长江流域、国民经济、中华人民共和国、转移支付、粮食安全、重点生态功能区、循环经济、dpsir 模型、环境功能区划、土地资源、内蒙古、耕地资源、资本逻辑、湿地、人与自然和谐发展、主体功能区建设、环境问题、国有林区、生态安全评价
#1	生态文明建设	生态文明建设、绿色发展、美丽中国、生态保护红线、生态产品、新常态、长江经济带、土地整治、主体功能区、转变经济发展方式、规划环评、自然资源资产、经济增长、空间规划、生态保护补偿机制、生态治理、生态化、浙江省、多规合一、区域博弈论、人类命运共同体、人地协调、京津冀协同发展、五位一体
#2	评价指标与方法	psr 模型、指标体系、土地利用、熵权法、评价、生态环境保护、安全评价、网络社会、网络安全、绩效评价、系统动力学、优化模式、障碍因子、土地生态、森林生态、物元模型、多智能体粒子群算法
#3	生态文明	生态文明、生态经济、西部地区、科学发展、新农村建设、多规融合、绿色农业、模式、价值、现代林业、对策建议、西部民族地区、现代农业、和谐发展、林业、和谐社会
#4	习近平生态文明观	习近平、生态保护、新时代、中国、对策、生态红线、创新、边疆治理、习近平生态文明思想、生态文明思想、区域生态安全、陆地边疆、法律保障、人地关系、多情景分析
#5	可持续发展	可持续发展、生态足迹、生态承载力、生态系统服务、科学发展观、东北地区、小康社会、三峡库区、能值、生态、生态安全格局、金融生态、路径、预警
#6	生态保护补偿	生态保护补偿、新型城镇化、气候变化、生态系统、青海、能源安全、机制、生态系统服务功能、重要生态功能区、思考、北极
#7	国家安全	生态环境、国家安全、乡村振兴、资源、民法典、经济安全、法治、总体国家安全观、协调发展
#8	生态屏障	耕地经济、成渝经济区、生态屏障、周生贤、2010

续表

序号	聚类代码（范畴）	初始代码（按频次多少排列）
#9	主体功能区	主体功能区、支付转移、环境功能区划、主体功能区战略、主体功能区建设

注：初始代码通过 CiteSpace 软件抽取获得。

三、生态水平研究热点的关联分析：主轴编码

关联范畴与次范畴（subcategories）的历程被称为"主轴"，主轴编码的目的是将表 2-2、表 2-4 中分割的开放式编码资料再次加以联结，并试图找出它们之间的因果关系（朱教君和郑晓，2019）。在进行主轴编码时，为了厘清西藏与全国生态保障的关联与差异，本节将研究范畴来源按照研究对象（全国/西藏）进行了区分，具体如表 2-5 所示。

表 2-5 主轴编码形成的范畴关系结构

主范畴	典型关系结构	体现关系结构的代表性文献	作者/年代	研究对象
指导思想	科学发展观→新时代生态文明观	我国的生态文明制度建设经历了一个从最初的生态环境保护到可持续发展观的提出，到科学发展观的升华，再到党的十八大后生态文明制度体系建立的过程。我国生态文明制度建设思想逐渐走向成熟完善	魏彩霞（2019）	全国
生态安全影响因素	生态保障建设→生态保障	通过实施三北防护林体系建设工程、生态安全屏障建设等生态安全建设措施，可以有效保护我国生态安全，是生态文明建设的重要标志	刘雨林（2007） 朱教君和郑晓（2019）	全国/西藏
	生态系统保护→生态保障	创新性地制定生态保护红线等制度体系，并将其上升为国家生态保护的重要战略	蒋大林等（2015）	全国/西藏
	生态保护政策→生态保障	生态安全相关政策的制定和完善在维护国家生态安全方面起到至关重要的作用。我国相继出台一系列与生态安全相关的制度文件，基本构建了国家生态安全政策体系框架	程翠云等（2019）	全国/西藏

续表

主范畴	典型关系结构	体现关系结构的代表性文献	作者/年代	研究对象
生态安全影响因素	产业结构调整→生态保障	产业结构调整升级为生态保障提供保障。新疆产业结构调整和生态安全之间存在着长期均衡关系，且产业结构调整在一定程度上是形成生态安全的原因	魏燕和蒲佐毅（2013）	全国/西藏
	主体功能区战略→生态保障	在以主体功能区战略为依托推进生态文明建设的过程中，促使其向符合国家主体功能定位的方向演化，就必须构建完善的利益补偿机制、科学高效的考核评价机制和统一的监管机构，以及长效的地方政府联席和对话机制，以实现区域协调发展和共同富裕	彭迪云和何文靓（2013）	全国
	生态屏障→生态保障	生态安全屏障具有水土涵养、生物多样性保护、水土保持等功能，是屏障区、周边地区和国家生态安全与可持续发展能力的保障	钟祥浩等（2006）	全国
高原特殊环境的调节作用	高原环境特殊性调节了生态保障影响因素对生态保障的影响效果	西藏的生态建设具有典型的特殊性，西藏的财政体系同样也具有典型的特殊性，普通的财政政策在西藏不适用，所以西藏必须构建有西藏特色的绿色财政制度，以更好地支持西藏生态安全屏障的建设	陈爱东（2012）	西藏
生态保护补偿的中介作用	生态功能区→生态保护补偿→生态保障	重要生态功能区是指在保持流域、区域生态平衡，防止和减轻自然灾害，确保国家和地区生态安全方面具有重要作用的区域。由于缺乏有效保护和管理，我国重要生态功能区生态破坏形势十分严峻，严重阻碍了区域社会经济的可持续发展	燕守广等（2010）	全国
生态安全的重要性	生态保障→可持续发展	生态安全是我国推进生态文明建设、实现可持续发展的重要基础，也是近年来学术界和管理者共同关注的热点问题	张琨等（2018）	全国
	生态保障→国家安全	习近平同志认为，除了重视政治安全、国土安全等非传统安全风险，还必须加快建立健全以生态系统良性循环和生态环境风险有效防控为重点的生态安全体系	张云飞（2019）	全国

续表

主范畴	典型关系结构	体现关系结构的代表性文献	作者/年代	研究对象
评价方法及指标		“压力—状态—响应”模型提出了一套较为完整的区域生态水平度量指标体系和综合评价方法	陈晓雨婧和夏建新（2017）	全国

主范畴1：指导思想。通过文献梳理可知，2012年以前研究生态保障的指导思想主要是科学发展观；2012年以后，指导思想转变为“新时代生态文明观”（蒋大林等，2015）。

主范畴2：生态安全影响因素。利用LLR算法对文献进行归纳总结，共聚类出六类影响我国生态保障的主要因素：生态保障建设（程翠云等，2019；魏燕和蒲佐毅，2013）、生态系统保护（彭迪云和何文靓，2013）、生态保护政策（钟祥浩等，2006）、产业结构调整（陈爱东，2012）、主体功能区战略（燕守广等，2010）、生态屏障（欧阳志云等，2013）。其中，主体功能区战略、生态屏障两大影响因素尚未成为西藏生态保障领域的研究热点。

主范畴3：高原特殊环境的调节作用。由于西藏生态环境的特殊性，适用于其他地区的生态保障影响因素不一定适合西藏。如陈爱东（2012）认为，普通财政政策不适用西藏，西藏必须构建有西藏特色的绿色财政制度，以更好地支持西藏生态屏障的建设（张琨等，2018）。

主范畴4：生态保护补偿的中介作用。中介作用存在于生态保障建设（张云飞，2019；陈晓雨婧和夏建新，2017）、生态系统保护（蒋大林等，2015）、产业结构调整（魏燕和蒲佐毅，2013）、生态保障屏障（钟祥浩等，2006）、生态主体功能区战略（彭迪云和何文靓，2013）等影响因素与生态保障之间，通过资金补偿、实物补偿、政策补偿和智力补偿等补偿方式起作用（欧阳志云等，2013）。

主范畴5：生态安全的重要性。生态保障是影响一个国家或地区经济可持续发展的重要因素（张琨等，2018）。

主范畴6：评价方法及指标。与前几个主范畴不同，本范畴属于生态保障的内部范畴。通过文献计量分析发现，基于“压力—状态—响应”模型的生态保障评价方法及指标体系得到了较为广泛的认可与应用（陈晓雨婧和夏建新，

2017）。

四、比较框架模型建构：选择性编码

通过文献计量分析发现，共有六大主范畴以生态保障为核心，本节在充分梳理范畴之间关系的基础上，对西藏生态安全及全国生态保障文献进行了比较分析，构建了比较框架模型（见图 2-6）。既有研究文献从生态安全建设、生态系统保护、生态保护政策、产业结构调整四个层面对西藏生态保障的影响展开了研究，研究过程中高度重视高原环境特殊性的调节作用，并在西藏农牧区生态安全方面取得了大量的研究成果。

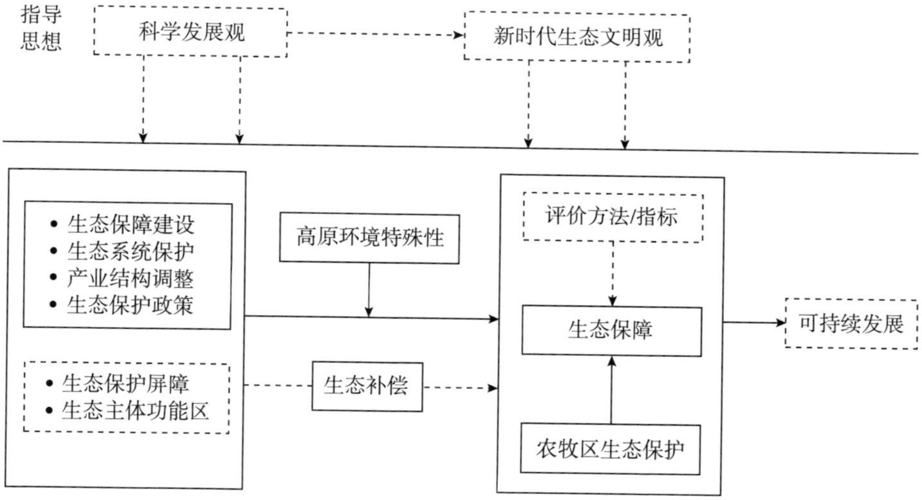

图 2-6　西藏生态保障研究：一个比较框架模型

注：——代表西藏生态研究热点；·······代表尚未成为西藏生态研究热点，但已成为全国生态研究热点。

通过对比西藏、全国生态环境的研究热点发现，既有文献对西藏生态保障的研究尚存在五大不足之处：①在科学发展观、新时代生态文明观方面没有形成研究的热点词或主范畴，这说明在对西藏生态保障进行研究时需要进一步强化指导思想的引领作用；②在对生态保障影响因素的研究方面，对生态保障屏障、生态主体功能区战略两大范畴的研究不足；③对生态保护补偿的中介效应研究不足；

④对生态保障的重要性及其如何在可持续发展、国家安全两个范畴发挥重要影响的研究不足；⑤对研究方法的重视性不够。

第六节　研究结论与研究展望

一、主要结论

运用文献计量方法及扎根理论的编码技术，在对西藏生态保障研究文献与全国生态保障研究文献进行比较分析的基础上，对西藏生态保障的研究成果进行了系统性梳理，并构建了西藏生态保障研究的比较框架模型，主要获得了如下结论：

（1）既有文献对西藏生态保障的研究主要分为三个阶段，目前处于相对稳定的研究阶段，但尚未形成稳定的核心作者群，且作者之间、研究机构之间没有形成有效的合作生态圈，"单打独斗"现象比较严重。

（2）目前对西藏生态保障的研究主要聚焦在七大范畴：生态建设/生态系统保护、农牧区生态保护、生态保护政策、产业结构调整、青藏高原特殊环境、西藏生态系统及西藏生态文明。

（3）在与全国生态保障研究主题词的对比研究中发现，西藏与全国生态保障研究既有关联，也有区别。关联主要表现为二者存在部分共同的热点主题词，如生态文明建设、生态环境、生态保护等。区别主要体现在既有文献对西藏生态保障的研究更注重西藏的一些特点，如三江源、草原生态、农牧区生态环境等热点主题词，比较强调西藏高原环境特殊性，这说明既有文献对西藏生态保障的研究非常接地气，但也存在一些缺陷，主要表现为与经济发展相关的研究相对较少等。

（4）最重要的是，西藏生态保障的研究已经形成相对完整的框架体系。既有文献已经从生态保障建设、生态系统保护、生态保护政策、产业结构调整四个层面对西藏生态保障的影响展开了系统研究，并高度重视高原环境特殊性在影响因素与生态水平之间的调节作用。

二、研究展望

通过主题词及比较框架模型，我们发现，西藏生态保障研究的未来方向及注意问题具体包括：一是强化习近平生态文明思想对研究工作的指导。二是弥补生态保障屏障、生态主体功能区战略、生态保护补偿三大范畴的研究缺失，特别是生态保护补偿，它能否有效解释生态保障影响因素与生态水平之间的机制，直接关系到生态保障研究的问题及方向。三是补足生态保障影响可持续发展、国家安全的路径与机制的研究。四是在具体研究中，要注意强化与外部资源的链接与共享，开阔视野。五是注意研究方法的规范性。

第三章　西藏生态保障水平与生态基线分析

第一节　前言

改革开放后，我国经济实现了跨越式发展，但同时也带来了化石能源排放超标、大气污染加剧、湖泊水系富营养化、生物多样性锐减等生态问题。为了保护生态环境，我国先后实施三北防护林建设、退耕还林还草、退牧还草、天然林资源保护和长江珠江流域防护林体系建设，以及京津风沙源治理等重大生态工程，成绩斐然。

西藏作为我国西南边陲的生态屏障和东南亚地区的高原之巅，也是我国生态保护的重要屏障。西藏生态系统的轻微变化很有可能会带来高原热力及动力过程的改变，威胁周边环境生态水平，严重时将会造成周边区域生态系统的变异。因此，西藏生态环境问题一直是党和政府十分关注的问题。改革开放以来，伴随着我国社会主义市场经济体制的确立，西藏的经济水平取得了长足发展，1978 年 GDP 只有 6.65 亿元，到 2020 年已经达到 1902.74 亿元，西藏经济发展取得了重要历史突破。此外，西藏城镇居民人均可支配收入、城镇化水平、医疗、教育等方面也取得了长足发展，尤其是伴随着我国对外开放的进一步加深，西藏逐渐确立了旅游业、农牧业等六大特色产业，尤其是旅游业发展十分迅猛，每年吸引着成千上万的国内外游客。然而，经济发展也对生态水平带来了扰动，发展进程中出现了空气污染加剧、动植物资源破坏等现实问题。高寒地带生态环境的脆弱性和修复性难度大等导致西藏生态水平面临巨大压力。如何在确保生态环境保护的前提下，通过产业结构调整实现产业与生态的耦合发展，是西藏面临的紧迫任务。

我国政府一直高度重视西藏的生态问题，2009 年，国务院通过的《西藏生态安全屏障保护与建设规划（2008—2030 年）》将西藏纳入生态环境重点治理区域，历次西藏工作座谈会上中央领导人关于西藏经济发展与生态保护的谈话，均显示了西藏生态保护的重要性与急迫性。鉴于此，我们首先需要明晰西藏的生态水平，并在此基础上确定提出相应的措施。

第二节　文献综述

一、生态保障的内涵与定义

20 世纪 90 年代初，美国率先将环境问题纳入安全保障范围并加以考虑，并设立了“全球环境事务理事会”。我国将环境问题纳入安全视角则是在 20 世纪 90 年代末期（陈星和周成虎，2005）。2014 年 4 月，中央国家安全委员会将生态安全正式作为国家安全的重要组成部分，生态安全被明确纳入国家安全体系（鞠昌华等，2020）。

1989 年，美国国际应用系统分析研究所（IASA）率先提出了生态安全的定义（即广义的生态安全定义）：生态安全是指人的生活、健康、安乐、基本权利、生活保障来源、必要资源、社会秩序和人类适应环境变化的能力等方面不受威胁的状态，包括自然生态安全、经济生态安全和社会生态安全，共同组成一个复合人工生态安全系统。但由于生态安全内涵丰富，包含多方面意义，且每一方面又有着多重尺度（鞠昌华等，2020），这也导致虽然 IASA 提出了这个定义，但多年来一直没有获得普遍认可。

与广义生态安全相对应的是狭义的生态安全，专指人类生态系统的安全，即以人类赖以生存的环境或生态条件安全为对象，核心要点是人类生存环境处于健康可持续发展的状态（陈星和周成虎，2005），本书的研究属于狭义范畴。

因为生态安全具有尺度性，不同尺度的生态安全具有不同的内涵与治理特征。生态安全的尺度包括国际大区域尺度、国家尺度、省市区域尺度、生态功能区尺度（鞠昌华等，2020），国内对生态安全尺度的研究主要集中于中尺度，即省市区域尺度（王耕和周腾禹，2019）。不同尺度的具体内涵如表 3-1 所示。

表 3-1　生态保障尺度及其特征与治理主体①

尺度类型	尺度特征	治理主体
国际大区域尺度	开发带来区域生态退化，气候变化带来区域异常洪涝、干旱灾害等	国际协作
国家尺度	资源过度占用及自身供给不足带来的资源安全危机，部分涉及气候危机	国家治理
省市区域尺度	资源过度占用及自身生态承载力不足带来的生态环境资源危机	区域政府
生态功能区尺度	生产、生活功能区生态环境风险，生态保护地结构破坏、功能丧失	功能区主管部门

但上述尺度更多基于功能视角进行定位，缺乏生态观的植入。党的十八大以来，习近平总书记从生态文明观、生态经济观、生态安全观、生态民生观四个基本维度阐释了我国的基本生态观（罗会钧和许名健，2018），并提出了著名的"两山理论"。党的十九大把"两山"理念写入《中国共产党章程》，成为生态文明建设的行动指南。"两山"理念具有如下三个方面的科学内涵②：

（1）产业发展与生态水平相互兼顾。即产业发展与生态水平是对立统一的关系，通过技术创新与制度创新，产业发展与生态水平之间可以达成耦合演化。

（2）产业发展要以生态为前提。即在技术进步（戴魁早和骆莙函，2022）与环保制度给定的前提下，产业发展必须考虑生态的刚性约束，如果产业发展与生态水平在短时间或局部范围内出现矛盾，要坚持生态优先。

（3）产业发展与生态水平耦合发展。产业与生态耦合发展的基本思路就是

① 鞠昌华，裴文明，张慧．生态安全：基于多尺度的考察［J］．生态与农村环境学报，2020，36（5）：626-634.

② 沈满洪．"两山"理念的科学内涵及重大意义［EB/OL］．gmw. cn.

既要促进经济稳定增长，又要保护生态环境持续发展（万伦来和朱琴，2013），即要求经济发展必须保持高的绿色全要素生产率，提升期望产出（经济产出），降低非期望产出（污染物排放）（Daoping Wang et al.，2022）。

综上，给出省市区域尺度下生态保障的定义：所谓生态保障（省市区域尺度），是指在正确的生态观指导下，通过科学规划人类活动与人类赖以生存的环境或生态条件之间的关系，使一定区域范围内的资源占用与生态承载力处于耦合状态，人类生存环境长期处于健康可持续发展状态。

二、生态保障水平测量

随着2000年我国《全国生态环境保护纲要》的颁布，生态保障的内容被纳入国家安全的层面，有关生态保障的重大项目和重大工程不断开展，学者渐渐将研究重心从定性研究转移到定量研究。大致分为以下三个方面：

其一，一些学者将研究重心集中到生态保障整体上，通过生态水平指数等定量测量生态保障及其风险程度。徐成龙等（2014）采用PSR模型构建了黄河三角洲地区生态预警指标体系。秦晓楠和卢小丽（2015）引入BP-DEMATEL方法对各影响因素间的相互关系进行定量研究，以DPSIR概念模型为基础建立生态保障系统影响因素指标体系，把状态维度定义为目标因素，驱动力、压力、影响及响应维度定义为影响因素；通过BP神经网络计算目标因素与影响因素间的权值，求得影响因素间的直接关联矩阵；采用DEMATEL方法对影响因素进行分析。王振波等（2018）建立“压力—状态—响应”城市群生态保障协同会诊指标体系，采用TOPSIS和灰色关联组合方法计量生态保障综合指数，运用因子分析法提取关键因素，并通过多元线性回归方法计算上述因素对生态保障的影响程度。王毅等（2020）建立基于PSR-EES模型的生态保障指标体系，并采用ARIMA-ANN模型预测未来该地区生态保障变化趋势。

其二，一些学者将研究重点放在生态保障所含的某一范围中，如土地、耕地、水土资源、农业、城市等。吕建树等（2012）通过RS与GIS技术选取济宁市作为研究对象，研究该地区的土地利用时空变化特点，并进一步构建了“隐患—状态—免疫”的生态保障指标体系，结合组合赋权法确定指标权重，运用改进的TOPSIS模型实现土地生态保障综合评价。解雪峰等（2014）以与乡镇结合的小流域为评价单元，将遥感影像数据、环境监测数据和社会经济数据相结合，利用"压力—状态—响应"模型、生态保障度模型和 RS 与 GIS 技术，结合流域生态系统的结构和功能，选取 18 项评价指标，建立流域生态保障评价指标体系，揭示流域生态保障的空间分布规律。周彬等（2015）以浙江省为案例地，构建了基于 PSR-EES 模型的旅游生态保障评价指标体系，运用改进的 TOPSIS 法对旅游生态保障进行了动态评估，并使用生态保障等级动态度模型、马尔可夫链模型、灰色关联度模型对时空格局和障碍因子进行了分析。

其三，一些学者将注意力集中在生态保障与其他因素之间的相互作用、相互影响的方面上。张家其等（2014）将灰色系统理论与熵值赋权法相结合，采用"压力—状态—响应"模型，对恩施经济落后地区生态保障状况进行综合评价，并将生态保障综合指数分别与各县农民人均纯收入及经济落后地区比重进行空间耦合。唐志强和秦娜（2020）研究了新型城镇化与生态保障之间的耦合协调发展。呙亚玲和李巧云（2021）基于层次分析与熵权法确定指标权重的改进"压力—状态—响应"模型，综合评价了该区域的生态保障；利用灰色关联度方法对生态保障的主要影响因素进行了初步分析，研究发现，洞庭湖生态保障主要受工业废水排放量、保护区面积所占比重、空气质量指数优良率、人口密度等因素的影响。

第三节　西藏生态水平操作性定义

一、生态水平测度指标体系构建

（一）构建原则

广义生态安全是指人的生活、健康、生活保障、必要资源以及适应环境变化的能力不受威胁的状态，包括自然生态系统、经济生态保障和社会生态保障（杜青龙等，2015）。这说明生态保障不仅关系到经济社会发展，而且关系到人们的身体健康、生活质量及人们对美好生活的向往，因此，确保生态保障现实意义十分重大。由于生态保障的内涵涉及面较广，对其不能仅依据单一的统计指标进行度量。本书借鉴多数文献的做法，构建测量模型与测量指标体系进行测度。

在构建指标体系时，我们遵循如下原则：一是坚持客观真实性，坚持从西藏生态保障和环境保护的实际情况出发，构建的指标能够最大程度反映西藏实际；二是坚持系统性，构建指标体系时，应坚持系统分析思维，尽可能将反映生态保障的指标体系系统化处理；三是坚持完整性，测量指标体系应尽可能全面反映生态保障的状况，坚持指标体系的完整性。

依据数据可获得性情况，本书测度了西藏 2000~2020 年的生态水平。本书的数据主要来源于相应年份《中国统计年鉴》《西藏统计年鉴》以及国家统计局官网等。对于个别缺失值，本书采用插值法进行处理。

（二）构建模型及指标体系

由于生态保障涉及经济社会诸多方面，对生态保障的测度要求较高，需要对其进行综合考虑，结合现有文献的处理方式，本书采用改进的 DPSIR 模型（Drive force-Pressure-State-Impact-Response Frame Model），DPSIR（驱动力—压力—状态—影响—响应）模型是 EAA（European Environment Agency）基于 PSR（压力—状态—响应）模型在 1993 年首次提出的（赵文力等，2019）。PSR 模型主要对以下行为进行描述和评价：①人类活动给自然环境带来的压力使环境与自然生态系统发生改变的状态；②人类通过一系列政策和决策对上述影响做出相应改变的动态过程。该模型巧妙地揭示了人类活动与生态自然资源的相互作用关系，但全面性依然不足。为此，增加了“驱动力”和“影响”因子的 DPSIR 测量模型得到更广泛的应用，其可以更全面地刻画人类活动与生态环境的相互作用关系，更精细化地描述生态保障系统的运行过程，并更相对客观地测度生态保障发展状况及安全水平（李玉照等，2012）。

结合西藏生态保障的特殊性和脆弱性等特点，我们对驱动力（D）、压力（P）、状态（S）、影响（I）和响应（R）五类指标因子进行完善，使其能够更加准确地反映西藏的生态水平。具体来讲：

（1）驱动力（D）。驱动力是造成环境变化的潜在原因，一般情况下为自然驱动力和社会驱动力。其中，人类活动是导致生态环境发生重大变化的根本驱动力量，本章选择经济发展与社会活动两个方面来刻画人类活动行为。具体而言，使用国内生产总值（GDP）和城镇化率来度量西藏经济发展水平，使用人口自然增长率来度量西藏社会活动。

（2）压力（P）。人类的生产、生活等对周围环境和自然资源造成的直观影响，以及人类活动必然带来大规模的生产排放、土地利用变化和水土流失等环境压力。本章使用资源需求压力和生态压力来反映这些压力。具体而言，使用工业增加值来反映西藏人类工业生产行为给生态环境带来的压力，使用电力资源消耗量来反映西藏经济发展活动给生态环境造成的压力。

（3）状态（S）。主要分析人、环境与生态系统受到人类活动影响所发生的变化，在驱动力（D）和压力（P）的共同作用下，区域内社会经济、生态环境和资源能源均会发生相应变化，状态分析是人、自然环境与生态系统的现状分析，其被看作是影响（I）和响应（R）的重要驱动因子。具体而言，使用供给能力、需求状态和服务功能进行状态分析，用水资源总量来衡量西藏水资源供给能力，用有效灌溉面积来衡量西藏农作物灌溉需求水平；用农作物总播种面积来衡量西藏生态环境的服务功能。

（4）影响（I）。“影响”是指人口、自然环境和生态系统发展现状给社会发展、经济发展和人民生活水平造成的扰动。本章选择环境综合影响、生态环境影响和社会影响。具体而言，使用农林牧渔产值来刻画西藏生态环境对农林牧渔的影响，用粮食产量来刻画西藏生态环境对粮食产量的影响，用人均国内生产总值来衡量生态环境对社会发展的影响。

（5）响应（R）。响应分析需要把握关键因素、确定相应目标，依据响应目标制定相应的经济手段和政策手段来对驱动力（D）、压力（P）、状态（S）和影响（I）进行反馈调节。本章从社会经济和环境污染两方面刻画响应分析。具体而言，选用森林覆盖率来衡量西藏对生态环境的重视程度，选用第三产业增加值来衡量西藏经济社会发展质量和产业结构优化程度，选用废水排放总量来衡量西藏环境污染治理水平和保护环境的结果。

基于 DPSIR 模型的西藏生态保障评价指标体系构建如表 3-2 所示，其基本逻辑如下：对西藏经济社会发展的相关数据进行验证，考察潜在的经济发展“驱动力”给生态环境保护和环境保护造成“压力”，从而促使生态状况、资源环境“状态”发生改变，进而“影响”经济社会活动，最终推动政府采取一系列“响应”措施来保护生态环境。

表 3-2 西藏生态保障评价指标体系构建

因子	指标	度量尺度	指标含义
驱动力（D）	经济发展	GDP（亿元）	表明西藏经济社会整体发展水平
		城镇化率（%）	表明西藏城镇化水平
	社会活动	人口自然增长率（‰）	表明西藏人口增长速度及劳动力发展潜力
压力（P）	资源需求压力	工业增加值（亿元）	表明西藏工业生产活动对生态环境带来的压力
	生态压力	电力消费量（亿千瓦小时）	表明西藏经济发展对环境资源的压力
状态（S）	供给能力	水资源总量（亿立方米）	表明西藏水资源供给能力
	需求状态	有效灌溉面积（千公顷）	表明西藏农作物灌溉的需求水平
	服务功能	农作物总播种面积（千公顷）	表明西藏生态环境的服务功能
影响（I）	环境综合影响	农林牧渔产值（亿元）	表明西藏生态环境对农业的影响
	生态环境影响	粮食产量（万吨）	表明西藏生态环境对粮食产量的影响
	社会影响	人均 GDP（万元）	表明西藏生态环境对社会发展的影响
响应（R）	社会经济	森林覆盖率（%）	表明西藏对生态环境的重视程度
		第三产业增加值（亿元）	表明西藏经济社会发展质量和产业结构优化程度
	污染控制	废水排放总量（万吨）	表明西藏对环境污染治理水平和保护环境的努力

注：根据数据的可获得性进行指标选取。借鉴现有文献如赵文力等（2019）、杜青龙等（2015）的处理方式。

二、生态水平指标权重确定

（一）一级指标权重的确定

一级指标权重的确定采用主观赋权法中的层次分析法（AHP 法）。本章共向 18 位专门从事环保资源教学的高校教授发送电子问卷 18 份（事先征得其同意），最后回收有效问卷共计 18 份，有效回收率为 100%。确权时首先把 18 位专家的判断值合成一个综合的判断矩阵，其次进行权重计算，最后确定的一级指标权重为：$(驱动力，压力，状态，影响，响应)^T=(0.2105, 0.1439, 0.2452, 0.1892, 0.2112)^T$（见表 3-3）。其中，$C.R.=0.0135<0.10$，故判断矩阵符合内部一致性要求。

（二）二级指标权重确定

二级指标权重的确定采用客观赋权法中的熵值法。熵值法的原理是突出局部差异的权重计算方法，它主要依据指标值之间的方差大小确定权重。熵值的计算公式为：$e_i=-k\sum_{i=1}^{m}(p_{ij}\ln p_{ij})$，$k\geqslant0$，$e_i\geqslant0$。其中，$p_{ij}$ 为第 j 个指标在第 i 个方案中的比重。这种方法的缺陷是可能出现重要指标权重小而不重要指标权重大的情况。根据熵值法确定的二级指标权重如表 3-3 所示。

表 3-3 西藏生态保障评价指标的客观权重

因子层	权重	指标层	权重
驱动力	0.2105	GDP（亿元）	0.0674
		城镇化率（%）	0.0675
		人口自然增长率（‰）	0.0656
压力	0.1439	工业增加值（亿元）	0.0671
		电力消费量（亿千瓦小时）	0.0655
状态	0.2452	水资源总量（亿立方米）	0.1061
		有效灌溉面积（千公顷）	0.0725
		农作物总播种面积（千公顷）	0.0657
影响	0.1892	农林牧渔产值（亿元）	0.0677
		粮食产量（万吨）	0.0768
		人均 GDP（万元）	0.0680
响应	0.2112	森林覆盖率（%）	0.0717
		第三产业增加值（亿元）	0.0674
		废水排放总量（万吨）	0.0710

注：该结果是采用变异系数法进行估计的结果。

第四节　西藏生态保障水平测算

一、生态保障水平判断标准

周树青将生态保障分为 5 个级别，具体对应结果如表 3-4 所示。生态保障评估值在 0~1 之间，该评估值越低，表明其面临的生态保障水平越恶化，其处于较低的等级；反之，该评估值越接近于 1，表明该评估值越高，其生态保障等级越高。

表 3-4　生态保障等级

生态保障评估值区间	等级	含义	备注
[0~0.2)	等级 1	危险状态：严重	生态系统处于严重危险状态
[0.2~0.4)	等级 2	危险状态：较严重	生态系统处于较严重危险状态
[0.4~0.6)	等级 3	一般状态：预警	生态系统处于预警状态
[0.6~0.8)	等级 4	安全状态：良好	生态系统处于较为安全状态
[0.8~1.0]	等级 5	安全状态：理想	生态系统处于理想安全状态

二、西藏生态保障水平测算：2000~2020 年

依据生态保障测度方法，对西藏 2000~2020 年的 GDP、城镇化率、人口自然增长率、工业增加值、电力消费量、水资源总量、有效灌溉面积、农作物总播种面积、农林牧渔产值、粮食产量、人均 GDP、森林覆盖率、第三产业增加值、废水排放总量等指标进行计算，得出西藏的生态保障测量数据，结果如表 3-5 所示，趋势如图 3-1 所示。由分析结果可知：2012 年前西藏的生态环境保护水平长期处于“一般状态：预警”状态（2003 年甚至滑入危险状态），2012 年是西藏生态保障由“一般状态：预警”向“安全状态：良好”转向的转折年。

表 3-5　西藏生态水平测量结果及等级（2000~2020 年）

年份	测量值	评价等级	年份	评估值	测量等级
2000	0.455	一般状态：预警	2007	0.449	一般状态：预警
2001	0.460	一般状态：预警	2008	0.536	一般状态：预警
2002	0.443	一般状态：预警	2009	0.538	一般状态：预警
2003	0.388	危险状态：较严重	2010	0.596	一般状态：预警
2004	0.471	一般状态：预警	2011	0.590	一般状态：预警
2005	0.479	一般状态：预警	2012	0.587	一般状态：预警
2006	0.455	一般状态：预警	2013	0.603	安全状态：良好

续表

年份	测量值	评价等级	年份	评估值	测量等级
2014	0.617	安全状态：良好	2018	0.699	安全状态：良好
2015	0.605	安全状态：良好	2019	0.691	安全状态：良好
2016	0.697	安全状态：良好	2020	0.687	安全状态：良好
2017	0.681	安全状态：良好			

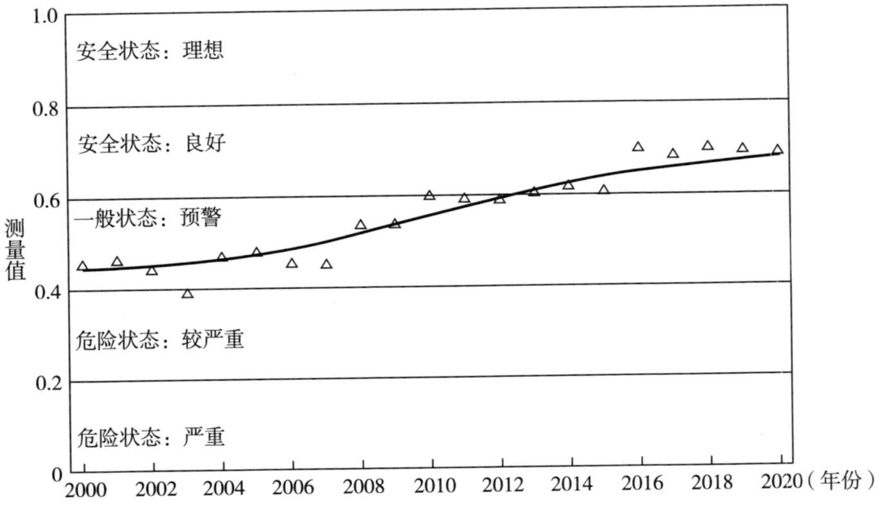

图 3-1　西藏生态水平趋势（2000~2020 年）

注：图中三角形为实际值，实线为带宽 0.8 的拟合线。

第五节　西藏生态保障水平演化特点分析

由表 3-5 和图 3-1 可以发现西藏生态水平的演化特点：

第一，整体趋势向好。总体来讲，西藏的生态水平值呈上升趋势，由 2000 年的水平值 0.455（一般状态：预警）上升到 2020 年的 0.687（安全状态：良好），且从 2013 年开始，生态水平值稳定在“安全状态：良好”区间。

第二，政策干预效应明显。2013 年，西藏的生态水平值首次超越 0.6 的临界点，达到 0.603，使西藏的生态水平从“一般状态：预警”上升到“安全状态：良好”，且一直保持“良好”状态。2016 年，西藏的生态保障值有一个明显的跃升缺口，从 2015 年的 0.605 上升到 2016 年的 0.697，在高位实现环比增长 15.20%。这两个时间点分别对应党的十八大以及中央第六次西藏工作座谈会召开后的次年。

第一个时间节点：党的十八大。党的十八大明确提出要“大力推进生态文明建设”，并从优化国土空间开发格局、全面促进资源节约、加大自然生态系统和环境保护力度、加强生态文明制度建设四个方面给出了具体的行动路径，“两山理论”逐渐深入人心，西藏的生态水平也稳步提升。

第二个时间节点：中央第六次西藏工作座谈会。2015 年召开的中央第六次西藏工作座谈会提出要“坚持生态保护第一”思想，西藏由此推出了更为严格的新环保政策，强调区域生态治理必须严守西藏生态环境保护的底线、红线。

上述两个时间节点对应的是政府的环保规制政策变迁，即以“命令+控制”为特征的环保行政命令得到更进一步的强化执行，说明西藏生态水平的提升很可能源于政策干预效应。

第六节　西藏生态保障水平演化趋势预测

西藏的生态保障事关我国乃至全球气候变化，因而其发展变化引起社会广泛关注。根据前文的研究结论，本部分探讨西藏生态水平未来演化趋势，并分析其变动规律。

一、实证分析模型及数据

从计量经济学的角度来讲，对一个变量发展水平演化趋势进行预测主要是基于时间序列角度进行，因而，这里采用基于平稳时间序列的一阶自回归 AR（1）模型进行预测分析及说明。具体来讲，该预测模型如下：

假设现有如下 AR（1）：$y_t=\alpha y_{t-1}+\varepsilon_t$，$\varepsilon_t \sim WN(0, \sigma^2)$，假定 0~T 期的数据为历史数据，均为已知信息；T+1 期为未知时间，也即需要预测的时间窗口。根据上述式子可得 $y_{T+1}=\alpha y_T+\varepsilon_{T+1}$。基于 T 期之前的信息对 y_{T+1} 进行预测，因此，所有的随机扰动项 ε_t 在 T 期之后均为 0，也即 $E(\varepsilon_{T+1} \mid _T)=0$，所以，可以得出 $y_{T+1,T}=\alpha y_T$。依次类推，$y_{T+2}=\alpha y_{T+1}+\varepsilon_{T+2}$，$y_{T+2,T}=\alpha y_{T+1,T}$，等等。这就可以估计出未来（T+h）的 y_t 的数值。

估计模型中所使用的生态保障的数据采用表 3-5 中测算的数据，该数据时间段为 2000~2020 年。我们采用 2000~2018 年的数据作为预测数据、2019~2020 年的数据作为比较数据，因此在上述模型中 T=2018。

二、实证结果

（一）平稳性检验

根据时间序列模型的特性，在进行预测之前，需要对时间序列进行平稳性检验，并以此作为基础进行预测分析。这里采用 ADF 检验对西藏生态水平进行检验后发现，生态保障在 10%的显著性水平上通过单位根检验，也即其为平稳时间序列，具体如表 3-6 所示。

表 3-6 ADF 单位根检验结果

变量	检验类型	ADF 的 t 统计量	临界值	结论
es	（1，1，0）	-3.52	-4.57*	平稳
Δes	（1，1，0）	-5.59	-4.62***	平稳

注：基本类型（c，t，q），其中 c 表示常数项或截距项，t 表示趋势项，q 表示滞后阶数。***、**、*分别表示 1%、5%、10%的显著性水平。变量的含义是 es 为生态保障，Δes 表示该变量的一阶差分形式。

通过对生态水平进行检验之后发现，其在 10%的显著性水平上为平稳时间序列，因此，可以做进一步实证分析。接下来，需要确认自回归的滞后阶数，根据信息准则进行确认后发现，当滞后阶数取 1 时，该信息准则的 AIC 和 SC 之和最小，因此，这里选择滞后期为一期，也即生态水平的一阶自回归模型为 $\ln es_t=\alpha \ln(es_{t-1})+\varepsilon_t$，$\varepsilon_t \sim WN(0, \sigma^2)$，借鉴已有文献的处理方法，这里采用生态保障的对数值进行预测，能够使预测结果更加准确。

（二）确定自回归系数

利用计量经济学分析软件 EVIEWS 对西藏 2000~2018 年生态水平（取对数值之后）数据进行一阶自回归分析，可以得出该自回归系数为 0.960351，该估计系数在 1%的显著性水平上通过检验，因此，该回归模型如下：

$\ln es_t = 0.960351 \times \ln(es_{t-1}) + \varepsilon_t$，$\varepsilon_t \sim WN(0, \sigma^2)$

（三）预测

这里基于现有 2000~2018 年的数据，将 2019 年作为预测的第一期，共预测 12 年（2019~2030 年）的生态水平演化趋势，结果如图 3-2 所示。从图 3-2 可以看出，自 2019 年开始，西藏的生态水平预测值呈现出稳步增长的态势。为了进一步说明西藏未来的生态保障演化趋势，图 3-2 是去除对数值之后进行的作图，从图中可以看出，2019~2030 年，西藏生态水平演化呈现出稳步增长的趋势，且一直在“安全状态：良好”区间运行，不断接近“安全状态：理想”状态。利用 VAR 模型进行预测，可以得到与上述模型基本一致的预测效果（见图 3-3）。

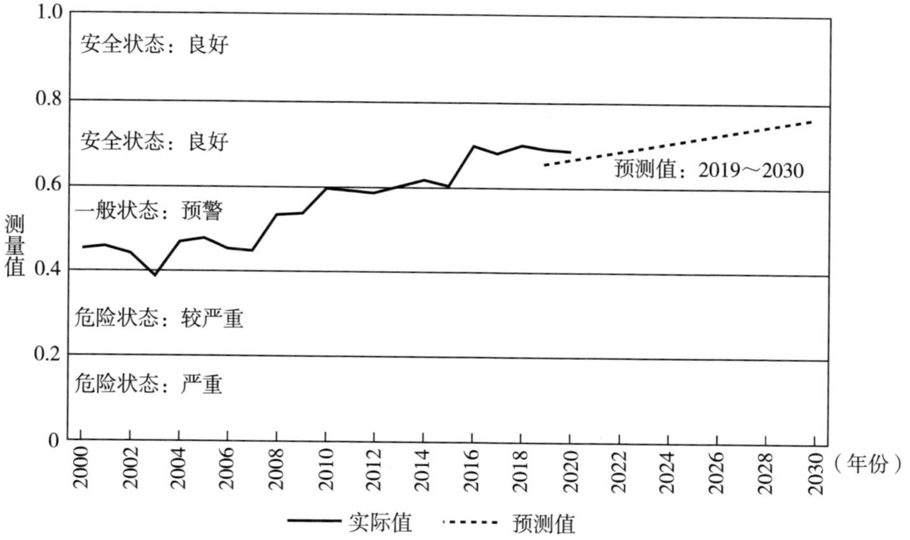

图 3-2　基于 AR（1）模型的生态水平预测（2019~2030 年）

注：该图由本书参与人员采用计量分析软件分析得出（取对数之后的数据）。

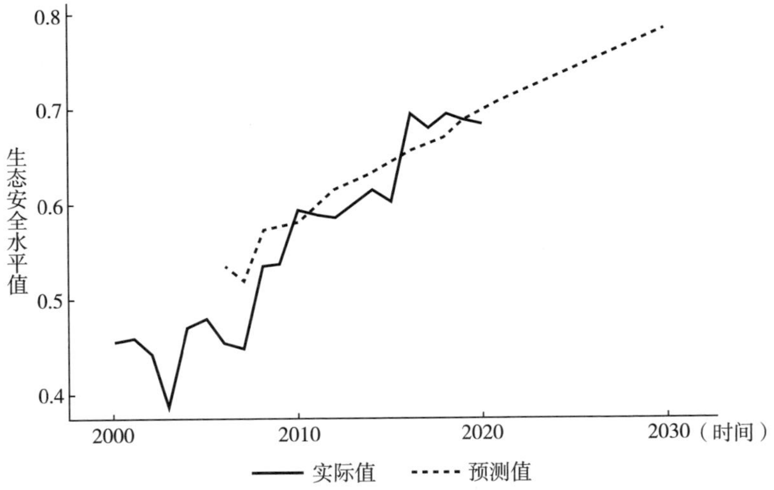

图 3-3 利用 VAR 模型的预测结果

综上所述，西藏未来生态水平将不断提高，生态环境将会逐渐完善。这不仅可以从目前中央政府和西藏自治区政府出台的各类规章制度中看出，而且这也是西藏产业结构优化调整、经济高质量发展的必然结果。此外，从计量经济学的视角来讲，作为一个可以理性预期的经济变量，生态水平在较长时间内呈现出稳定态势，其未来发展趋势在很大程度上依然趋于平稳。

第七节 西藏生态基线分析

在我国经济进入新常态，西藏发展正处在由高速增长向中高速增长、增长动力由投资拉动为主转向投资拉动和产业发展驱动相结合的转型期社会背景下，需要高度重视生态发展态势，这不仅有利于确立生态保障的标准，而且有助于企业在该安全基准线下进行生产活动，有利于经济高质量健康发展。结合西藏的生态环境保护和生态保障现状，更加需要对西藏生态基线进行判定，并据此提出相关政策建议。

一、生态环境基线的概念及确定方法

（一）基本概念

生态环境基线是指污染或破坏生态行为尚未发生时，评估区域内生态环境及其生态系统服务的状态（环境保护部办公厅，2014）。《生态环境损害鉴定评估技术指南　总纲》指出，基线的确定方法包括利用污染环境或破坏生态行为前评估区域近三年的历史数据确定基线。然而由于自然资源与生态系统的状态处于动态调整中，这使基线呈现动态性变化特征。与动态基线相比，静态的历史数据难以用于确定损害区域的基线（曹飞飞等，2020）。

生态功能红线是指对维护自然生态系统服务、保障国家和区域生态保障具有关键作用，在重要生态功能区、生态敏感区、脆弱区等区域划定的最小生态保护空间。

（二）基线确定的步骤

生态基线在环境损害鉴定评估中效力较强，一是可以判断环境损害是否发生，二是可以从空间、时间、恢复量等角度确认损害程度（吴德胜和陈淑珍，2020）。生态基线目前既有国家标准（如原环境保护部2014年颁发的《环境损害鉴定评估推荐方法（第Ⅱ版）》），也有地方标准（如湖南省2018年出台的《生态环境损害鉴定评估监测技术规范》）①。无论是国家标准还是地方标准，生态基线确定主要有三大步骤：一是收集历史数据，历史数据包括环境污染或生态破坏行为发生前的数据。数据来源可以是多方面的，既可以是通过常规监测、专项调查等获得的一手数据，也可以是通过统计报表、学术研究等获取的二手数据。二是确认参照对象。即“对照区域”与“比较区域”具有相似性，或者从统计学意义上来说，符合“反事实框架”。三是确定评价模型。通过构建污染物浓度与生境丰度等损害评价指标之间的“剂量—反应”关系模型，确定生态基线。

二、西藏当前的生态基线情况

受制于西藏生态环境数据资料限制，暂时并未按照上述方法对西藏的生态保障基线进行确定，而是采用目前西藏自治区林业厅于2014年公布的生态基线进行判断。该基线是通过对西藏林地、湿地等多种生态环境现状进行充分调研得出的，包括林地、森林、湿地、物种四条生态红线。①林地红线：林地面积不低于1740万公顷。②森林红线：森林面积不低于1470万公顷，森林蓄积量不低于22.0亿立方米。③湿地红线：湿地面积不少于650万公顷。④物种红线：严禁开

① http：//www.mee.gov.cn/gkml/hbb/bgt/201411/t20141105_291159.htm.2014-10-24。

发各级各类自然保护区，确保现有濒危野生动物得到全面保护，维护区内物种安全①。根据上述4类生态红线判定标准，基于数据的可获得性，收集整理了2004~2020年西藏林地、森林、湿地以及物种的具体数据，如表3-7所示。

表3-7 西藏生态基线的判定数据

年份	林业用地/万公顷	森林面积/万公顷	森林蓄积量/万立方米	湿地面积/万公顷	森林覆盖率/%	草原总面积/万公顷	野生植物/种	野生脊椎动物/种
2004	1657.89	1389.61	22.66	—	11.3	—	9600	798
2005	1657.89	1389.61	22.66	—	11.3	—	9600	798
2006	1657.89	1389.61	22.66	—	11.3	—	9600	798
2007	1657.89	1389.61	22.66	—	11.3	—	9600	798
2008	1657.89	1389.61	22.66	523.2	11.3	—	9600	798
2009	1783.64	1471.56	22.62	523.2	12	—	9600	798
2010	1783.64	1471.56	22.62	523.2	12	8205.19	9600	798
2011	1783.64	1471.56	22.62	523.2	12	8205.19	9600	798
2012	1783.64	1471.56	22.62	523.2	12	8205.19	9600	798
2013	1783.64	1471.56	22.62	652.9	12	8205.19	9600	798
2014	1798.19	1490.99	22.62	652.9	12.1	8205.19	9600	798
2015	1798.19	1490.99	22.62	652.9	12.1	8205.19	9600	798
2016	1798.19	1490.99	22.62	652.9	12.1	8820.00	9600	798
2017	1798.19	1490.99	22.62	652.9	12.1	8820.00	9600	798
2018	1798.19	1490.99	22.83	652.9	12.1	8820.00	9600	798
2019	1798.19	1490.99	22.83	652.9	12.1	8820.00	9600	798
2020	1798.19	1490.99	22.83	652.9	12.1	8820.00	9600	798

注：数据来自历年《西藏统计年鉴》以及国家统计局官网的数据。

① http：//www.scio.gov.cn/zhzc/8/1/Document/1375056/1375056.htm。

表 3-7 展示了 2004~2020 年西藏生态基线的变化情况（其中，林业用地面积、森林面积、森林蓄积量、湿地面积四个指标为红线指标）。

（1）林业用地面积。2004 年西藏的林业用地面积为 1657.89 万公顷，略低于划定的生态红线 1740 万公顷的标准，2009 年该指标为 1783.64 万公顷，超过了生态红线标准，此后林业用地面积一直稳定在该标准，2020 年小幅提升至 1798.19 万公顷。

（2）森林面积。2004 年西藏的森林面积为 1389.61 万公顷，略低于生态红线 1470 万公顷的标准。2009 年该指标为 1471.56 万公顷，首次超过生态红线，2014 年达到 1490.99 万公顷，超越红线 20 万公顷。

（3）森林蓄积量。2004~2020 年西藏的森林蓄积量指标相对变化不大。2004~2008 年为 22.66 亿立方米；2009~2017 年略有下降，为 22.62 亿立方米；2020 年攀升至 22.83 亿立方米，均超过了生态红线 22.00 亿立方米的标准。

（4）湿地面积。2012 年之前西藏的湿地面积一直为 523.2 万公顷，低于生态红线划定的 650 万公顷标准。自 2013 年以来，西藏的湿地面积超过生态红线标准，达到 652.9 万公顷。

（5）其他指标。得益于人工种草，草原总面积增长较快，2016 年第二次国土普查中，草原面积达到 8820 万公顷，野生植物一直稳定在 9600 种、野生脊椎动物稳定在 798 种。

通过上述分析可知，自 2004 年以来，西藏高度重视生态环境保护，在发展经济的同时，积极响应国家号召，时刻将生态保障和生态环境保护放到优先地位，大力调整产业结构，加大投资力度，对原始森林和林业资源实施重点保护，减少开垦、退耕还林……西藏的生态保障趋于向好局面，这与本章第二节的生态水平测度结果基本一致。尤其是 2009 年以来，西藏的林地面积、森林面积、森林蓄积量以及湿地面积均呈现出稳步提升的状态，面积均超越了西藏林业厅划分的生态红线标准，由此我们可以推断目前西藏的生态基线为“静态基线”。

然而，需要指出的是，通过表 3-7 还可以看出，尽管目前西藏的生态基线属于“静态基线”，且多数实际数据均在西藏划定的安全线之上，然而多个指标的数据超过生态红线的幅度并不高。这表明西藏的生态保障面临的形势依然十分严峻，生态环境保护的压力仍然较大，需要进一步牢固树立“两山”理念，坚守生态保障底线，持续加大对生态治理的投资力度，构建起有效保护西藏生态的机制体制，从而不断提升生态环境质量，确保各项指标高于目前确立的生态红线。

第八节　结论与对策

一、主要结论

第一，西藏的生态水平整体趋好，目前处于"安全状态：良好"区间。从模型来看，未来较长一段时间内西藏的生态水平依然会处于"安全状态：良好"区间，并不断接近"安全状态：理想"区间。从分析结论来看，西藏的生态水平受政策干预的效应较为显著，主要证据来源于2013年与2016年两个时间节点（分别对应党的十八大与中央第六次西藏工作座谈会召开后的次年）。

第二，西藏的生态基线表现为"静态基线"，可预期性强。但多个指标的数据超过生态红线的幅度并不高，值得关注。

二、政策建议

第一，充分利用政府干预启动快、效率高的特点，强化生态修复、生态农业、生态旅游、生态工业、"生态+"复合产业、生态保护补偿等方面的措施，不断提升生态水平。充分利用中央财政转移支付，包括国家重点生态功能区财政转移支付、中央财政重点生态功能区转移支付、专项资金、各种奖补资金，如中央财政林业改革发展森林管护补助资金、中央草原禁牧补助和草畜平衡奖励等，强化对生态基线的保护，保障林业用地面积、森林面积、森林蓄积量、湿地面积四个指标不断超越红线标准。

第二，不能过于依赖政府干预。虽然政府干预取得了良好的绩效，但是成本有效性与预算效率不能得到保障，不能保障生态水平的持续上升，近年来生态水平值上升缓慢也证明了这一点。因此，西藏自治区政府需要培育生态市场机制，让生态市场、生态金融充分发展起来，让企业等社会组织及受益者参与到生态保护补偿中来，以形成连续、稳定、可持续的资金供给机制，保障生态可持续发展。在发展市场生态保护补偿时，要注意政府与企业的协同，一是不要搞“一刀切”“运动式”的环保治理或生态保护补偿，否则会给企业带来较大的成本压力，影响“驱动力”等因子的得分；二是要有统一规划，并对企业开展有效的指导，强化生态治理的协同效应。

第四章　西藏“产业—生态”关联演化相关性及演化轨迹分析

第一节　文献综述

一、产业结构与生态水平

付德申等以我国中西部城市群为研究对象，采用耦合协调模型发现，城市群整体产业承接能力与生态环境耦合协调度在考察期内具有平稳发展的时序变化特征，但不同的城市之间存在明显的时间差异。王贵明研究发现，通过产业结构的生态优化调整来解决产业与环境冲突，对于促进经济与环境的协调持续发展具有重要的影响和现实意义。王菲等以西北资源型城市及资源型产业密集区之一的宁蒙沿黄地带为研究对象，研究发现，该地区的工业结构污染特征主要受区域工业结构表现单一和污染性较强的重工业高速发展所影响，产业结构是环境污染特征的重要影响因素。冉净斐等分析“南水北调”中线工程中水资源地区的产业结构优化和环境保护、生态保护之间的关系，研究发现，要想实现产业生态化转型，就要在产业结构优化的同时，注重生态和环境的保护。汪雅俊以我国西部地区为研究对象，更深一步研究发现，工业化、城镇化与产业生态化在短时间内的因果关系很难显现，但是随着时间的推移，通过发挥西部地区主导产业的作用，可以摆脱内部工业和城镇化发展不均衡的问题。

秦曼等以海洋产业为切入视角，从海洋产业结构生态化、海洋产业生产方式生态化和海洋产业技术创新生态化几个方面入手，得出海洋产业生产方式生态化与海洋产业技术创新生态化是整个生态化水平的核心影响因素。吴远征等以林业产业为切入视角，研究发现，优化林业产业结构能够促进林业产业规模集约高效发展，更好地促进林业生态和产业的一体化发展。廖冰等以林业产业为研究对象，以森林资源为中介，发现林业产业能够通过森林资源环境对森林生态起到良好的促进作用。

二、产业规模与生态水平

刘习平等以 STIRPAT 模型为基本框架，发现对于我国而言，城市规模越大，产业集聚所带来的环境改善效应越大，但是对于城市产业过于集中所带来的“城市病”来说，可以通过产业转型升级和改善城市结构来改善城市的生存环境、提高生态水平。张翠菊等采用空间自相关分析和空间面板计量模型同样发现，产业、人口的空间聚集程度的不同对中国区域碳排放的影响效应具有明显的差异，甚至可能出现相反的情况。杜青龙等（2015）通过对西藏的研究发现，产业规模的壮大有利于西藏生态水平的提升；但是从局部来看，产业发展对地区的生态水平存在不利的影响。

产业发展与生态水平在时间、空间维度上具有共同演化的特征。目前对二者共同演化的研究表现为单向的特征，即研究产业发展（或经济发展）如何影响生态水平，而较少进行逆向研究或关联研究，即生态水平如何影响产业发展及产业结构优化调整。为此，本章采用计量经济学的时间序列分析方法和哈肯模型对西藏历年生态水平与产业结构之间的关系进行实证考察。

三、产业发展与生态水平关联演化

叶翠红（2016）认为，经济学视角的产业系统以及产业生态学视角的产业系统，均不能实现“产业—生态”的耦合演化（即经济增长与生态水平相容），具有局限性：经济学视角的产业系统围绕经济增长这一核心目标展开，产业活动呈现出线性特征（供应商→生产商→渠道商→消费者），产业竞争的着力点是利润，竞争手段是提升自己的讨价还价能力（即迈克尔·波特的“五力模型”所阐述的内容）。这种不考虑资源消耗、环境污染的产业系统带来了如下严重问题：①资源过度消耗导致生态水平下降；②生态水平下降制约经济的可持续发展。产业生态学视角的产业系统主要从废弃物的投入产出关系出发，忽视了企业的利益，对经济活动规律的关注度不够，不符合中国的国情，更不符合经济欠发达的西藏区情。

“产业—生态”的耦合演化要求经济效益与生态效益共同提升。要实现“产业—生态”的耦合演化，必须建构相应的合作与互惠机制，抑制关联演化主体中的自私行为。基于连续“囚徒困境”的研究发现，“个体理性会导致群体不理性”的社会困境依然存在（Jimenez et al.，2009）。全吉（2019）通过最邻近耦合网络与 NW 小世界研究发现：①模仿会抑制群体合作，特别是在投资系数较大时。即如果有人破坏规则，在“产业—生态”的负向关联演化中获益，可能会导致合作失败。②不确定性会抑制群体合作。

第二节　理论假设

伴随着经济高质量发展和产业结构转型升级，理论分析生态水平与产业结构调整之间的逻辑关系具有十分重要的现实意义。

一、产业发展对生态水平的影响

产业结构调整对生态水平具有重要影响。产业结构调整尤指产业结构升级，是指产业结构的合理化和高级化，产业结构升级也是产业结构效率或者水平提高的过程。从理论上说，企业会参照成本约束和利润最大化原则。产业结构调整主要从以下三个方面影响生态水平：

第一，产业结构调整对于生态水平的影响具有结构效应。三大产业在水资源消耗、环境消耗和大气环境污染方面存在结构上的差异：在第一产业中，因为西藏的农业规模较小，对资源的消耗并不多，因此环境污染强度也处于较低水平。在第二产业中，由于西藏工业的技术改造（特别是采矿、建材等重污染行业）相对滞后，对资源的消耗以及对环境的污染最为严重。在第三产业中，西藏地区主要是旅游业，对环境资源的消耗较少，但需要警惕旅游人数的峰值超过西藏的生态承载力从而导致环境污染。以农牧业为代表的第一产业发展壮大，由于其对自然资源的利用均呈现为绿色使用模式，其发展壮大不会对生态环境造成较大负面冲击；反之，以制造业为代表的第二产业的快速发展，如采矿业、有色金属制造业及其他制造业等，需要利用较多的自然资源等原材料且向空气中排放有害气体，造成空气和水等的污染，因而会影响到生态水平。因此，产业结构的调整会对生态水平产生较大影响。现有研究表明，产业机构升级与生态污染之间呈现倒"U"形关系，当一个地区经济发展水平较为落后，产业结构调整升级势必会带来环境污染，进而影响生态水平。当经济发展水平超过某个临界点或者拐点以后，产业结构升级所带来的正向效应将会大于负向效应，也即有助于帮助环境改善，降低企业污染进而提升生态水平。也有研究发现，产业结构升级对环境污染治理的影响呈现产业异质性，第一产业的发展对水资源存在破坏作用，而对于大气环境和固体环境的改善起到了显著的促进作用；第二产业增加对于水资源、大气环境和固体环境都有显著的破坏作用；第三产业对于水资源、大气环境和固体环境均有显著的正向作用。

第二，产业结构调整对于生态水平的影响具有技术效应。前文已经提到，依靠污染环境促进地区经济增长的传统粗犷式增长模式已经逐渐被取代，如今更多地依靠技术进步。产业结构升级对生态水平的影响主要通过两个方面实现：一方面，技术进步有助于通过调整产业内部的投入分配比例来减少高污染资源的消耗，进而提升生态水平；另一方面，技术进步有助于开发节能环保型生产能源，提升能源利用率，减少碳排放，提升生态水平。

第三，产业规模变化对于生态水平的影响具有规模效应。随着产业规模效应的扩大和产业技术含量水平的不断提升，生产要素也逐渐流向高生产率部门，而这些生产部门的主要投入要素是技术、信息和人才等，并非会对环境造成污染的能源要素和水资源要素等，对大气环境也十分友好，因此产业结构调整所带来的规模效应提升会使企业逐渐降低对能源消耗的依赖，转而倾向于使用科技和人才要素来提升企业价值，促进地区经济发展，进而提升地区生态水平。

二、生态水平对产业发展的影响

从二者的因果关系来讲，生态水平作为产业发展的"结果"，在国家十分强调生态发展、注重环境保护的政策背景的前提下，国家制定的生态标准及生态红线等反过来对产业发展和产业结构动态调整具有十分重要的意义。从作用机制来看，生态水平和生态环境提升有助于提升社会需求和自然资源利用率。

第一，生态水平提升有助于提升社会总体需求，进而促使产业结构升级。本章所指的需求为社会总需求，主要包括消费需求和投资需求。①从消费需求来看，消费需求结构的变动将会影响以生产资料为基础的产业结构的变动。在不同产业结构或者不同经济发展水平下，人们的消费需求结构也会存在差异，随着经济发展水平的提升，个人消费需求逐渐趋于个性化和高级化，尤其是在人们环保意识和环保理念提升的当今社会，个人消费需求也在向着环保方向发展。个人消费需求结构变动时，产品结构也会随着需求的变化而发生变化，进而倒逼产业结构调整以满足新催生的消费需求，引起产业结构的调整演化。从消费需求的角度来看，随着人们的环保意识逐渐增强以及生态理念的逐步深入，市场参与生态治理的力度越来越大，倒逼企业不得不进行技术改造与生产转型升级，推进了生态环境的持续改善。②从投资需求来看，投资需求会衍生不同的产业结构与业态。从宏观层面来看，经济活动需要以消耗资源为代价，从而带来污染物排放和环境污染。在生产技术和污染处理技术不变的前提下，经济活动的扩张必然会加剧污染物排放，从而导致产业发展与生态水平的负面耦合。在“五位一体”发展布局下，产业发展与生态水平的负面耦合会导致国家出台限制产业发展的生态政策，进而压缩社会投资需求总量。从微观角度来看，国家对污染管控力度的增大会导致污染密集型产业投资需求和投资意愿逐渐减少，从而有利于绿色环保型行业的发展，导致投资需求结构发生变化。相反，如果对高能耗、高污染的制度约束力度过小，企业进行技术转型升级或者转投绿色产业的意愿动力就不足，产业结构就会呈现僵化局面。也就是说，提升生态水平的过程常常是产业转型升级的过程。

第二，生态意识将会通过影响自然资源利用效率对产业结构产生影响，进而影响产业规模。随着我国“五位一体”战略的快速推进，组织层面与个体层面的生态文明意识均大幅增加。从组织层面来看，政府淘汰落后产能、强化生态文明建设的意志越来越坚定，这会直接影响政府对土地、能源等资源的供给，从而影响区域产业结构的类型与技术进步。企业在政府强制性行政命令（或生态规制政策）的干预与生态文明意识提升的双重影响下，将由依赖自然资源逐步转向依赖科技进步来促进企业的发展，自然资源对产业结构的作用将逐渐减弱，而新技术、新知识则会逐渐占据主导地位。

当生态规制政策不影响企业的竞争优势时，环境保护政策和生态理念的深入人心会削弱企业对于自然资源的过度使用。但对于资源依赖性较强的企业，生态规制政策会大幅度提升企业的生产成本，削弱企业的市场竞争力，很多经营者往往会顾及眼前利益采取机会主义行为，造成自然资源的过度开采和消耗严重等现象。因此，要使企业长期坚持经济与生态协同发展，需要社会、政府加快新技术的创新研发与推广，加快转变资源利用类型，开发可再生清洁能源，重塑区域产业结构。

综上所述，生态水平和产业发展的关联演化主要是产业结构调整与生态水平的互动，产业规模是产业互动的结果。由此，本书提出如下理论假设：

假设 1：生态水平和产业发展在关联演化过程中表现出相互影响、相互促进的双向互动关系。

假设 1-1：生态水平和产业结构调整在关联演化过程中表现出相互影响、相互促进的双向互动关系。

假设 1-2：生态水平和产业规模在关联演化过程中表现出相互影响、相互促进的双向互动关系。

假设 2：产业结构系统是"产业结构调整—生态水平系统"的有序参量，是影响二者系统协同演化发展的主导因素，决定了整个系统演化的进程及方向。

第三节 产业结构与生态水平关联演化的相关性分析

一、VAR 模型构建

根据上述理论分析，产业结构调整和生态水平二者本身是一个变动的系统。此外，二者又呈现出相互影响的动态关系，因此，这里结合数据的可获得性，采用时间序列 VAR 模型来实证分析产业结构与生态水平的关联演化关系。VAR 模型为时间序列的向量自回归模型，旨在建立动态联立方程组。模型中每个变量均为被解释变量，解释变量为被解释变量的滞后值，VAR 模型比传统的时间序列分析模型能够更好地刻画变量受自身与其他变量之间共同影响的动态关系。因此，这里选用 VAR 模型来考察产业结构调整和生态水平之间的耦合演化关系。

具体模型如下：

$$Y_t = \alpha_0 + \sum_{i=1}^{n} \beta_i Y_{t-i} + \varepsilon_t$$

其中，Y_t 为（n×1）的随机变量；α_0 为（n×1）的常数项；β_i 为（n×n）的系数矩阵；Y_{t-i} 为 Y_t 的 i 阶滞后变量；ε_t 为残差项，一般假定其为向量白噪声过程。

这里研究的是产业结构变迁与生态水平之间的耦合演化关系，为此，$Y_t = (ES_t, INDU_t)$，其中，ES_t 度量生态水平，$INDU_t$ 度量产业结构变迁。下文进行实证分析时，生态水平变量采用第一章已经测度过的数据，产业结构采用第二、第三产业总产值占比来度量。实证分析涉及的西藏生态水平、产业结构数据全部来自历年的《西藏统计年鉴》。实证分析时间跨度为 2000~2020 年。

二、实证分析过程

（一）平稳性检验

平稳性检验是时间序列分析的基础，这里采用 ADF 单位根检验方法来检验。表 4-1 是基于 VAR 模型的单位根检验结果。从表 4-1 中可以发现，西藏的生态水平、产业结构在 0 阶水平上为平稳时间序列，也即在水平条件上为平稳时间序列，不需要对其进行差分检验，因此可以得出 ES~I（0），INDU~I（0）。

表 4-1　ADF 单位根检验结果

变量	检验类型	ADF 的 t 统计量	临界值	结论
生态水平（ES）	（1，1，0）	-3.52	-3.28*	平稳
产业结构变迁（INDU）	（1，1，0）	-4.58	-4.57***	平稳

注：基本类型（c，t，q），其中，c 表示常数项或截距项，t 表示趋势项，q 表示滞后阶数。***、**、*分别表示 1%、5%、10%的显著性水平。变量的含义是 ES 为生态水平，INDU 为产业结构。

（二）协整分析及最优滞后期确定

根据恩格尔—格兰杰两步检验法，首先对产业结构调整和生态水平进行协整检验，通过协整检验来考察二者之间是否存在长期稳定关系。这里采用Johansen 协整检验方法对生态水平与产业结构变迁变量之间的关系进行协整检验，结果显示，在1%的水平上显著，它们之间存在一个稳定的协整关系，其协整估计结果如表 4-2 所示。从表 4-2 中可以看出，产业结构的估计系数为1.211，且在1%的水平上显著，即产业结构每提升一个单位，会推动生态水平提高 1.211 个单位，充分说明产业结构对生态水平具有显著的积极影响。上述结果充分表明，西藏生态水平与产业结构调整之间存在协整关系，也即长期稳定的关系。

表 4-2 协整分析的估计结果

	被解释变量：生态水平	
	估计系数	T 值
常数项	-0.474***	-2.936
产业结构变迁（INDU）	1.211***	6.627
观测值	19	

注：该估计结果由本书参与人员采用计量经济学的时间序列分析方法估计得出。图中估计系数上标 ***、**、* 分别表示在 1%、5%、10%的显著性水平下拒绝估计系数为 0 的原假设。

在协整分析的基础上进行滞后阶数与稳定性检验，以生态水平与产业结构变迁为因变量，以二者滞后期为自变量构建 VAR 模型。根据 VAR 模型的建立思路，需要确定最优滞后期，这里根据信息准则进行判定，结果如表 4-3 所示。由表 4-3 可知，根据 LR、FPE、AIC、SC、HQ 五个判断准则的“多数原则”，由生态水平与产业结构确定的向量自回归模型的最优滞后期为 2，也即为 VAR（2）。

图 4-1 是 VAR（2）的 AR 特征多项式逆根，从图中可以看出，全部根均在单位圆内，根据平稳性判定准则，该 VAR 系统是平稳的，因此，可以在此基础上对生态环境和产业结构调整进行脉冲响应分析及方差分解等。

表 4-3 VAR 模型最优滞后期的确定

Lag	logL	LR	FPE	AIC	SC	HQ
0	59. 25339	NA	7e-06	-6. 735693	-6. 637668	-6. 725949
1	107. 1441	78. 87880 *	2. 35e-08	-11. 89931	-11. 60522 *	-11. 87007
2	111. 8688	6. 670109	2. 22E-08 *	-11. 98456 *	-11. 49443	-11. 93584 *

indicates lag order selected by the criterion;
LR: Sequential modified LR test statistic (each test at 5% level);
FPE: Final prediction error;
AIC: Akaike information criterionsc:
Schwarz information criterion
HQ: Hannan-Quinn information criterion

注：该估计结果由本书参与人员采用计量经济学的 VAR 估计得出。

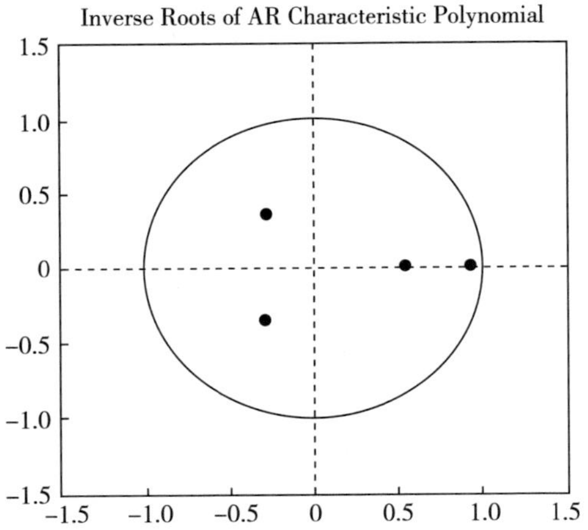

图 4-1 VAR（2）的 AR 特征多项式逆根

注：该估计结果由本书参与人员采用计量经济学的 VAR 估计得出。

（三）格兰杰因果检验

表 4-4 是产业结构变迁与生态水平的 Granger 因果检验结果。可以看出，在 5%的显著水平上，生态水平是产业结构变迁的格兰杰原因；反之，在 10%的显著水平上，产业结构变迁是生态水平的格兰杰原因。这就验证了前文提出的理论假设——生态水平和产业结构二者之间呈现出相互影响、相互促进的双向互动关系的正确性。

表 4-4 产业结构变迁与生态水平的 Granger 因果检验

原假设	样本数	P 值	结论
ES 不是 INDU 的 Granger 原因	17	0. 0493	拒绝
INDU 不是 ES 的 Granger 原因	17	0. 0505	拒绝

注：该估计结果由本书参与人员采用计量经济学的时间序列分析方法估计得出。

（四）脉冲响应分析

基于上述时间序列分析结果，为了进一步地考察产业结构与生态水平之间的耦合演化关系，这里对二者进行脉冲响应分析，结果如图 4-2 和表 4-5 所示。

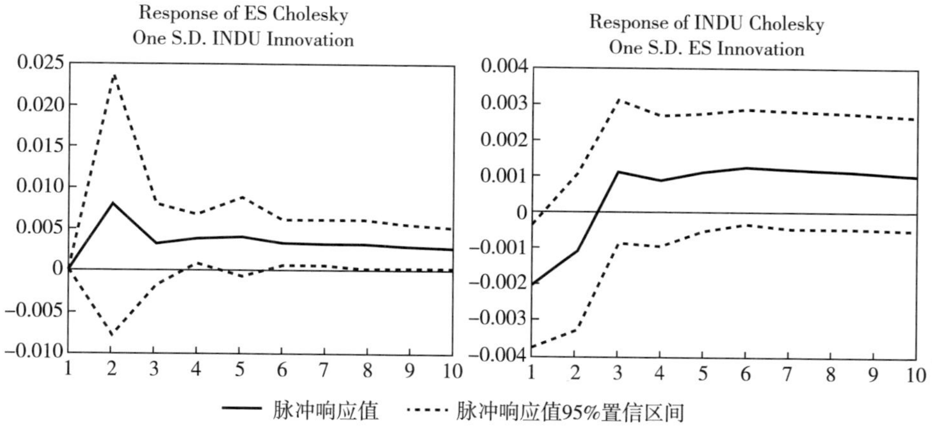

图 4-2 脉冲响应分析

注：该估计结果由本书参与人员采用计量经济学的时间序列分析方法估计得出。

表 4-5 脉冲响应结果分析

时期	ES 对 INDU 的回应	INDU 对 ES 的回应
1	0	−0. 00201
2	0. 00808	−0. 00111
3	0. 00305	0. 00112
4	0. 00373	0. 00086
5	0. 00393	0. 00111
6	0. 00326	0. 00125
7	0. 00320	0. 00118

续表

时期	ES 对 INDU 的回应	INDU 对 ES 的回应
8	0.00300	0.00116
9	0.00277	0.00111
10	0.00262	0.00104

注：该估计结果由本书参与人员采用计量经济学的时间序列分析方法估计得出。

从表 4-5 可以看出，生态水平受产业结构调整冲击的演化轨迹是：给定产业结构（INDU）一个单位的冲击，生态水平（ES）的当期反应值为 0，且为最低值，然后呈上升趋势；第 2 期变为正值（0.00808），达到整个反应期的最高值；随后又呈下降趋势，从第 3 期的 0.00305 一直下降至第 10 期的 0.00262。产业结构调整受生态水平冲击的演化轨迹是：给定生态水平（ES）一个单位的冲击，产业结构（INDU）调整的当期反应值为负（-0.00201），且为最低值，然后呈上升趋势；第 3 期变为正值（0.00112），至第 6 期达到峰值（0.00125）；随后出现缓慢下降趋势，从第 7 期的 0.00118 下降至第 10 期的 0.00104。综上分析可知，产业结构调整和生态水平之间存在相互影响的动态调整关系，二者对彼此的响应数值在两年之后达到峰值，这也从另外一个角度验证了前文理论假设的正确性。

（五）方差分解

方差分解考察的是将变量的方差变动进行分解，从而得知不同影响因素对该变量变动的贡献大小。这里采用时间序列分析方法，对生态水平与产业结构调整进行方差分解，结果如表 4-6 所示。

表 4-6　生态水平与产业结构调整的方差分解

ES 的方差分解			
时期	S. E.	ES（%）	INDU（%）
1	0.035444	100.0000	0.000000
2	0.037405	95.32749	4.672510
3	0.038057	94.84149	5.158511
4	0.038965	94.15994	5.840062
5	0.039376	93.28167	6.718326

续表

ES 的方差分解			
时期	S. E.	ES（%）	INDU（%）
6	0.039695	92.71354	7.286464
7	0.039974	92.17297	7.827030
8	0.040193	91.69953	8.300475
9	0.040381	91.30282	8.697180
10	0.040544	90.95476	9.045236
INDU 的方差分解			
时期	S. E.	ES（%）	INDU（%）
1	0.003821	27.82447	72.17553
2	0.004333	28.21694	71.78306
3	0.004781	28.69950	71.30050
4	0.005182	27.21921	72.78079
5	0.005520	28.04628	71.95372
6	0.005851	29.58089	70.41911
7	0.006130	30.67044	69.32956
8	0.006372	31.71295	68.28705
9	0.006581	32.57864	67.42136
10	0.00676	33.27007	66.72993
Cholesky ordering：ES INDU			

注：该估计结果由本书参与人员采用计量经济学的时间序列分析方法估计得出。

第一个表是生态水平的方差分解结果。可以看出，从第1期至第10期，生态水平的方差变动较小，其在0.035444和0.040544之间变动，生态水平每一期方差变动的主要因素都来自自身，如第1期的方差变动全部来自自身，随着时间推移，该占比呈现出下降的趋势，从第2期的95.32749%下降至第10期的90.95476%，说明自身因素的比重在逐渐降低。分析最后一列产业结构（INDU）的数值可以看出，其比值呈现出不断上升的趋势，由第1期的0上升至第10期的9.045236%，充分说明了产业结构调整在短期内对生态水平的影响较小，但是从长期来看，该影响系数不断增加。

第二个表是产业结构调整方差分解结果，从中可以看出，从第1期至第10

期，产业结构的方差变动也相对较小，其在 0.003821 和 0.00676 之间变动，产业结构的每一期的方差变动的主要因素都来自自身，如第 1 期的方差变动全部来自自身的比重为 72.17553%，随着时间推移，该占比呈现出下降的趋势，从第 2 期的 71.78306%下降至第 10 期的 66.72993%，说明自身因素的比重在逐渐降低。分析生态水平（ES）的数值可以看出，其比值呈现出不断上升的趋势，由第 1 期的 27.82447%上升至第 10 期的 33.27007%，充分说明了生态水平在短期内对产业结构调整的影响较小，但是从长期来看，该影响系数不断增加。

三、实证结果分析

综上分析，为了考察西藏产业结构变迁与生态环境之间的变动关系，通过理论分析之后提出待检验的理论假设，在此基础上，对 2000~2020 年西藏的相关数据进行检验，采用现代计量经济学的时间序列分析 VAR 模型，通过时间序列的单位根检验、协整分析、误差修正、格兰杰因果检验、脉冲响应分析、方差分解等步骤，实证考察了西藏生态水平与产业结构调整之间的动态关联关系。依据上述分析结果可以看出，西藏生态水平与产业结构调整之间呈现出相互影响的动态关联关系。对比分析各自比重的差异发现，生态水平值变动受产业结构的影响相对于产业结构变动受生态水平值变动的影响较小，反映出二者的动态关联特征。从长期来看，二者之间存在长期稳定的耦合演化关系（假设 1 获得支持）：①格兰杰因果检验结果表明二者之间互为因果关系；②脉冲响应和方差分析结果表明，生态水平与产业结构调整之间存在彼此相互作用的动态关联关系。

第四节　产业规模与生态水平关联演化的相关性分析

一、模型构建与数据选取

（一）模型构建

向量自回归模型（VAR）是通过非结构性方法来建立各个变量之间关系的模型，可以为变量之间的动态联系提供检验，适合用来描述西藏产业规模与生态水平之间的关联演化。模型如下：y 为被解释变量，且滞后 P 阶；x 为影响变量。

$$\begin{pmatrix} y_{1t} \\ \cdots \\ y_{it} \end{pmatrix} = \phi_1 \begin{pmatrix} y_{1t-1} \\ \cdots \\ y_{it-1} \end{pmatrix} + \cdots + \phi_p \begin{pmatrix} y_{1t-p} \\ \cdots \\ y_{it-p} \end{pmatrix} + \delta \begin{pmatrix} x_{1t} \\ \cdots \\ x_{it} \end{pmatrix} + \begin{pmatrix} \varepsilon_{1t} \\ \cdots \\ \varepsilon_{it} \end{pmatrix}$$

（二）数据选取

本节选取 2000~2020 年西藏的地区生产总值（GDP，代表产业规模）、生态水平（ES）作为分析指标。其中，生态水平（ES）数据来源于第三章，地区生产总值来源于历年《西藏统计年鉴》，对地区生产总值（GDP）进行了价格平减处理。为了数据平稳性以及减小或消除异方差对模型的影响，对地区生产总值进行了对数化处理，变量的描述性统计如表 4-7 所示。

表 4-7 变量描述统计值

变量	样本量	平均值	标准差	最小值	最大值
lnGDP	21	6. 0143	0. 7105	4. 7700	7. 0833
ES	21	0. 5584	0. 0998	0. 3880	0. 6990

二、实证分析

（一）协整检验

VAR 模型要求变量之间存在协整关系。本节采用 Johansen 协整检验，其基本原理如下：当 $\boldsymbol{\Gamma}_0$ 显著时（即 $\boldsymbol{\Gamma}_0$ 值大于某一显著性水平下的 Johansen 分布临界值），拒绝 H0，则表明至少有一个协整向量；接着检验 $\boldsymbol{\Gamma}_1$ 的显著性，如 $\boldsymbol{\Gamma}_1$<临界值，表明只有 1 个协整向量。具体如下：

H0：$rank(\boldsymbol{\Gamma}_0)=0$　　没有协整关系

H0：$rank(\boldsymbol{\Gamma}_0)>0$　　存在协整关系

H10：$rank(\boldsymbol{\Gamma 1})=1$　　只有一个协整变量

H0：$rank(\boldsymbol{\Gamma 1})>1$　　存在至少两个协整变量

由表 4-8 可知，取对数后的地区生产总值（lnGDP）与 ES 均存在协整关系。

表 4-8　变量与 ES 的协整关系检验结果

变量	DlnGDP
迹统计量	0. 1195
临界值	3. 76
是否只有一个协整	是
参数选择	常数

（二）产业规模与生态水平的关联演化

1. 模型滞后阶数选择

由表 4-9 可知，模型滞后 2 阶 AIC \ HQIC \ SBIC 等判定指标值最小，因此选择 2 阶滞后模型。

表 4-9　模型最优滞后阶数

Lag	LL	LR	df	p	FPE	AIC	HQIC	SBIC
0	57. 8324				3. 2e-06	-6. 97905	-6. 97411	-6. 88248
1	72. 8747	30. 085	4	0. 000	8. 1e-07	-8. 35934	-8. 3445	-8. 06962
2	81. 1321	16. 515*	4	0. 002	4. 9e-07*	-8. 89151*	-8. 86679*	-8. 40865*
3	84. 6532	7. 0422	4	0. 134	5. 7e-07	-8. 83165	-8. 79704	-8. 15564
4	87. 9354	6. 5644	4	0. 161	7. 4e-07	-8. 74193	-8. 69742	-7. 87277

注：* 表示 10%的显著性水平。

2. VAR 模型分析

表 4-10 为地区生产总值（GDP）与生态水平（ES）的 VAR 模型估计结果。结果显示，ES 滞后一期会显著负向影响 GDP 的变化（coef = -0. 2179，P = 0. 05），说明生态水平受到影响后，政府可能会出台环保政策，从而会抑制 GDP 的增长。而 GDP 变化的滞后一期、滞后二期虽然均对 ES 有负向影响，但只有滞后二期影响显著，说明经济发展对生态水平影响存在滞后性。

表 4-10　VAR 模型估计结果

		系数	标准误差	Z 值	P>| z |	95%置信区间	
dlnGDP	**dlnGDP**						
	L1.	-0. 0234	0. 2096	-0. 11	0. 911	-0. 43	0. 39
	L2.	-0. 5077	0. 2061	-2. 46	0. 014	-0. 91	-0. 10

续表

		系数	标准误差	Z 值	P>| z|	95%置信区间	
dlnGDP	**ES**						
	L1.	-0. 2179	0. 1090	-2. 00	0. 046	-0. 43	-0. 01
	L2.	0. 0567	0. 1025	0. 55	0. 580	-0. 14	0. 26
	_cons	0. 2659	0. 0601	4. 42	0. 000	0. 15	0. 38
ES	**dlnGDP**						
	L1.	-0. 3545	0. 4401	-0. 81	0. 421	-1. 22	0. 51
	L2.	-0. 5466	0. 0242	-2. 53	0. 025	-1. 40	-0. 08
	ES						
	L1.	0. 5101	0. 2289	2. 23	0. 026	0. 06	0. 96
	L2.	0. 3166	0. 2152	1. 47	0. 141	-0. 11	0. 74
	_cons	0. 2210	0. 1263	1. 75	0. 080	-0. 03	0. 47

3. 模型稳健性检验

由图 4-3 可知，模型单位根均落在单位圆内，说明地区生产总值（GDP）与生态水平（ES）存在稳定长期的关系。

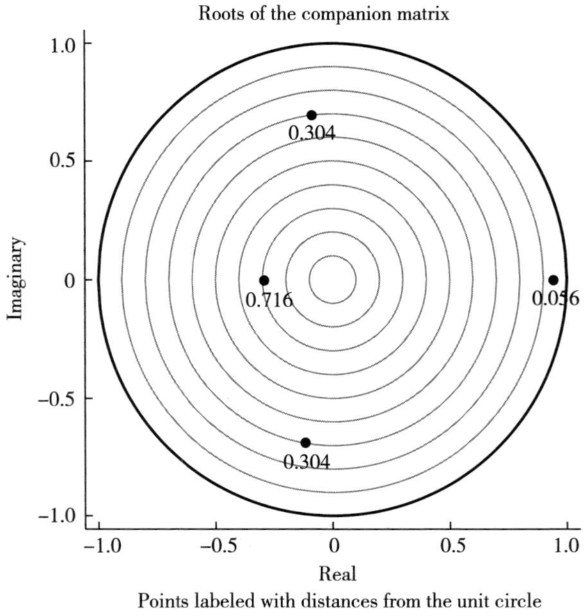

图 4-3 单位根检验

4. 脉冲响应与方差分解

由图 4-4 可知，当 ES 出现一个标准差冲击时，GDP 马上出现负向反应，然后逐渐恢复，在第五期的时候基本趋于稳定。而 GDP 发展出现一个标准冲击时，ES 不会马上出现负向反应，而是存在滞后性，第三期达到最大值，然后 ES 很快恢复到正常水平。

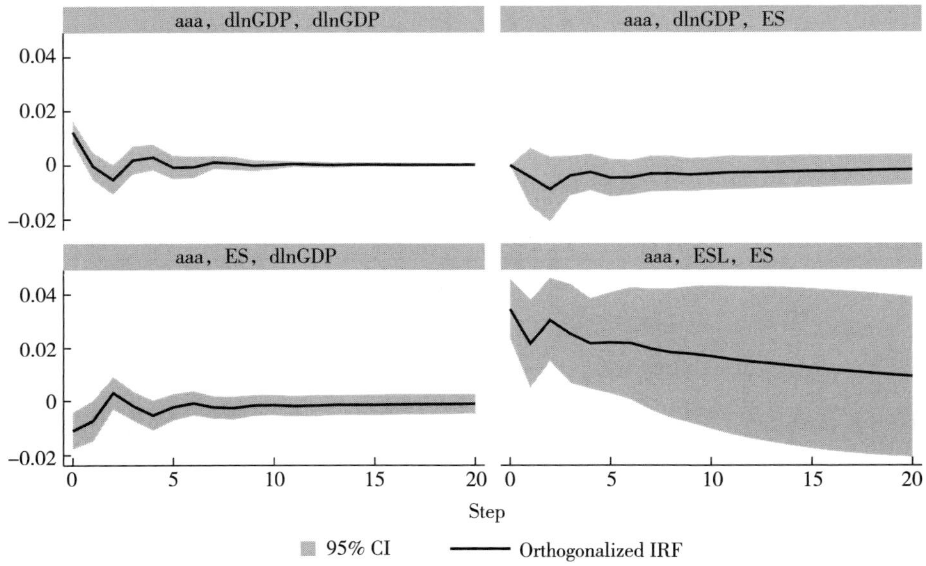

图 4-4　脉冲响应

由表 4-11 可知，生态水平（ES）第一期的影响全部来自自身，从第二期开始，经济规模的冲击效应显现，第三期开始趋于稳定，影响以自身影响为主，占比 61.3%，经济规模的变化影响占比为 38.7%。产业规模（dlnGDP）第一期的影响主要来自自身，从第二期开始有所下滑，到第五期开始趋于稳定：影响也是以自身影响为主，占比 67.8%，生态水平的影响占比为 32.2%。这说明，产业规模与生态水平之间存在关联影响。

上述结果显示，生态水平与产业规模存在关联影响，但无论是生态水平还是产业规模，其发展变化所受影响均以自身变化影响为主，即二者均有较强的惯性。

表 4-11　VAR 模型估计结果

步骤	反应变量=ES		反应变量=dlnGDP	
	冲击变量=dlnGDP	冲击变量=ES	冲击变量=dlnGDP	冲击变量=ES
1	0.000	1.000	0.763	0.237
2	0.361	0.639	0.671	0.329
3	0.387	0.613	0.701	0.299
4	0.384	0.616	0.701	0.299
5	0.381	0.619	0.678	0.322
6	0.383	0.617	0.673	0.327
7	0.384	0.616	0.673	0.327
8	0.383	0.617	0.668	0.332
9	0.383	0.617	0.662	0.338
10	0.383	0.617	0.659	0.341

三、三大子产业规模对生态水平的影响分析

上文分析显示，经济发展规模对生态水平（ES）存在显著影响。为了进一步厘清经济规模对生态水平（ES）影响的来源，进一步分析第一产业增加值（GDP1）、第二产业增加值（GDP2）、第三产业增加值（GDP3）对生态水平（ES）的影响。同样地，为了减少方差，对所有的变量进行对数处理，对数处理后变量的描述性统计如表 4-12 所示。

表 4-12　变量描述性统计

变量	样本量	平均值	标准差	最小值	最大值
lnGDP1	21	3.9963	0.3020	3.5678	4.5450
lnGDP2	21	4.7867	0.8862	3.3006	6.1045
lnGDP3	21	5.4288	0.7343	4.0139	6.4769
lnES	21	-0.5972	0.1836	-0.9467	-0.3554

平稳性检验显示，变量 lnGDP1、lnGDP2、lnGDP3 不平稳，所以对其进行差

分处理。差分后变量的平稳性检验如表 4-13 所示。

表 4-13　变量平稳性的 ADF 检验

	lnES	dlnGDP1	DlnGDP2	DlnGDP3
ADF 值	-3. 676	-5. 02	-6. 986	-5. 58
临界值（95%）	-3. 60			

变量 lnES 自相关与偏向关检验结果为：自相关拖尾，偏向关 1 阶截尾，故应当建立 AR（1）模型（见图 4-5）。

LAG	AC	PAC	Q	Prob>Q
1	0.8371	0.9248	16.923	0.0000
2	0.7231	0.2881	30.214	0.0000
3	0.6027	0.2527	39.96	0.0000
4	0.4412	0.2283	45.491	0.0000
5	0.2721	-0.1597	47.726	0.0000
6	0.1865	0.1528	48.846	0.0000
7	0.0335	-0.1847	48.885	0.0000
8	-0.0843	0.2661	49.149	0.0000

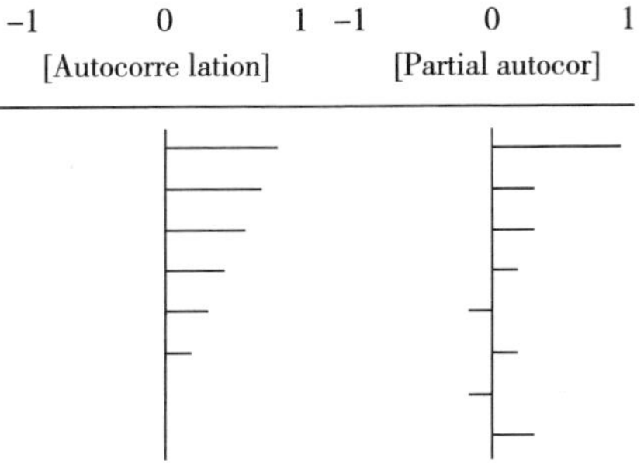

图 4-5　自相关与偏向关

根据前文所述，西藏生态水平值具有强烈的政策效应，一是党的十八大；二是中央第六次西藏工作座谈会。为此，我们将其作为控制变量加入模型中：

$$\text{Police}_1=\begin{cases}1 & \leqslant 2012\\0 & \geqslant 2013\end{cases}\quad \text{Police}_2=\begin{cases}1 & \leqslant 2015\\0 & \geqslant 2016\end{cases}$$

由表 4-14 可知，三大子产业的规模增长均会负向影响生态水平，但是在 95%置信水平下，只有第二产业的影响是显著的。在 90%置信水平下，第三产业对生态水平的负向影响也具有统计学意义，但影响力远低于第二产业。也就是说，第二产业产值规模增长对生态水平值的影响最明显，其次是第三产业的产值规模增长，最后是第一产业的产值规模增长。第一产业产值规模变动对生态水平影响不显著，可能与其规模较小有关。

表 4-14 回归分析

	lnES	Coefficient	std. err.	z	P>z
lnES	lnGDP1	-0. 2176	1. 0008	-0. 22	0. 828
	lnGDP2	**-0. 5224**	**0. 15899**	**-3. 29**	**0. 001**
	lnGDP3	-0. 3101	0. 1649	-1. 88	0. 060
	Police1	yes			
	Police2	yes			
	_cons	-3. 4049	0. 8478	-4. 02	0. 000
ARMA	ar				
	L1.	0. 8271	0. 2114	3. 91	0. 000
	/sigma	0. 0522	0. 0088	5. 90	0. 000

第五节 产业发展与生态水平关联演化轨迹分析

根据前文的理论阐述，西藏生态水平与产业结构分别由自身内部结构构成的自组织系统来调整，此外，二者又属于一个相互影响、相互促进的大系统。根据 VAR 模型的分析，由二者组成的“生态水平—产业结构调整”“生态水平—产业规模”系统呈现出耦合演化趋势。由于“生态水平—产业结构调整”的共变关系甚为明显，且产业规模是产业结构调整的结果，因此我们只需要厘清“生态水平—产业结构调整”二者组成的综合系统演化轨迹，即可明晰产业发展与生态水平的演化轨迹。由于 VAR 模型只能刻画二者的关联演化关系，因此我们需要进一步利用哈肯模型对生态水平与产业结构调整之间的耦合发展轨迹进行深入考察。

一、哈肯模型构建

哈肯模型源于德国物理学家赫尔曼·哈肯提出的协同学思想。该模型可以分析复杂系统自组织协同演化过程，是研究系统从无序到有序演化规律的有效工具。哈肯模型依据系统序参量的作用原理，提出了绝热消去法来分析在外部条件不变的前提下，系统内部各子系统、参量或因素间的相互竞争与协同作用而使总体系统发生质变的过程（张文若等，2020；郑玉雯和薛伟贤，2019）。

具体而言，哈肯模型通过衡量系统的有序度，对序参量进行有效的识别，进而对系统的阶段演化进行评估。其基本思路是：首先将系统内的变量分为快变量和慢变量两种；其次通过协同性的微观计算，区分出系统演化的快变量、慢变量和系统的线性失衡点；最后通过消去快变量，得到系统的序参量方程和演化方程组（张文若等，2020）。由上述步骤得出的序参量方程和演化方程组就是研究系统有序结构的自发形成和演化过程的重要依据。

在本书的产业结构调整和生态水平系统中，假设 q_1 表示子系统Ⅰ的状态变量，q_2 表示子系统Ⅱ的状态变量，q_1 为该系统的内在驱动力，q_2 受 q_1 所控制，上述两个子系统Ⅰ和Ⅱ的运动方程可以表示为：

$$\begin{cases}\dot{q}_1=-\lambda_1 q_1-aq_1q_2\\ \dot{q}_2=-\lambda_2 q_2-bq_1^2\end{cases}$$

在上述模型中，$\dot{q}_1$ 和 $\dot{q}_2$ 为子系统Ⅰ和子系统Ⅱ的状态变量的一阶导数，λ_1 和 λ_2 分别表示子系统Ⅰ和子系统Ⅱ的阻尼系数，其绝对值越大，表示阻尼强度越大。当 $\lambda<0$ 时，表明子系统Ⅰ和子系统Ⅱ建立起协同演化的正向反馈机制，子系统前期有序度的提升将推动后期的演化；反之，$\lambda>0$，则表明子系统Ⅰ和子系统Ⅱ存在协同演化的负向反馈机制，子系统前期有序度的提升将制约后期的演化发展，子系统有序度提升的速度逐渐呈现下降趋势。参数 a、b 表示控制参数，反映了两个子系统Ⅰ和子系统Ⅱ的相互作用的方向及强度，其中，a 反映子系统Ⅱ对子系统Ⅰ的影响，若 $a<0$，根据上述表达式的含义，说明子系统Ⅱ对子系统Ⅰ的发展起到推动作用；反之，若 $a>0$，则表明子系统Ⅱ对子系统Ⅰ的发展起到抑制作用。参数 b 反映子系统Ⅰ对子系统Ⅱ的影响，若 $b<0$，则表明子系统Ⅰ对子系统Ⅱ的发展起到抑制作用；反之，若 $b>0$，根据上述表达式的含义，则说明子系统Ⅰ对子系统Ⅱ发展起到推动作用。参数 a、b 的绝对值越大，表明子系统之间的相关作用强度越大（张文若等，2020）。根据哈肯模型的结论，该模型的运动方程的绝热近似假设条件必须满足 $|\lambda_1|\leqslant|\lambda_2|$ 且 $\lambda_2>0$。根据绝热近似原理求出系统演化方程。具体来讲，令 $\dot{q}_2=-\lambda_2q_2-bq_1^2=0$，从而解得：

$q_2=\frac{b}{\lambda_2}q_1^2$，进而将该式子代入方程中，可以解得系统序参量演化方程：

$$\dot{q_1}=-\lambda_1 q_1-\frac{ab}{\lambda_2}q_1^3$$

从该模型中解出 q_1，再代入上个方程中解出 q_2。由此可见，q_1 决定了 q_2 的变化，因此，q_1 是系统的序参量，主导着整个系统的演化。进而得出：

$$V=\frac{1}{2}\lambda_1 q_1^2+\frac{ab}{4\lambda_2}q_1^4$$

在哈肯模型的假设中，所有的变量均为连续变量，但是具体分析西藏生态水平和产业结构调整时，二者均为离散型变量，因此，在实际中将哈肯模型进行离散化表示：

$$\begin{cases} q_1(k+1)=(1-\lambda_1)q_1(k)-aq_1(k)q_2(k) \\ q_2(k+1)=(1-\lambda_2)q_2(k)+bq_1(k)q_1(k) \end{cases}$$

其中，字母 k 表示基准时间。

哈肯模型主要通过确定系统的序参量，进而建立运动方程，在此基础上识别系统序参量并进行相关参数评估，并对“产业结构调整—生态水平系统”协同演化过程及阶段进行分析，并据此得出相关实证分析结论。

二、实证分析过程

（一）分析步骤

首先，以 2000~2020 年为分析对象，对西藏的产业结构调整（INDU）和生态水平（ES）进行序参量识别。其次，得出势函数及其图形。最后，得出西藏“产业结构调整—生态水平”协同演化路径及演化趋势特征。需要说明的是，进行实证分析时，生态水平（ES）的具体度量数据仍然采用前文测度的数据，产业结构调整（INDU）采用第二、第三产业占比来度量，全部数据均来自历年的《西藏统计年鉴》。

（二）序参量识别

根据哈肯模型的推理，至少需要两个变量才可以对该模型进行实证考察。采用计量经济学 EVIEWS 软件，对西藏 2000~2020 年产业结构调整（INDU）和生态水平（ES）进行序参量识别，结果如表 4-15 所示。

表 4-15　西藏产业结构调整与生态水平两变量关联演化分析结果

序号	模型假设	λ_1	a	b	λ_2	结论
1	q_1=INDU q_2=ES	0.220***	-0.057***	0.388***	0.426***	运动方程成立； 满足绝热假设； 模型假设成立
2	q_1=ES q_2=INDU	1.608	1.348***	0.047***	0.193***	运动方程不成立； 不满足绝热假设； 模型假设不成立

注：本表结果通过计量经济学分析软件 EVIEWS 估计得出。***、**、*分别表示 1%、5%、10%的显著性水平，这里假定在 10%下就视为方程通过显著性检验。

（三）势函数求解

由表 4-15 中运动方程可得，$\lambda_1=0.220$，$a=-0.057$，$b=0.388$，$\lambda_2=0.426$。

由此可得系统演化方程为：

$$\dot{q}_1=-0.22q_1+0.052q_1^3$$

系统势函数为：

$$V=0.11q_1^2-0.013q_1^4$$

令 $\dot{q}_1=0$，求解势函数的三个定态解为：$q_1^*=0$，$q_1^{**}=2.057$，$q_1^{***}=-2.057$。

同时，势函数 V 的二阶导数为 $V''=0.22-0.156q_1^2$。

将上述定态解 q_1^* 代入势函数的二阶导数，可以求得 $V''=0.22>0$，表示势函数有极小值，也即 $V_{min}=0$，$q_1^*=0$。将 q_1^{**}、q_1^{***} 代入上式时，势函数有极小值，即 $V_{max}=0.233$，此时势函数如图 4-6 所示。

西藏产业结构调整和生态水平系统的势函数图形能够揭示二者的协同演化机制，该势函数会随着状态变量 λ_1、λ_2 和控制变量 a、b 变动而变动，系统由原来的稳定状态向不稳定状态发展。根据本书的研究对象的特殊性，要使两个子系统的势函数有实际意义，当 a、b 取合适值时，产业结构调整对生态水平产生非零作用，形成新的稳定固态解 $q^{**}=\pm2.057$，也即意味着该系统在此时有新的有序结构出现。也即，该势函数从最左边开始演化，至第一个特殊点（-2.057，0.233），该系统趋于稳定。当该变量从-2.057 趋向于 0 时，其经历非稳定至稳定的状态，在原点位置，系统重新实现稳定。在坐标轴的右边，当变量从 0 向

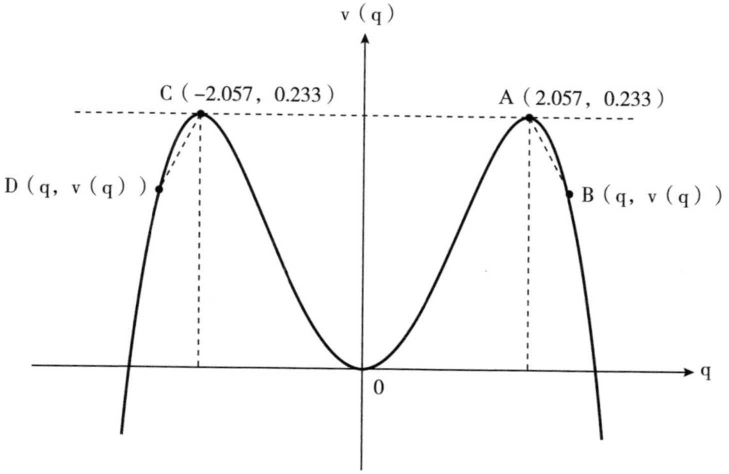

图 4-6 西藏产业结构调整—生态水平系统协同势函数

注：本图根据上述公式绘制得出。

2.057 变动时，该系统又经历非平稳到平稳的演化，至点（2.057，0.233）重新达到均衡；超过 2.057 时，该系统重新呈现非稳定态势，产生新的有序结构。从而表明，支配“产业结构—生态水平”系统演化的序参量是产业结构调整。

三、实证结果分析

从哈肯模型的分析可知，西藏产业结构调整是“产业—生态”关联演化的核心序参量，不断优化西藏产业结构，大力发展绿色生态产业，对西藏生态水平演化和生态环境改善具有十分重要的现实意义。

根据控制参数的估计结果可以看出，a=-0.057，且在 1%显著水平上通过显著性检验，根据前面的解释，表明生态水平子系统在一定程度上推动着产业结构子系统发展，由于生态水平提升要求产业结构做出相应调整，淘汰那些落后产能且对环境污染比较大的产业，因此，其对于产业结构调整是具有积极意义的。从这个意义上来讲，该结论相对容易理解。控制变量 b=0.388，也在 1%的显著水平上显著，根据哈肯模型的设定，该控制变量大于 0，意味着产业结构子系统对生态水平子系统产生积极的推动作用，作为有序参量，产业结构朝着绿色环保产业结构发展，其优化及调整能够很大程度上改变当地的生态水平。因此，产业结构子系统和生态水平子系统相互促进，与前面 VAR 模型的结论是一致的。

状态变量 $\lambda_1=0.22$，表明产业结构系统对生态水平的正向反馈机制尚未有效建立，这就要求西藏继续落实中央第六次西藏工作座谈会提出的"生态保护第一"的发展指导思想，继续推行较为严格的环保政策。实际上，目前西藏实施的新环保政策对三种主要废气污染物在单位 GDP 上的排放量具有明显的抑制作用，但这种抑制作用主要来自强制性的规制政策与行政命令。产业结构自我内部动态调整和优化对生态水平的内在推动和反馈机制的建立还需进一步强化。

状态变量 $\lambda_2=0.426$，这就说明目前西藏生态水平系统演化及发展还面临着较大阻力，这不仅体现为环境保护面临着复杂的外部环境，而且也体现为生态环境系统的脆弱性。这就需要进一步加强西藏的生态环境保护，加大对空气污染源的控制和治理，不断形成生态水平子系统自我良性循环机制，有效提升西藏的生态水平。

综上所述，本部分采用哈肯模型对西藏 2000~2020 年的产业结构调整和生态水平的数据进行重新检验，结果显示，产业结构系统是"产业结构调整—生态水平系统"的有序参量，是影响二者系统协同演化发展的主导因素，决定了整个系统演化的进程及方向（假设 2 获得支持）。产业结构调整子系统和生态水平子系统二者呈现出相互影响、相得益彰的关系。产业结构系统对生态水平的正向反馈机制尚未有效建立，生态系统演化及发展还面临着较大阻力，这就需要进一步建立健全相关政策体系，不断完善西藏生态保护制度体系。

第六节　结论与政策建议

一、主要结论

（1）产业结构调整与生态水平。西藏产业结构与生态水平之间存在相互促进的耦合演化过程，这不仅体现为产业结构调整对生态水平有着重大影响，而且还体现为生态水平反过来对产业结构调整方向及特色产业发展产生具体影响。二者在实际演化过程中存在如下问题：①二者融合发展的水平还不够。产业结构调整方向、调整模式等均受到地方政府生态环境保护和生态水平相关政策法规的制约。受目前现实发展阶段的制约，受利益驱使，产业结构调整中还时常出现污染环境和损害生态水平的事件，这就导致生态环境进一步恶化，修复难度增大。因此，二者融合发展水平还不够，还需进一步探索二者融合的路径。②生态水平与产业结构调整之间的正向反馈机制尚未建立起来。西藏正处于经济结构调整中，生态水平与环境保护的政策体系及制度尚处于不断构建和完善中，生态水平系统十分复杂，其对产业结构调整的促进效果不会立竿见影，加之生态水平和环境保护领域缺乏系统高效的监管体系和生态保护补偿机制等，导致其与产业结构调整之间的正向反馈机制尚未有效建立起来。③“产业—生态”耦合演化的动力机制尚未有效形成。从西藏整体经济发展状况来讲，推动“产业—生态”耦合演化的动力机制尚未形成。如何在企业利润与生态环境保护之间寻求平衡、如何构建生态保护补偿机制等难点尚未有效解决，抑制了“产业—生态”关联耦合演化动力机制的形成。

（2）产业规模与生态水平。生态水平与产业规模存在关联影响，但是无论是生态水平还是产业规模，其发展变化所受的影响均以自身变化影响为主，二者均有较强的发展惯性。具体到三大产业规模对生态水平的影响上可以发现，第二产业、第三产业规模增长对生态水平具有较为明显的负面影响；第一产业由于产值规模较小，其规模变动对生态水平影响不显著。

二、政策建议

（一）辩证看待“产业—生态”耦合演化的关系

影响西藏生态环境水平的因素是多方面的，产业发展只是其中的一个重要扰动因素。总体来讲，目前西藏发展迅速的第一产业对当地的生态水平尚未造成实质的威胁，影响最大的为第二产业，第三产业次之。但要辩证地看待产业发展对生态水平的影响：产业发展对生态水平既有负向扰动的一面，也有正向强化的一面（因为生态系统不只包括自然环境），只要注意产业结构的协调，以及强化第二产业的集约性，产业发展则会有利于西藏自然、经济、社会发展协调性的增强，破除经济发展与生态保护“鱼和熊掌不可得兼”的悖论。但是从局部（自然环境）来看，产业发展给西藏的生态保护造成了客观负面影响，如企业对大气与水的污染、交通运输网络对生物物种的影响等，这些影响均会导致自然环境质量下降。这需要政府破解当前"产业—生态"耦合演化过程中依然存在的体制机制障碍，包括大力发展市场化生态保护补偿机制、大力发展绿色特色产业等。

从分析结果来看，如果产出量相同，第三产业对生态环境的负面扰动弱于第二产业，第二产业对生态环境的扰动则是全方位的；第一产业扰动水平较低，原因是其产值的量非常小，并不是说其本身对生态的负面扰动水平低。因此，鼓励从事第一产业的人员向第三产业转移，才有利于西藏生态环境水平的提升，这种提升还源于产业转移促使人员素质提升以及环保意识提高。

（二）确定适度的产业规模

西藏生态脆弱，产业承载力相对较弱，因此应当有序提升产业规模。对于第二产业而言，要点是控制企业的无序进入，以避免在位厂商过度竞争所造成的拥挤效应和生态位高度重叠（陆小成，2010）。在发展工业进园区的大趋势下，规模小、污染重、没有技术含量或竞争优势的企业被有效地控制——各园区均设置了关于生态问题的负面清单，并实现了一票否决。同时对于不符合园区发展的企业，设立了退出机制，有效控制了西藏产业发展的规模，提升了产业集群的质量，避免了规模不经济与企业生态问题。对于第三产业而言，主要是保障旅游业的有序发展，避免短期过量游客集中进入西藏，区域承载力不足导致生态问题。总体来看，西藏产业发展目前还不存在产业规模失度的问题，但是要未雨绸缪，用长远的眼光来规划产业规模。

对于污染性较强的产业，如有色金属矿采选业、非金属矿物制品业，应该以"法规+命令+控制"为特征的环保行政命令为主，市场调节为辅。通过环境规制手段严格制定产业规划。通过制定产业标准，淘汰落后产能，严格限制新企业的进入。要严格强化对污染性较高产业区域内小气候的监控，对于环保不能达标的产能，要严格实施"关、停、并、转、迁"的政策，坚决落实环保"一票否决"制度。

（三）坚持走生态特色工业化道路

（1）加大科技投入，重视技术创新。总体来讲，西藏的科学技术发展较为落后，主要表现在：①科技活动人员过少。2015~2020年统计数据显示，西藏城镇科学研究和技术人员数量一直在10000人上下波动；规模以上工业企业R&D人员全时当量（人年）逐年下降，2020年仅为190，为近五年来最低。

②科研经费投入少。统计数据显示，2015～2020年西藏科研经费平均值为5489万元，最高8944万元（2020年），最低2602万元（2015年）。显然，这种科研经费投入规模与近年来经济的快速发展不相适应。2020年规模以上工业企业R&D项目数仅51项，2015～2020年平均36项。科技进步是产业结构调整、实现经济绿色高质量发展最重要的内在驱动力。产业发展科技化已经是一个不可更改的趋势，这种趋势集中反映在：企业由劳动密集型向技术密集型转化；经营管理由经验低效型向科学高效型、自动化方向转化；劳动人员由体力低智型向高智技术型转化等。因此，特色产业可持续发展战略必须要依靠科技进步来推动。

（2）加快发展工业循环经济。2008年，我国发布了《中华人民共和国循环经济促进法》，这是世界上第三个专门的循环经济法律。2013年前，西藏的生态水平一直处于预警状态，而第二产业则是西藏生态指数的主要扰动源，且这种扰动是直接的、明显的。工业产业的发展提升了区域系统的经济压力，恶化了环境质量，如酸雨导致草场退化、工业活动导致害虫的天敌死亡等。2013年后，虽然生态水平逐渐上升到安全区间，但是第二产业对生态水平的扰动依然是明显的。因此，在西藏推动发展工业循环经济不是可选项，而是必选项。“减量化（Reduee）、再利用（Reuse）、再循环（Reeyele）”（即3R）是工业循环经济的三大原则，但3R原则也有其局限性——非系统化；一旦工业企业技术创新实力或工业流程与循环经济发展模式不匹配，就会陷入死循环。因此，最好的方法是建立生态工业园区，以真正实现工业循环系统的“食物链”和“食物网”，但也需要政府配套相应的生态规制政策与激励措施（多鲁洪·哈地尔，2011；阳盼盼，2017）。

（3）强化环保项目投资，推进生态化改造。通过强化园区工业污水处理厂、垃圾转运站、固废处理中心等的建设，提升园区整体服务水平和综合竞争力。如昌都整合建设资金60.46亿元，加强环境污染整治、污水处理等基础项目投资，改善了园区营商环境，降低了企业入驻成本，提升了企业绿色转型的意愿与能力。

（四）大力发展生态服务业

如前文所述，单位产值服务业对西藏生态水平的扰动是最小的，因此，大力发展生态服务业有助于降低产业对生态环境的扰动。以西藏服务业龙头旅游产业为例，其存在产业规模小、市场化程度不高等问题，既不利于产业的生态化发展，也不利于旅游业与其他产业融合发展。当前，西藏生态服务业的主要路径，一是强化园区建设，二是强化产业融合，即产业发展既要环境生态，也要产业生态。以林芝旅游业为例，其以产业园区"世界康养休闲生态旅游目的地"定位为基础，充分融合生态农业、生物医药、大数据信息技术等主导产业，形成了"生态旅游业+"产业发展模式，有力地促进了当地旅游业的多元化、生态化发展。

（五）大力发展特色生态农牧业

如前文所述，农牧业虽然对生态水平的扰动较低，但主要原因是其产值较低，因此，大力发展特色生态农牧业刻不容缓。

（1）重点是发展绿色农业。绿色农业是广义的"大农业"，其包括绿色动植物农业、菌类农业、设施农业、园艺农业、观光农业、环保农业等。绿色农业是多元结合的综合性农业，以农林牧为主体，以产品深加工、产业融合（产业链延伸）为外延，以运用先进科学技术水平为主体，以生产"无公害农产品、绿色食品、有机食品"为目标。目前，中国已经建立起与国际接轨的有机农产品认证体系，具体实施细则参见《有机产品认证实施规则》和 GB/T 19630《有机产品国家标准》。通过有机认证体系，可以有效减少和防止农药、化肥等农用化学物质和农业废弃物对环境的污染，促进西藏社会、经济和环境的持续发展。

（2）强调农业生态产业园建设，提升生态农业发展的前瞻性与动态性。①坚持科学规划，强调农业生态产业园的示范带头作用。农业生态产业园规划要与本地的特色资源与主导产业结合起来，并充分挖掘园区的生态价值、休闲价值与文化价值，既要在农业生产的土地产出率、资源利用率和劳动生产率提升方面做出引领示范，又要切切实实增强农牧民收入，在"三个赋予、一个有利于"方面起到示范带头作用。②坚持价值共创，注重多方联动规划，实现整体利益最大化：首先要注意园际联动，包括农业生态产业园与科技园区、示范园区的互动，农业生态产业园之间的互动，农业园区与工业园区之间的互动，互动内容包括政策联动、投资结盟、信息共享、产业互动等。其次要坚持让龙头企业、社会资本参与园区前期规划，充分调动它们的参与积极性，切实保障它们的投资利益。最后在规划中要强调农户的参与积极性，要充分进行农业农村发展新动能的培育以及农户利益保障机制的构建。③深入贯彻"数字二十条"，强调数字资产赋能。园区规划要具有前瞻性思维，要充分利用我国数字信息技术的发展成果赋能园区发展，对于智慧化程度不足的园区，要加强智能化改造。要加强数字技术在数字园区治理、数字农场、智慧农业文旅等方面的应用，通过数字化集成农场、农资、作业、资本、市场等职能实现全流程协同发展，充分运用北斗卫星技术实现地块精准定位以及耕地“非农化”与“非粮化”的智能化检测。

（3）强化产业链建设，提高生态农业抗风险能力。①围绕西藏特色产业发展以及“一县一品”定位，围绕优势明显、特色突出且能明显提升西藏人民物质生活水平的核心产业，按照“龙头企业+”的模式，形成利益广泛的产业链主体。②不断提升产品在产业链价值中的地位。一是拓展农产品初加工流程。依据园区产品特点，重点发展烘干储藏、杀菌消毒、预冷保鲜、净菜鲜切、分级分割等流程，实现减损增效。二是提升大型企业精深加工水平，提升农产品加工转化增值空间。三是要依据西藏农特产品特点，加快出台食药同源等标准，扩大产品的品牌价值与市场范围。③加强农产品物流体系建设。一是加快推进冷链物流发展。重点选取几个具有代表意义的现代农业产业园作为节点，优化完善冷链物流网络布局，完善产地预冷、冷链储藏、冷链加工、冷链运输、冷链配送、冷鲜销售等配套设施，重点解决农产品生产地预冷设施不足问题，提高鲜活农产品冷链运输比例。二是加快电子商务物流基础设施建设。重点依托邮政等快递企业，优化物流配送中心、快递中转分拨中心等的规划布局，提高农产品电子商务物流配送效率。

（4）提高单位草场的产出效率。由于不合理放牧以及草场的自然退化，目前草场的承载能力逐渐下降。提高草场承载力的方法包括治标改良和治本改良。治标改良是指在原有植被基础上复壮更新草群或增加新的植被成分。一般是针对性地采取围栏保护、封滩育草、灌溉、施肥、松耙、补种、清除灌木和毒草等措施。对天然割草场的改良，还宜在春季牧草返青期实行禁牧，并建立轮刈制度。对曾被耕种的退耕还牧地、耕种后被废弃的撂荒地、放牧过度或植被稀疏的草地等进行补播改良时，牧草种类的选择和播种技术十分重要。上述改良方法不破坏原有草层，所以通称为治标改良。治本改良是将天然草地翻耕播种，建立高产优质的人工草地。这种改良方法要彻底破坏原有草层，所以称为治本改良。西藏地域辽阔，许多地区是供水不良、交通不便的干旱和高山地区，对这些地区的草场改良，重点是开辟水源，修建人、畜供水系统和开辟牧道，以扩大草原利用面积和改善放牧牲畜的生态条件。

第五章　西藏“产业—生态”关联演化耦合性分析：基于绿色全要素生产率的视角

第一节　“产业—生态”关联演化耦合性及其度量

一、产业发展与生态水平的耦合关联演化

研究显示，产业关联性、产业结构等产业要素对生态水平具有显著影响（原嫄等，2016）。同时，生态保护对产业发展也会产生直接的限制性作用，如生态保护约束可能会影响经济主体的部分发展权利（IPCC，2000；Fischer et al.，2006）。反过来，生态水平提高可以推进区域经济发展阶段演进、产业结构升级、产业类型的专业化和多样化趋势（Friedl & Getzner，2003；徐成龙等，2014；原嫄等，2016）。即产业发展与生态水平总体上表现出一种耦合关联演化的趋势，这种耦合关联演化既体现在时间维度上，也体现在空间维度上。

（一）基于时间维度的耦合关联演化

高阳等（2011）对我国省区生态经济系统进行分析时发现，尽管我国人均生态足迹不断增长，但由于生态承载力的增长快于生态足迹的增长，因而生态盈余也不断增长，即产业发展与生态水平在时间维度上表现出关联演化特征。

大量的关于区域产业发展与生态水平的关联分析文献也证实了上述结论，即产业发展与生态水平在时间维度上存在显著的关联性。如胡晓芬等（2017）对甘肃生态时空格局的演化研究、曹娣和周霞（2017）对山东产业结构与水质的关联研究等。

（二）基于空间维度的耦合关联演化

改革开放后，产业逐渐向东南沿海集聚，但2005年以来，长三角地区制造业集聚程度开始呈现下降趋势（吴福象和杨婧，2016），开始向其他区域扩散。陶永亮等（2014）认为，产业空间扩散的原因在于产业聚集导致聚集地的环境基线发生了变化，地方产业政策会相应进行调整以进行生态保护补偿，从而导致产业转移。产业空间转移会使产业移出地与承接地生态水平发生变化，且产业类型差异会导致不同的变化结果。吴传清和黄磊（2017）通过对长江经济带中上游地区产业转移进行研究后发现，承接国内产业转移并未损害长江经济带中上游地区整体生态水平，但对中游地区生态水平负向的影响显著；而国际产业转移的负向影响在整个经济带上均是显著的。但产业转移与生态保护并不是单向影响关系，二者是辩证统一的（王敏达等，2017）。同时，二者不一定是完全的耗散演化，要么产业发展，要么生态提升；也可能是相互耦合演化，如高阳等（2011）研究发现，我国存在四种“生态—经济”发展模式：高发达高盈余、高发达低盈余、低发达高盈余及低发达低盈余。

二、“产业—生态”耦合度与绿色全要素生产率

产业发展与生态水平在关联演化中主要呈现出两种演化方式：耦合演化（即呈现出相互促进、相互优化的状态），耗散演化（即一方的优化以牺牲另一方的发展为条件）。二者在关联演化过程中能否实现耦合演化，主要取决于耦合介质发挥作用的方向以及作用的大小。耦合介质主要包括如下三种：

介质1：污染物排放水平。产业发展是否存在高污染物排放、高能源消耗现象（王昀和孙晓华，2017），如果是，那么产业发展与生态水平之间是一种耗散演化状态。

介质2：节能技术发展水平。节能技术通过技术创新和先进技术（尤其是节能环保技术）扩散，实现减少污染物排放、降低资源消耗量、提高产品技术含量（温湖炜和周凤秀，2019；戴魁早和骆莙函，2022）。因此，节能技术越发达，产

业与生态之间越容易达成耦合演化。

介质 3：生态保护补偿机制与生态保护补偿水平。生态保护补偿机制的核心是解决资源环境领域的外部性问题，包括两大基本思路：市场补偿机制和政府补偿机制（柳荻等，2018）。国际上，政府补偿与市场补偿是两种常用的机制，但在中国的生态保护补偿实践中，政府补偿是当前最主要的形式，因为这种方式比较容易启动（刘丽，2010），且效率更高（柳荻等，2018）。从政府的生态保护补偿来看，主要有两种手段，一是环境规制。以“法规+命令+控制”为特征的环保行政命令是环境规制的核心内容，环境规制不仅能够正向影响一个地方的产业结构调整（裴潇和胡晓双，2021），也能够促进节能技术的研发与推广（陈斌和李拓，2020）。“命令控制型”的行政手段（如对高污染高排放行业直接实施“关、停、并、转、迁”）在所有政策手段中使用比率最高，达到 61.44%（高歌，2019）。二是对生态保护的财政补贴。环境规制导致企业的生产成本大幅度增加，这需要政府对其进行成本补贴，否则容易产生机会主义行为。同时，政府财政补贴也能够激励企业进行技术创新和技术改造。

通过分析产业发展与生态水平关联演化耦合的类型（耦合演化与耗散演化）以及达成耦合结果的三种介质，本书认为，可以采用绿色全要素生产率来度量“产业—生态”关联演化的耦合效果，理由有三：

一是绿色全要素生产率的内涵是既要促进经济稳定增长，又要保护生态环境持续发展之路（万伦来和朱琴，2013），要求具有恰当的生态保护补偿机制与较高的生态保护补偿水平。

二是绿色全要素生产率的测算包括两大核心产出：期望产出与非期望产出。期望产出为经济产出，非期望产出为污染物排放（Daoping Wang et al.，2022），涵盖了产业发展与生态水平耦合演化的核心内容。

三是绿色全要素生产率涵盖了技术进步指标，包含了节能技术的发展水平，可以度量关联演化过程中三种介质作用方向与作用效果的结果指标。

依据上述阐述，本书构建的“产业—生态”关联演化与绿色全要素生产率之间的关系如图 5-1 所示。

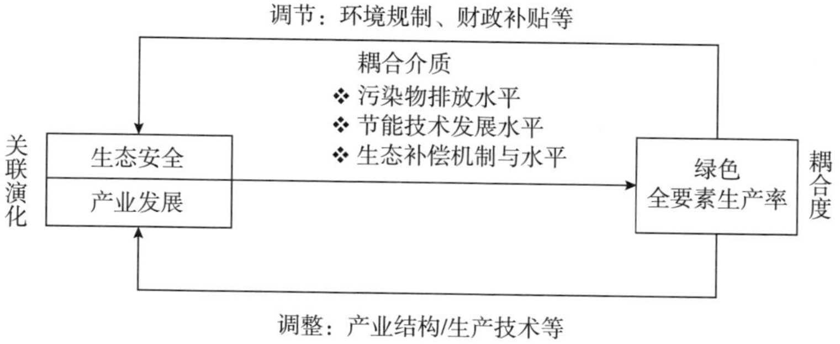

图 5-1 "产业—生态"关联演化与绿色全要素生产率的关系

第二节 （绿色）全要素生产率测算方法

既有全要素生产率研究主要基于传统增长核算模型、数据包络分析（Data Envelopment Analysis，DEA）或随机前沿生产函数（Stochastic Frontier Analysis，SFA）展开，如邵明伟等（2018）利用 DEA-Malmquist 指数法对中国城市群全要素生产率进行了测算，认为西部城市具有"追赶"效应，但在均衡性、技术进步与规模效率方面依然与东部城市具有较大差异。

DEA-Malmquist 指数法采用相对效率进行计算，决策使数据不受量纲影响，同时没有太多的人为约束条件，可以分析截面数据与面板数据，更重要的是，该方法可以考虑非期望产出，其主要原理如下（邵明伟等，2018）：

$$M_0(x_{t+1},\ y_{t+1},\ x_t,\ y_t)=\frac{d_0^{t+1}(x_{t+1},\ y_{t+1})}{d_0^t(x_t,\ y_t)}\times\left(\frac{d_0^t(x_{t+1},\ y_{t+1})}{d_0^{t+1}(x_{t+1},\ y_{t+1})}\times\frac{d_0^t(x_t,\ y_t)}{d_0^t(x_t,\ y_t)}\right)^{(1/2)}$$

（1）技术效率变化指数（Technical Efficiency Changes，TECH）。主要度量从 t 到 t+1 期决策单元 DMU 向最佳生产前沿的追赶程度，计算公式如下：

$$TECH=\frac{d_0^{t+1}(x_{t+1},\ y_{t+1})}{d_0^t(x_t,\ y_t)}$$

如果假定规模报酬可变，技术效率变化指数（TECH）可以进一步分解为纯技术效率指数和规模效率指数（Scale Efficiency Changes，SECH）（vrs 表示规模报酬可变情况)：

$$\frac{d_0^{t+1}(x_{t+1},\ y_{t+1})}{d_0^t(x_t,\ y_t)}=\frac{d_{vrs}^{t+1}(x_{t+1},\ y_{t+1})}{d_{vrs}^t(x_t,\ y_t)}\times\frac{d_{vrs}^{t+1}(x_{t+1},\ y_{t+1})/d_{vrs}^{t+1}(x_{t+1},\ y_{t+1})}{d_0^t(x_t,\ y_t)/d_{vrs}^t(x_t,\ y_t)}$$

其中，$\frac{d_{vrs}^{t+1}(x_{t+1},\ y_{t+1})/d_{vrs}^{t+1}(x_{t+1},\ y_{t+1})}{d_0^t(x_t,\ y_t)/d_{vrs}^t(x_t,\ y_t)}$为规模效率。

如果指数大于 1，表示效率提升；如果等于 1 或小于 1 时，则分别表示效率不变或效率下降。

(2) 技术进步指数（Technical Change，TECCH）。度量从 T 到 T+1 期 DMU 的技术变动导致的最佳生产前沿面移动情况，计算公式如下：

$$TECCH=\left(\frac{d_0^t(x_{t+1},\ y_{t+1})}{d_0^{t+1}(x_{t+1},\ y_{t+1})}\times\frac{d_0^t(x_t,\ y_t)}{d_0^t(x_t,\ y_t)}\right)^{(1/2)}$$

在传统全要素生产率基础上，国内学者开展了大量绿色全要素生产率的研究，主要方法是在传统方法上增加了环境变量。但传统方法对生产率变化的测量侧重于 DMU 单元相对于支付生产要素的（理想的）市场产出。这种方法通常忽略了污染等副产品的产生，生产率增长衡量值存在误差。Wang 等（2021）在传统的 FTFP 测算基础上，增加了环境污染产出等非期望产出变量，由此测算出来的全要素生产率就是绿色全要素生产率（G_TFP）。

第三节　样本、变量选取

一、样本选取

为了获得更多的计算样本，本章选取西部 12 个省级单位（因重庆为直辖市，故未将其纳入其中）作为分析样本（即 DEA 模型中的决策单元：DMU），并将这些样本城市作为西藏的参照样本。在时间维度选择上，由于西藏 2004 年以前的数据存在缺失，因此本章将 2004～2020 年作为样本分析的时间单位。

二、投入产出变量选择与数据来源

（一）投入指标

（1）资本存量（K）。在张军等（2004）对资本存量进行测算的基础上，以2000年为基期进行测算（注：张军等在测量西藏固定资本形成总额时，对于缺失数据，1959~1977年采用基建投资数据，1978~1991年采用全社会固定资产投资数据）。

（2）劳动力（L）。采用"按三次产业分的就业人员数（年底数）"作为测算指标。

（3）污染治理投入。采用"工业污染治理完成投资"作为测算指标。

（二）期望产出指标

采用国内生产总值（GDP）作为测算指标。

（三）非期望产出指标

由于西藏的CO_2数据缺失，采用废气污染物排放量中的二氧化硫排放量、氮氧化物排放量以及废水排放中化学需氧量排放量和氨氮排放量加总作为非期望产出指标进行测算。

其中，投入指标的污染治理投入以及产出指标中的非期望产出指标用于绿色全要素生产率的测算，具体如表5-1所示。指标数据主要通过国家统计局网站（www. stats. gov. cn）以及各省、自治区历年《统计年鉴》获得。

表5-1 （绿色）全要素生产率测算指标

指标		单位	（普通）全要素生产率	（绿色）全要素生产率
投入指标	资本存量（K）	万元	√	√
	劳动力（L）	万人	√	√
	污染治理投入	万元		√
期望产出指标	国内生产总值	亿元	√	√
非期望产出指标	二氧化硫排放量	万吨		√
	氮氧化物排放量	万吨		√
	化学需氧量排放	万吨		√
	氨氮排放量	万吨		√

资料来源：主要依据国家统计局网站（www. stats. gov. cn）以及样本单位历年《统计年鉴》进行整理。

第四节 西藏全要素生产率测算

一、西藏全要素生产率（TFP）测算（2004~2020年）

采用Ray和Desli（1997）的方法对西藏自治区的全要素生产率变化（TFPCH）进行分解，受缺失数据限制，测算年份选为2004~2020年。TFPCH及其分解结果如表5-2、图5-2、图5-3所示。其中，图5-2为全要素生产率4个指标的实际趋势，图5-3是对图5-2进行修匀的结果（Y坐标轴按照"1=效率不变"进行分割，在坐标轴上方表示"效率上升"年份，下方表示"效率下降"年份）。

表5-2 西藏全要素生产率

年份	（1）TFPCH	（2）TECH	（3）TECCH	（4）SECH
2004~2005	1.066	1.000	1.121	0.950
2005~2006	1.089	0.994	1.167	0.939
2006~2007	1.140	1.006	1.151	0.985
2007~2008	1.094	1.000	1.077	1.016
2008~2009	1.060	1.000	1.170	0.906
2009~2010	1.069	0.991	1.115	0.968
2010~2011	1.140	1.010	1.080	1.046
2011~2012	1.068	1.000	1.000	1.068
2012~2013	0.946	0.908	1.018	1.024
2013~2014	1.068	1.093	1.041	0.939
2014~2015	1.088	1.008	1.097	0.984
2015~2016	1.146	1.000	1.155	0.993
2016~2017	1.083	1.000	1.062	1.020
2017~2018	1.029	0.985	1.078	0.969
2018~2019	0.921	0.968	1.032	0.922
2019~2020	1.150	1.049	1.000	1.096

续表

年份	（1）TFPCH	（2）TECH	（3）TECCH	（4）SECH
（1）西藏平均值	1. 072	1. 001	1. 085	0. 989
（2）西部平均值	1. 052	1. 005	1. 051	0. 997
差值：(1)-(2)	0. 020	-0. 004	0. 034	-0. 008

注：TFPCH＝全要素生产率变化；TECH＝技术效率变化指数；TECCH＝技术进步指数；SECH＝规模效率指数。

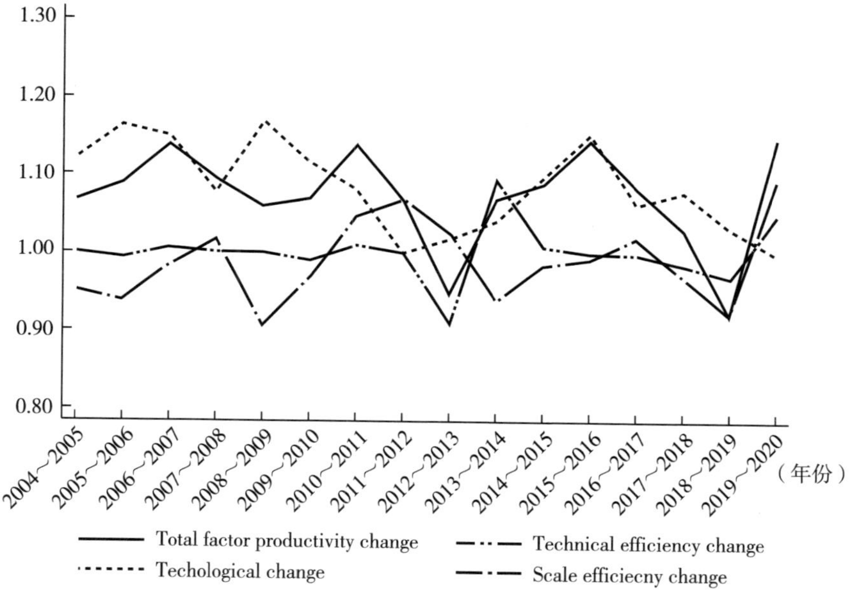

图 5-2　西藏全要素生产率实际趋势

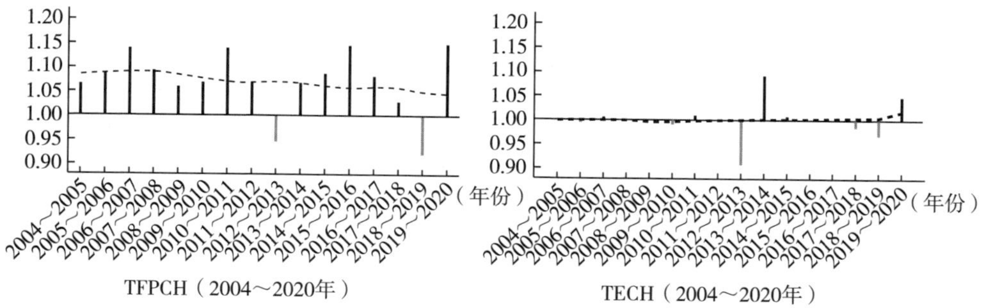

图 5-3　西藏全要素生产率指标平滑趋势

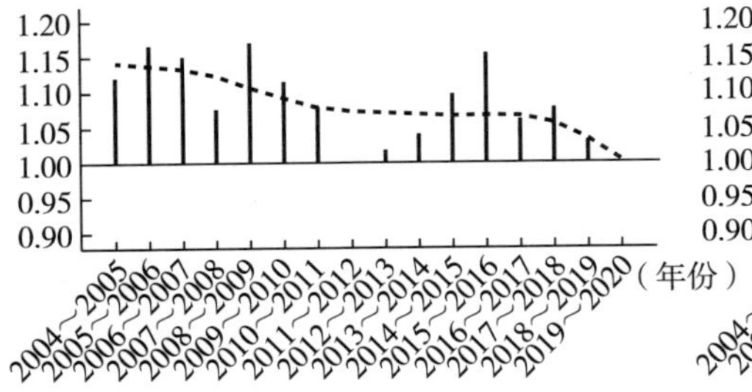

TECCH（2004～2020年）

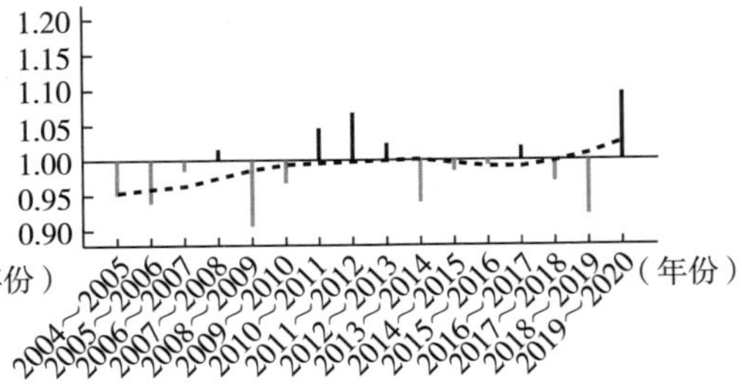

SECH（2004～2020年）

图 5-3　西藏全要素生产率指标平滑趋势（续）

1. 全要素生产率指数（TFPCH）

（1）2004~2020 年，西藏的全要素生产率 Malmquist 指数总体高于“1”（2004~2020 年的平均值=1.072），表明 2004~2012 年的生产率整体表现为“效率上升”，但这种上升态势呈小幅下降趋势（见图 5-3），即 TFP 的上升速度逐步减缓。

对 Malmquist 指数进行分解，可知技术效率指数（TECH）对 TFP 改变的贡献率为 93.38%<1，而技术进步指数（TECCH）的贡献率为 101.21%>1，即西藏全要素生产率的贡献主要来源于技术进步指数。

（2）2004~2020 年，西藏的全要素生产率在 2012~2013 年、2018~2019 年低于 1（即呈现“降低”态势），其余年份则均大于 1（即表现为上升趋势，见图 5-2）。2012~2013 年下降很可能是 2008 年金融危机的滞后反应；2018~2019 年下降则可能是 2016 年西藏新环保政策出台后，环保治理带来的滞后反应。我们的实际调研也证实了这一点，如“高争水泥”认为，环保治理提升了企业的生产成本，迫使其不得不缩减生产规模：

“2014 年应环保局要求，一二线全部上了深度脱硝项目，主要减少氮氧化物的排放。2017 年，为响应环保政策，又先后两次投资了环保在线设计。（环保设施）建好后，给本项目带来的压力是现在年产 360 万吨熟料，每吨熟料要增加 5 块钱成本，还要投入一些原材料、人工费用、电力等成本，预计成本又会增加两块钱……水泥行业就是谁的成本高，谁的竞争就会出现劣势……”

2. 技术效率指数（TECH）

技术效率变化指数主要度量西藏从 t 到 t+1 期向最佳生产前沿的追赶程度。整体来看，自治区的技术效率变化指数主要在“1”附近（2004~2020 年的平均值=1.001），即追赶效率整体表现为“基本不变”。2020 年有较大的提升，主要源于规模效率指数（SECH）有较大提升。

3. 技术进步指数（TECCH）

技术进步指数主要度量从 T 到 T+1 期西藏技术变动导致的最佳生产前沿面移动情况。整体来看（见图 5-3），技术进步指数虽然在“1”之上（2004~2020 年的平均值=1.085），即技术变动导致的最佳生产前沿面移动效率总体呈上升趋势，但上升的趋势在逐渐放缓。

4. 规模效率指数（SECH）

在 2012 年之前，西藏的规模效率指数一直小于“1”（2004~2020 年的平均值=0.989），即规模效率整体呈“下降”态势。2012 年后自治区的规模效率指数逐步达到“规模效率不变”的水平。2020 年规模效率表现出较大程度的跃升，并带动了技术效率变化指数（TECH）的上升。

5. 结论

（1）西藏的全要素生产率整体良好，说明其经济的进步是伴随着全要素生产率提升而改善的，并非只是投入型增长。

（2）西藏的全要素生产率主要由技术进步贡献，贡献率为 101.21%。

（3）受技术效率指数（TECH）拖累，西藏的全要素生产率上升态势整体放缓，因此当前全要素生产率改善的主要方向是提升技术效率，特别是规模效率。

二、西藏全要素生产率横向比较

在纵向对比的基础上，对西部 11 个省级样本单位（注：重庆属于直辖市，未纳入计算）2004~2020 年的全要素生产率进行横向对比（见表 5-3、表 5-4、图 5-4），以进一步明确西藏全要素生产率的发展情况。

表 5-3 西部 11 个省份全要素生产率比较（均值）

序号	省份	TFPCH	省份	TECH	省份	TECCH	省份	SECH
1	宁夏	1.099	宁夏	1.099	宁夏	1.086	四川	1.004
2	内蒙古	1.087	云南	1.052	**西藏**	**1.085**	贵州	1.003
3	**西藏**	**1.072**	陕西	1.026	内蒙古	1.084	陕西	1.000

续表

序号	省份	TFPCH	省份	TECH	省份	TECCH	省份	SECH
4	青海	1.068	贵州	1.057	青海	1.080	云南	1.000
5	陕西	1.057	甘肃	0.997	广西	1.059	内蒙古	0.999
6	广西	1.052	内蒙古	1.087	陕西	1.052	广西	0.999
7	云南	1.052	四川	1.031	云南	1.044	新疆	0.998
8	新疆	1.032	青海	1.032	新疆	1.033	甘肃	0.995
9	四川	1.031	新疆	1.068	四川	1.023	宁夏	0.992
10	贵州	1.026	**西藏**	**1.072**	贵州	1.016	**西藏**	0.989
11	甘肃	0.997	广西	1.052	甘肃	0.994	青海	0.988
（A）西藏均值		**1.072**		**1.001**		**1.085**		**0.989**
（B）西部均值		**1.052**		**1.005**		**1.051**		**0.997**
差值（A）-（B）		**0.020**		**-0.004**		**0.034**		**-0.008**

表 5-4 西部 11 个省份全要素生产率比较（部分）

年份	省份	TFPCH	TECH	TECCH	SECH	省份	TFPCH	TECH	TECCH	SECH
2004~2005	西藏	1.066	1.000	1.121	0.950	四川	1.087	0.980	1.107	1.002
2005~2006		1.089	0.994	1.167	0.939		1.122	0.968	1.128	1.028
2006~2007		1.140	1.006	1.151	0.985		1.135	1.036	1.076	1.018
2007~2008		1.094	1.000	1.077	1.016		1.090	1.054	1.028	1.006
2008~2009		1.060	1.000	1.170	0.906		1.020	1.004	1.006	1.011
2009~2010		1.069	0.991	1.115	0.968		1.017	1.011	1.009	0.997
2010~2011		1.140	1.010	1.080	1.046		1.009	1.006	1.000	1.004
2011~2012		1.068	1.000	1.000	1.068		1.000	1.000	1.000	1.000
2012~2013		0.946	0.908	1.018	1.024		0.996	1.000	0.997	1.000
2013~2014		1.068	1.093	1.041	0.939		0.996	1.000	0.996	1.000
2014~2015		1.088	1.008	1.097	0.984		0.992	0.985	1.008	1.000
2015~2016		1.146	1.000	1.155	0.993		1.008	0.998	1.010	1.000
2016~2017		1.083	1.000	1.062	1.020		1.018	1.017	1.001	1.000
2017~2018		1.029	0.985	1.078	0.969		1.001	1.000	1.000	1.000
2018~2019		0.921	0.968	1.032	0.922		1.000	1.000	1.000	1.000
2019~2020		1.150	1.049	1.000	1.096		1.000	1.000	1.000	1.000

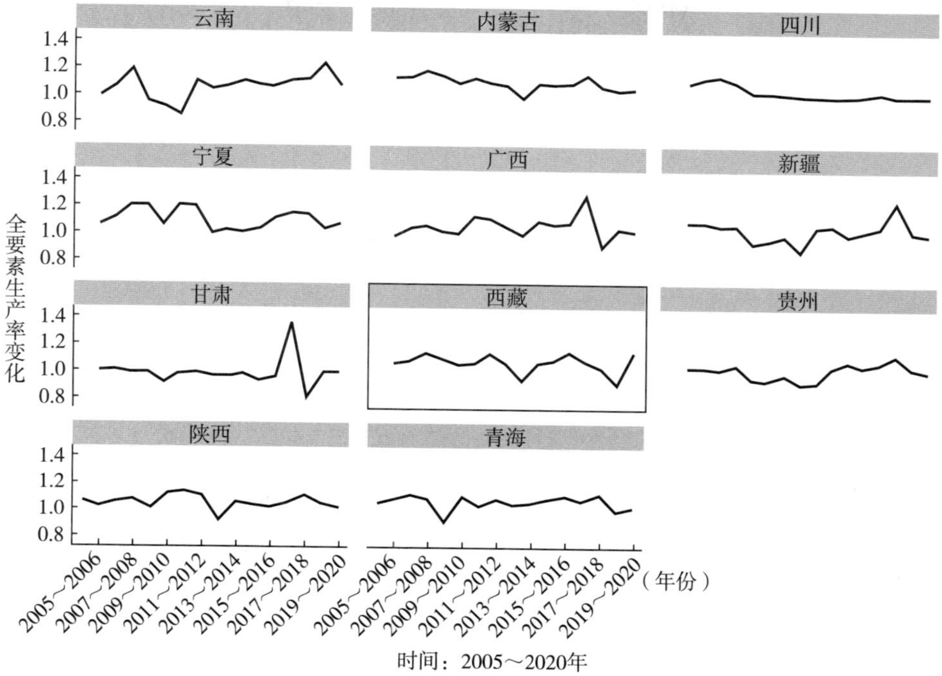

图 5-4 西部 11 个省份全要素生产率比较（2005~2020 年）

1. 全要素生产率指数（TFPCH）比较

在 11 个省级样本单位中，除了甘肃，其余样本单位的 TFPCH 值均大于 1，且各省份的 TFPCH 存在显著差异（F=2.68，P=0.0047）。

2004~2020 年西藏全要素生产率 Malmquist 指数（TFPCH）平均值为 1.072（即生产效率整体呈现为"上升趋势"），略高于 11 个省级样本单位 1.052 的平均值，在 11 个省级样本单位中排名第 3，仅低于宁夏与内蒙古。

2. 技术效率变化指数（TECH）比较

在 11 个省级样本单位中，除了甘肃，其余样本单位的 TECH 值均大于 1。2004~2020 年西藏技术效率指数（TECH）平均值为 1.001（追赶效率整体表现为"基本不变"），低于 1.005 的西部平均值。

3. 技术进步指数（TECCH）比较

在 11 个省级样本单位中，除了甘肃，其余样本单位的 TECCH 值均大于 1。2004~2020 年西藏技术进步指数（TFCCH）均值为 1.085（效率整体表现为"上升”），高于1.051的西部平均值，在11个省份中排名第2。

4. 规模效率指数（SECH）比较

在11个省级样本单位中，低于1的样本单位包括西藏、甘肃等7个样本单位，占比高达64%，说明西部地区省份普遍存在规模效率不足的问题。2004~2020年西藏规模效率指数（SECH）平均值为0.989（效率整体表现为“下降”），低于0.997的西部平均值，在11个省份中排名第10，仅高于青海。

5. 结论

（1）总体来看，西部地区各省份的全要素生产率（TFPCH）良好，10个样本单位的Malmquist指数值均大于1。同时，不同样本之间的Malmquist指数也存在显著差异（F=2.68，P<0.05），说明西部地区发展是不均衡的。

（2）西部地区样本整体存在规模效率不足的问题，64%的样本单位的SECH指数小于1。其中，四川的SECH值最高，但也仅为1.004。

（3）与西部地区省份相比，西藏的全要素生产率相对较好。

第五节　西藏绿色全要素生产率测算

一、西藏绿色全要素生产率测算（2004~2020年）

由于西藏没有公布CO_2数据，因此采用废气污染物的二氧化硫排放量、氮氧化物排放量以及废水排放中化学需氧量排放量和氨氮排放量加总作为非期望产出指标，进行绿色全要素指标测算，测算结果如表5-5所示（绿色全要素生产率部分）。

1. 绿色全要素生产率指数（G_TFPCH）

表5-5显示，2004~2020年，西藏绿色全要素生产率的DEA-Malmquist指数平均值为“1.031”，即效率整体呈上升态势（2009~2011年的绿色全要素生产率值低于“1”，即“效率下降”；其余年份均为“效率上升”）。图5-5也显

示，党的十八大（2012 年）以后，西藏绿色全要素生产率近年来整体拉升效应明显。

表 5-5　西藏绿色 TFPCH 与普通 TFPCH 比较

年份	（0）绿色全要素生产率			（1）普通全要素生产率			差值：（0）-（1）		
	$TFPCH_0$	$TECH_0$	$TECCH_0$	$TFPCH_1$	$TECH_1$	$TECCH_1$	ΔTECH	ΔTECH	ΔTECCH
2004~2005	1.034	1.000	1.034	1.066	1.000	1.121	-0.032	0.000	-0.087
2005~2006	1.002	1.000	1.002	1.089	0.994	1.167	-0.087	0.006	-0.165
2006~2007	1.054	1.000	1.054	1.140	1.006	1.151	-0.086	-0.006	-0.097
2007~2008	1.043	1.000	1.043	1.094	1.000	1.077	-0.051	0.000	-0.034
2008~2009	1.045	1.000	1.045	1.060	1.000	1.170	-0.015	0.000	-0.125
2009~2010	0.860	1.000	0.860	1.069	0.991	1.115	-0.209	0.009	-0.255
2010~2011	0.889	1.000	0.889	1.140	1.010	1.080	-0.251	-0.010	-0.191
2011~2012	1.019	1.000	1.019	1.068	1.000	1.000	-0.049	0.000	0.019
2012~2013	1.028	1.000	1.028	0.946	0.908	1.018	0.082	0.092	0.010
2013~2014	1.010	1.000	1.010	1.068	1.093	1.041	-0.059	-0.093	-0.031
2014~2015	1.006	0.988	1.019	1.088	1.008	1.097	-0.082	-0.021	-0.078
2015~2016	1.108	0.888	1.248	1.146	1.000	1.155	-0.038	-0.112	0.093
2016~2017	1.089	0.963	1.131	1.083	1.000	1.062	0.006	-0.037	0.069
2017~2018	1.019	0.944	1.080	1.029	0.985	1.078	-0.010	-0.041	0.001
2018~2019	1.025	0.995	1.031	0.921	0.968	1.032	0.104	0.027	-0.001
2019~2020	1.261	1.261	1.000	1.150	1.049	1.000	0.111	0.212	0.000
平均值	**1.031**	**1.002**	**1.031**	**1.072**	**1.001**	**1.085**	**-0.042**	**0.001**	**-0.054**

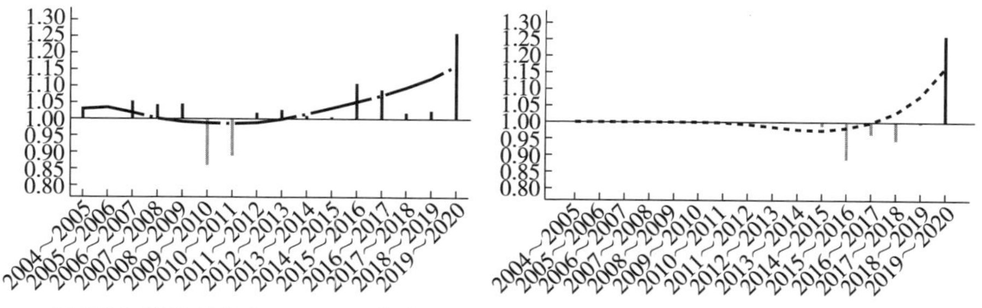

绿色全要素生产率（2004～2020年）　　绿色技术效率（2004～2020年）

图 5-5　西藏绿色生产要素趋势（2004~2020 年）

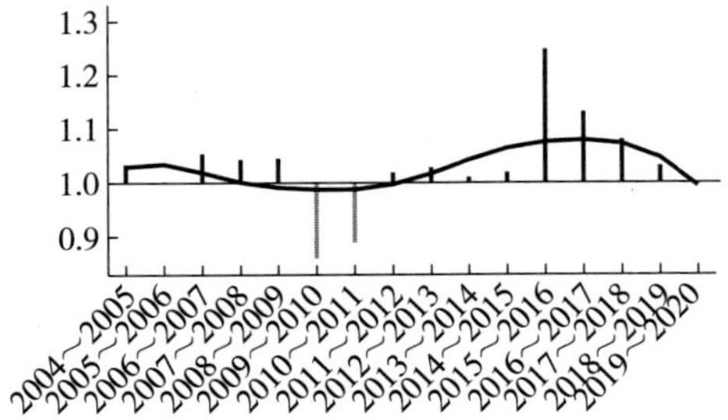

绿色技术进步（2004～2020年）

图 5-5　西藏绿色生产要素趋势（2004~2020 年）（续）

因为考虑了非期望产出，2004~2020 年，普通全要素生产率指数平均值比绿色全要素生产率指数平均值低（差值为-0.042）。核密度图（见图 5-6）显示，二者存在较为明显的差异，这说明考虑非期望产出是必要的。

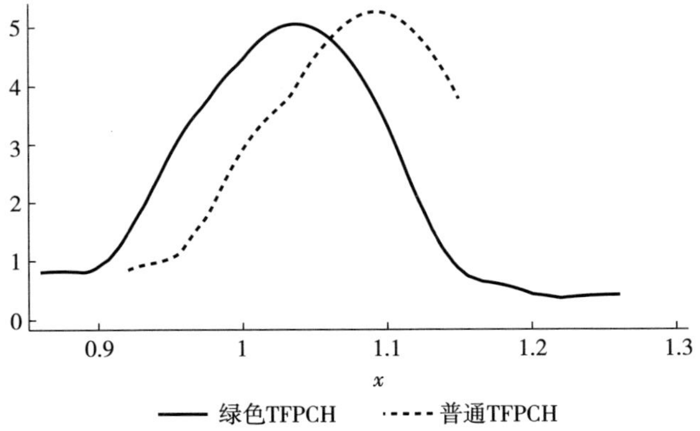

图 5-6　西藏绿色 TFPCH 与普通 TFPCH 核密度

2. 绿色技术效率指数（G_TECH）

整体来看，自治区的绿色技术效率变化指数主要在“1”附近（2004~2020 年的平均值=1.002），即追赶效率整体表现为“基本不变”。2020 年绿色技术效率变化指数有一个较大的跃升，导致整个趋势发生了逆转（见图 5-5）。

3. 绿色技术进步指数（G_TECCH）

整体来看，绿色技术进步指数虽然整体在“1”之上（2004~2020 年的平均值=1.031，即技术变动导致最佳生产前沿面移动效率总体为上升趋势）。图5-5显示，绿色技术进步指数与绿色全要素生产率指数高度重合，即绿色全要素生产率指数主要受绿色技术进步指数影响，其贡献率为99.8%，接近100%。

二、西藏绿色全要素生产率横向比较

表5-6为西部11个省份的绿色全要素生产率均值分布情况。

表5-6 西部11个省份绿色全要素生产率比较（均值）

序号	省份	G_TFPCH	省份	G_TECH	省份	G_TECCH
1	宁夏	1.051	贵州	1.016	宁夏	1.050
2	**西藏**	**1.031**	宁夏	1.013	**西藏**	**1.031**
3	内蒙古	1.030	甘肃	1.010	内蒙古	1.030
4	四川	1.022	陕西	1.008	四川	1.022
5	贵州	1.015	**西藏**	**1.002**	青海	1.018
6	云南	1.012	云南	1.001	云南	1.011
7	青海	1.008	四川	1.000	新疆	1.010
8	陕西	1.006	内蒙古	1.000	贵州	1.005
9	新疆	1.002	新疆	0.997	广西	1.004
10	甘肃	1.000	广西	0.995	陕西	1.000
11	广西	0.999	青海	0.992	甘肃	0.998
（1）西藏平均		**1.031**		**1.002**		**1.031**
（2）样本平均		**1.016**		**1.003**		**1.016**
差值（1）-（2）		**0.015**		**-0.001**		**0.014**
F值		**0.34**		**0.001**		**0.28**
P值		**0.56**		**0.97**		**0.60**

1. 绿色全要素生产率指数（G_TFPCH）比较

在11个省级样本单位中，除了广西，其余样本单位的绿色全要素生产率改变值（G_TFPCH）均大于1，说明整体情况良好。

2004~2020年西藏绿色全要素生产率指数改变值（G_TFPCH）的平均值为1.031（整体呈现为“上升趋势”），在11个省级样本单位中排名第2（仅次于宁夏）。G_TFPCH值较其余10个样本单位高0.015，但差值不具有统计学意义

(F=0.34，P=56)。莫兰指数(2020)也显示(见图5-7)，西部11个省级样本的TFPCH不存在明显的空间差异性(MI=-0.2313，P=0.4344)。

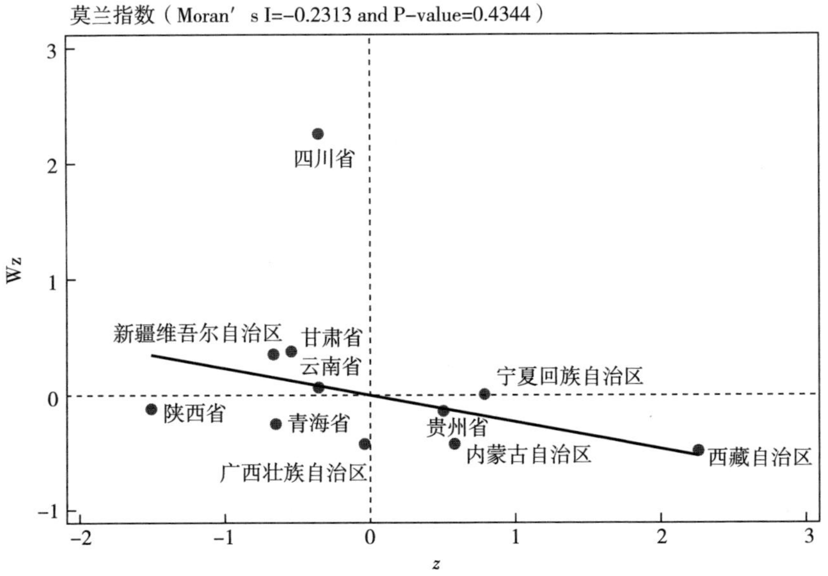

图5-7 西部11个省份绿色全要素生产率空间差异性(2020年)

2. 绿色技术效率指数(G_TECH)比较

在11个省级样本单位中，除了新疆、广西、青海，其余8个样本单位的G_TECH值均大于或等于1(占比63.6%)。2004~2020年西藏绿色技术效率指数(G_TECH)平均值为1.002(追赶效率整体表现为"基本不变")，在11个省份中排名第5，与西部其他省份不存在显著差别(Δ=0.001；F=2.68，P<0.05)。

3. 绿色技术进步指数(G_TECCH)比较

在11个省级样本单位中，除了甘肃，其余样本单位的G_TECCH值均大于1。2004~2020年西藏G_TECCH的平均值为1.031(效率整体表现为"上升")，在11个省份中排名第2(仅次于宁夏)，与西部其他省份相比，平均值高0.014，但不具有统计学意义(Δ=0.014；F=2.68，P<0.05)。

4. 结论

(1) 总体来看，西部地区各省份的绿色全要素生产率(TFPCH)良好，9个样本单位的效率值大于 1。与西部地区全要素生产率发展不均衡相比，考虑非期望产出后，西部地区的绿色全要素生产率不存在显著差异（F（10，165）= 0.29，P=0.98；莫兰指数 MI=−0.2313，P=0.4344）。

（2）与西部地区其余 10 个样本单位地区相比，西藏的绿色全要素生产率相对良好，得分排位靠前。

（3）与一般全要素生产率面临的问题相同，绿色全要素生产率也面临绿色技术效率变化指数对绿色全要素生产率贡献率过低的问题。

第六节　“污染物—产业”规模一致性与关联演化耦合度

一、“污染物—产业”规模一致性测算

如前文所述，污染物排放水平是产业关联演化与绿色全要素生产率的重要介质之一，它本质上是“生态—产业”关联演化的核心非期望产出物。如果要实现“产业—生态”的耦合演化，就必须在一定的经济产出水平下，实现最低的污染物排放水平。

我们构建如下模型测度污染物排放规模与产业发展规模的一致性：

$$\Delta\ln(pollu_{it}) = \alpha_i + \beta \times \Delta\ln(gdp_{it}) + e_{it}$$

$$e_{it} = \Delta\ln(pollu_{it}) - \alpha_i + \beta \times \Delta\ln(gdp_{it})$$

即首先测量污染物排放（pollu，取对数值）改变值与区域经济发展总量（GDP，取对数值）改变值的关系，并利用回归模型的残差代表二者的一致性水平：

（1）当残差 $e_{it}=0$ 时，说明污染排放量与产业发展规模水平刚好匹配，一致性符合要求。

（2）当残差 $e_{it}>0$ 时，说明污染排放量超过了产业发展规模水平，存在过度污染情况，一致性较差。

（3）当残差 $e_{it}<0$ 时，说明污染排放量低于产业发展规模水平，污染物排放

规模与产业发展规模的一致性较强。

我们通过构建固定效应面板模型对 e 进行测算。测算时选取了绿色全要素生产率最高的宁夏以及最低的广西进行对比，可以发现（见表 5-7）：西藏的污染物排放超过了产业规模（$e_{it}>0$），且平均值远远超越了宁夏、广西。这说明西藏的污染物排放存在超规模排放的问题，需要进一步强化治理或提升节能减排技术。图 5-8（为便于观察，进行了图形修匀）也显示，e 值大部分时间在 0 值以上，即污染物超规模排放问题一直长期存在，且 2018 年后有抬头的趋势。

表 5-7　西部 3 个省级样本的“生态—产业”关联协同度

年份	省份	E1	省份	E2	省份	E3
2005	西藏	0. 056395	广西	0. 055194	宁夏	0. 299236
2006		-0. 000480		-0. 059080		0. 002079
2007		-0. 079910		-0. 137620		-0. 160090
2008		-0. 032840		-0. 109240		-0. 187350
2009		-0. 033960		-0. 045900		-0. 099120
2010		0. 605979		-0. 087520		-0. 101900
2011		0. 702354		-0. 072840		0. 830792
2012		-0. 012420		-0. 016500		-0. 017800
2013		-0. 049730		-0. 031310		-0. 036510
2014		0. 049881		-0. 045520		-0. 023720
2015		0. 063667		-0. 086610		-0. 028190
2016		-0. 327290		-0. 630050		-0. 602060
2017		-0. 173880		-0. 022240		-0. 244300
2018		0. 046818		-0. 012750		-0. 062350
2019		0. 021961		-0. 002210		-0. 038060
2020		2. 200545		0. 6414010		0. 136447
	平均值	3. 037086		-0. 662810		-0. 332900

二、“污染物—产业”规模一致性对关联演化耦合度的影响

初步分析发现，西藏污染物排放规模超越了与其产业发展规模相适应的规模。接下来，我们将进一步建立门限模型研究污染物排放规模与产业发展规模的

一致性对“产业—生态”关联演化耦合度的影响。

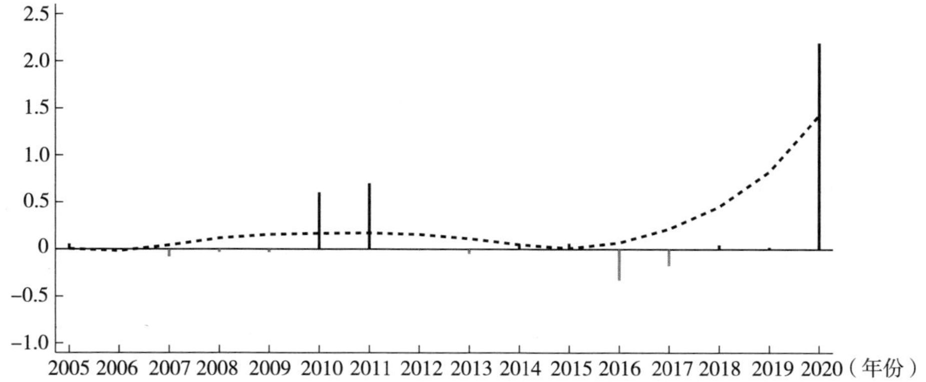

图 5-8　2005~2020 年西藏“生态—产业”关联协同度趋势

如前文所述，以绿色全要素生产率（G_TFPCH）为因变量，并作为“产业—生态”关联演化耦合度的表征变量；以“污染物—产业”规模一致性、污染物排放量为自变量，并设污染治理投入（Kpollu，取对数）为污染物排放的门限变量，构建如下门限模型：

$$G\_TFPCH_{it}=\mu_i+\alpha_i e_{it}+\beta_i \ln(pollu)\cdot 1(\ln(Kpollu_{it})\leqslant\gamma)+\varepsilon_{it}$$

其中，1（·）为示性函数。

门限值检验显示，应当建立单门限模型（见表 5-8、表 5-9、图 5-9；模型采用自助法抽样 300 次）。门限值检验显示（见表 5-9），建立单门限模型是恰当的（$F=13.34>F_{0.05}=9.91$）。图 5-8 也显示，门限值明显低于分界线值（在 $\alpha=0.05$ 的情境下，分界线值=7.35）。

表 5-8　门限值

Threshold estimator（level=95）：			
model	Threshold	Lower	Upper
Th-1	10.5688	10.5214	10.5938

表 5-9 门限值检验

Threshold	RSS	MSE	Fstat	Prob	Crit10	Crit5	Crit1
Single	1. 4420	0. 0096	13. 34	0. 0233	8. 0196	9. 9143	19. 1886

注：门限值检验（bootstrap = 300）。

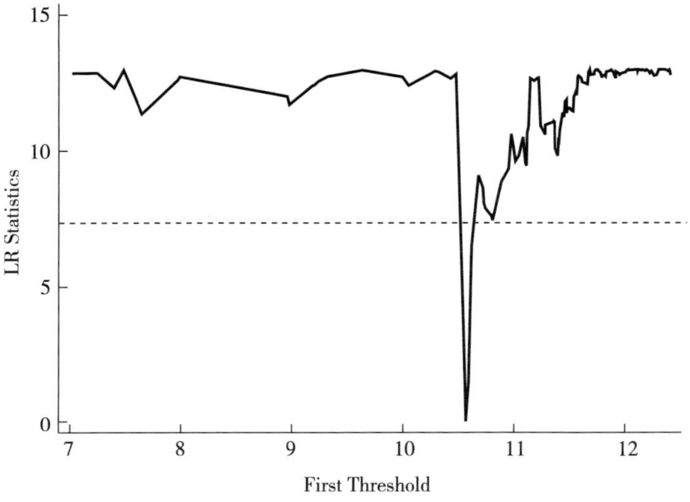

图 5-9 门限值检验图示

注：分界线值 = -2×log（1-（1-0. 05）^（1/2））= 7. 35。

分析结果显示（见表 5-10）：

（1）绿色全要素生产率改变（G_TFPCH）与当期“污染物—产业”规模一致性无关，但是与前一期的“污染物—产业”规模一致性显著相关。即如果前一期污染物排放量超过了与产业规模相一致的排放水平，则当期绿色全要素生产率会显著降低。

（2）在高污染治理投入情景下，污染物的排放并不会显著拉低绿色全要素生产率；而如果污染治理投入低于门限值，污染物排放则会显著降低绿色全要素生产率。

（3）观察西藏的污染治理投入分类，其 2005～2020 年均被归入到高治理投入（即 γ>1）类别。这也是为什么在“污染物—产业”规模一致性分析中西藏的污染物排放虽然明显高于产业规模，但对绿色全要素生产率变动的影响却不明显，这说明西藏存在高发展、高治理的情况。

表 5-10 产业关联协同度与绿色全要素生产率

因变量：G_TFPCH	
"产业—污染"一致性（E） E	-0.000933 (-0.03)
L（E）	-0.163*** (-5.01)
高污染治理投入#c. lnpollu （1·（γ≤1）=0）	0.00663 (0.34)
低污染治理投入#c. lnpollu （1·（γ≤1）=1）	-0.0467** (-2.12)
cons	0.963*** (11.09)
N	165
R^2（WITHIN）	0.2284

注：L（E）表示 E 的滞后项；括号内为 t 统计量；*、**、*** 分别表示 10%、5%、1%的显著性水平。

第七节 国家环境规制政策变革对关联演化耦合度的影响

2016 年，我国开始试点省以下环保机构垂直管理制度改革，主要措施是加快推进生态环境质量监测事权上收，以提高中央政府获取环境信息的能力。2016~2017 年，原环境保护部先后完成 1436 个国控环境空气质量站点和 2050 个国家地表水监测断面事权上收工作。我国的环境规制政策变革是否对西藏的"产业—生态"关联演化的耦合度产生了积极的影响呢？

一、模型设定

设环境规制政策变量为 Police，实施政策变革前（选取 2013~2015 年的数据）Police=0；实施政策变革后（选取 2016~2017 年的数据）Police=1。因变量“产业—生态”关联演化耦合度用绿色全要素生产率指数变动值（G_TFPCH）来表征；协变量包括三次产业产值（取产业值对数值改变值 Dln（gdp_j），j=1，2，3），即：

$$G\_TFPCH_{it}=\alpha_1\times Police_{it}+\alpha_2\times Dln(gdp_j)_{it}+\lambda_{it}+\varepsilon_{it}$$

其中，λ_{it} 为地区效应，ε_{it} 为残差。

模型采用双重差分进行分析，变量数据均来源于国家统计局官网以及历年各省份《统计年鉴》。

二、数据平衡性检验

我们采用双重差分进行环境规制政策效应的检验，因此需要对政策效应发生期（2016 年）前的数据进行平衡性检验。检验结果显示，数据不符合平衡性条件，因此需要使用倾向值匹配对数据进行处理。匹配结果显示，44 个样本值不符合匹配要求（包含 11 个因为计算全要素生产率改变而产生的缺失值，见表 5-11）。删除这些不能匹配的值后，实验组与控制组的匹配性大大加强（见图 5-10）。

表 5-11　倾向值匹配结果

psmatch2：Treatmen assignment	psmatch2：Common		
	support		
	Off suppo	On suppor	Total
Untreated	35	86	121
Treated	9	46	55
Total	44	132	176

令 Pre_2=2014 年、Pre_1=2015 年、Purrent=2016 年、$Post_1$=2017 年，并进行回归分析（采用“时间+个体”双效应模型），平衡性检验结果如表 5-12、图 5-11 所示。检验结果显示：Pre2、Pre1 的值均不显著，即进行倾向值匹配后数据符合平衡性假设。

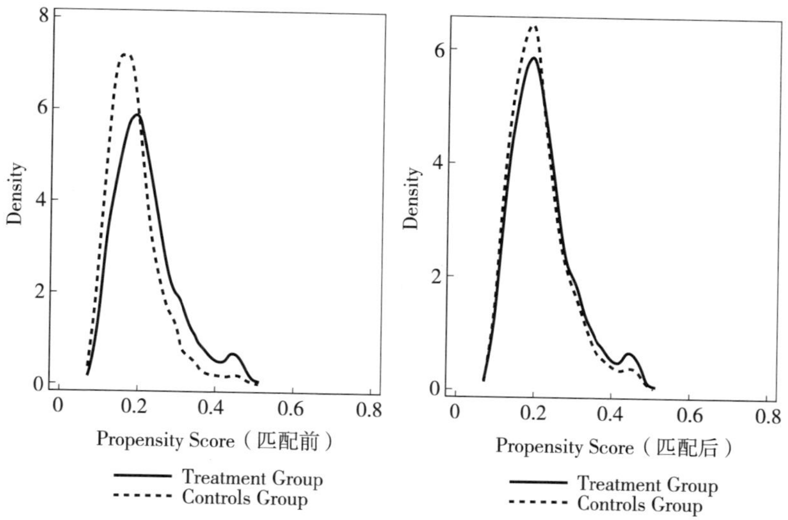

图 5-10　匹配前后实验组与对照组匹配核密度

表 5-12　平衡性检验

变量	G-TFPCH
Pre2	0. 0030 (0. 0307)
Pre1	0. 0080 (0. 0275)
Current	**0. 0523* (0. 0290)**
Post1	**0. 1511*** (0. 0277)**
Dln（GDP1）	0. 1427 (0. 1581)
Dln（GDP2）	-0. 0353 (0. 1234)
Dln（GDP3）	-0. 6489** (0. 2960)
Constant	1. 0669*** (0. 0365)
Observations	132
R-squared	0. 2618

注：括号内为标准误差；*、**、***分别表示10%、5%、1%的显著性水平。

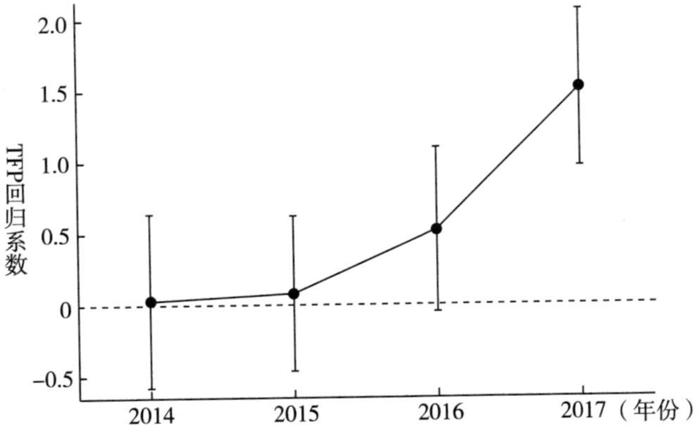

图 5-11　数据平衡性检验

三、模型检验与结果解读

通过构建“双重差分模型”来检验环保规制政策变革对绿色全要素生产率的影响，模型加入三次产业值作为控制变量，基准回归结果如表 5-13 所示。

表 5-13　基准回归

变量	未匹配		倾向值匹配	
	模型 1	模型 2	模型 3	模型 4
Policy	**0.0916*** *** **（0.0180）**	**0.1115*** **（0.0574）**	**0.0909*** *** **（0.0182）**	**0.1985*** *** **（0.0438）**
Dln（GDP1）	−0.0545 （0.0884）	−0.0223 （0.1394）	0.0437 （0.1115）	0.1015 （0.1371）
Dln（GDP2）	0.139 （0.1336）	0.2353 （0.1725）	0.0185 （0.1386）	0.1084 （0.1412）
Dln（GDP3）	0.3353* （0.1571）	0.1251 （0.2916）	−0.1169 （0.2717）	−0.269 （0.3584）
Constant	0.9305*** （0.0306）	0.9175*** （0.061）	0.9899*** （0.0283）	0.9704*** （0.0527）
Observations	176	176	132	132
R-squared	0.1203	0.2471	0.2294	0.4069
ID	11	11	11	11
ID FE	YES	YES	YES	YES
YEAR FE	NO	YES	NO	YES

注：括号内为标准误差；*、**、***分别表示 10%、5%、1%的显著性水平。

模型（1）、模型（2）为未进行倾向值匹配的估计结果，样本值共 176 个。分析结论显示，2016 年我国开始试点的省以下环保机构垂直管理制度改革显著改善了西部地区的绿色全要素生产率。对于个体固定效应模型（模型（1））而言，Policy=0.0916，t=5.089，P<0.01，即改革后绿色全要素生产率平均提升了 0.0916 个单位。对于个体—时点双向固定效应模型而言（模型（2）），Policy=0.1115，t=1.942，P<0.1，即改革后绿色全要素生产率平均提升了 0.115 个单位。

模型（3）、模型（4）为进行倾向值匹配后的估计结果，样本值共 132 个。结论同样显示，环保机构垂直管理制度改革显著改善了西部地区的绿色全要素生产率。对于个体固定效应模型而言（模型（3）），Policy=0.0909，t=4.995，P<0.01，即改革后绿色全要素生产率平均提升了 0.0909 个单位。对于个体—时点双向固定效应模型而言（模型（4）），Policy=0.1985，t=4.532，P<0.01，即改革后绿色全要素生产率平均提升了 0.1985 个单位。

与未匹配的回归模型进行比较，可以发现个体固定效应基本一致，但进行倾向值匹配后的时点—个体双向固定效应的效应值明显强于未匹配时的回归结果：不仅效应值更大，且政策效应的 T 值明显增加。

2016 年改革前，西藏绿色全要素生产率平均值=1.0051（标准差=0.05664）；改革后均值=1.1005（标准差=0.0978），政策效应值 Policy=0.0954，略高于个体固定效应的平均值，但低于双向固定效应下的平均值（此时效应值依然显著：Policy=0.0954，S.E.=0.0438，T=2.1782，P=0.0313）。即 2016 年我国开始试点的省以下环保机构垂直管理制度改革显著改善了西藏的绿色全要素生产率，但是效果相较于其他省份表现一般。

第八节　产业结构升级、污染治理投入对关联演化的影响

一、变量测量与模型设定

产业结构升级的重要特征是"经济结构服务化"，我们采用于斌斌（2015）

的产业结构升级度量方法，即用第三产业与第二产业的产值之比（ES）来反映产业结构高级化水平[①]；污染治理投入采用"工业污染治理投资（万元）"进行测量，分析时对变量取对数（$\ln(kpollu)_{it}$）。由于污染治理投入（$\ln(kpollu)_{it}$）具有内生性，本章采用污染物排放量（$\ln(pollu)$）作为污染治理投入的工具变量。

以 2004 年为基期，我们采用绿色全要素生产率改变值（G_TFPCH）逐年相乘的方式得到 2004～2020 年的绿色全要素生产率绝对指数（GTFP），并建立如下模型：

$$GTFP_{it}=\gamma TFP_{it}+\alpha_1\ln(kpollu)_{it}+\alpha_2 ES_{it}+\alpha_3\ln(kpollu)_{it}\times ES_{it}+\lambda_{it}+\varepsilon_{it}$$

其中，$\ln(kpollu)_{it}\times ES_{it}$ 为污染治理投入与产业结构升级的交互项；λ_i 为不同省份的个体效应。

二、模型检验与结果解读

我们采用双向固定效应分析产业结构升级、污染治理投入对样本区域 GTFP 的影响。表 5-14 为模型基准回归结果，其中，模型（1）不考虑 GTFP 的滞后效应影响。模型（1）与模型（2）均显示：

第一，增加污染治理投入能显著提升绿色全要素生产率。

第二，产业结构升级能显著提升绿色全要素生产率。

第三，污染治理投入与产业结构升级的交互项为负值，说明二者互为干涉型调节。即：①产业结构升级会抑制污染治理投入对绿色 TFP 的提升效应。这是因为产业结构升级程度越高，会导致相同产值污染程度越低，这样相同单位的污染治理投入对 GTFP 的提升效应相较于产业结构升级程度较低的地区而言，效应值会相对减弱。②同样，污染治理投入也会抑制产业结构升级对绿色 TFP 的提升效应。这是因为如果污染治理投入很高，说明产业结构升级尚处于较低层次，相同单位的产业结构升级对 GTFP 的提升效应与污染治理投入较低的地区相比，效应相对较弱。

---

① 于斌斌．产业结构调整与生产率提升的经济增长效应——基于中国城市动态空间面板模型的分析[J]．中国工业经济，2015（12）：83-98.

表 5-14 基准回归

变量	模型 1	模型 2
L. TFP		0.4921*** (0.1037)
Ln (kpollu)	0.5294** (0.2220)	0.4309** (0.1914)
ES	2.7554** (1.1961)	2.2302** (1.0306)
Ln (kpollu) ×ES	-0.2991** (0.1182)	-0.2382** (0.1024)
Constant	-8.1718** (3.8623)	-6.9227** (3.3007)
ID FE	YES	YES
YEAR FE	YES	YES
Observations	165	165
Number of _ID	11	11

注：括号内为标准误差；*、**、***分别表示10%、5%、1%的显著性水平。

表5-15为各省份的个体固定效应（λ_i）。由表可知，不同地区的个体固定效应λ_i差异较大，其中，西藏的值最高，说明西藏的绿色全要素生产率发展较好，且产业结构升级、污染治理投入对绿色全要素生产率的提升效应较明显。但通过上一部分分析可知，高污染治理投入带来的效应较强。

表 5-15 个体效应

省份	系数值	标准误差	Z 值	P 值	95%置信区间	
广西	-0.382	0.091	-4.21	0.0000	-0.559	-0.204
贵州	0.104	0.059	1.77	0.0770	-0.011	0.220
内蒙古	-0.293	0.179	-1.63	0.1030	-0.644	0.059
宁夏	0.740	0.246	3.00	0.0030	0.257	1.222
青海	0.541	0.228	2.38	0.0180	0.095	0.988
陕西	0.499	0.229	2.18	0.0290	0.050	0.948
四川	0.514	0.086	6.00	0.0000	0.346	0.682
西藏	**0.829**	**0.291**	**2.85**	**0.0040**	**0.258**	**1.400**
新疆	0.298	0.130	2.30	0.0220	0.044	0.552
云南	-0.367	0.139	-2.65	0.0080	-0.638	-0.095

第九节　研究结论与政策建议

一、主要结论

通过选取西部12个省级单位作为分析样本，以绿色全要素生产率为表征指标，对西藏的"产业—生态"关联演化耦合性进行了分析，主要结论如下：

（1）西藏的"产业—生态"关联演化耦合性总体较好。从纵向对比来看，2004~2020年西藏绿色全要素生产率的DEA-Malmquist指数平均值为1.031，"产业—生态"关联演化的耦合性在分析期间呈上升态势。党的十八大（2012年）以后，西藏绿色全要素生产率整体拉升效应明显，"产业—生态"关联演化的耦合性水平得到进一步巩固、提升。从横向对比来看，与西部地区其余10个样本单位相比，西藏的绿色全要素生产率整体排名靠前，说明西藏"产业—生态"关联演化的耦合性相对良好。但西藏也面临绿色技术效率变化指数（特别是其子维度"规模效率指数"）对绿色全要素生产率贡献率过低的问题，说明西藏存在产业规模瓶颈问题。

（2）得益于高污染治理投入，西藏的污染物排放规模虽然超出了产业发展规模，但对绿色全要素生产率影响不大（即对"产业—生态"关联演化的耦合性不会有显著影响）。污染物排放与产业发展规模一致性是否会影响绿色全要素生产率，与污染治理投入额相关。通过2005~2020年西藏"污染物—产业"规模一致性分析发现，西藏的污染物排放明显高于产业规模，但由于西藏的污染治理投入为高治理投入（$\gamma>1$），使一致性对绿色全要素生产率变动的影响不明显。说明西藏目前走的是一条"高发展、高治理"的路子。

（3）强化产业结构升级与提升污染治理投入，可以有效提升西藏地区的绿色全要素生产率，强化"产业—生态"关联演化的耦合性。通过分析个体效应可知，西藏的绿色全要素生产率相对偏高，这不仅说明西藏"产业—生态"关联演化的耦合性较好，同时也说明产业结构升级、污染治理投入对"产业—生态"关联演化的耦合性具有较强的正向促进效应。

二、政策建议

（1）提升技术效率指数，强化技术对西藏“产业—生态”关联演化耦合水平的提升效应。分析显示，西藏目前尚属于“高发展、高治理”的路子，无论是在纯技术效率还是规模效率方面，均存在较大的提升空间。这一点与内陆许多地区存在较大差异，内陆省份已经开始由“数量驱动”转向“质量驱动”，但西藏需要“数量+质量”双轮驱动。这要求：①既要强化资源配置效率，提高经济的集约化程度，又要不断提升生产技术水平，推进农业、工业与服务业的高质量发展。②在积极落实国家相关环境政策法规基础上，积极探索与西藏经济、社会、人文相匹配的环境监管制度与法律法规，扭转当前污染物排放规模高于产业发展规模的局面，以提高污染物排放规模与产业发展规模的一致性。③深入贯彻落实“建设美丽幸福西藏、共圆伟大复兴梦想”构想。不断加强生态文明建设，重点强化企业员工、居民、游客的生态环境教育，以在西藏形成更加和谐的人与自然关系。

（2）大力发展节能技术，通过技术进步指数来增强西藏“产业—生态”关联演化的耦合水平。通过物质、精神激励等方式，强化企业在节能技术方面实现技术创新和先进技术（尤其是节能环保技术）扩散，推进产业与生态达成耦合演化。一是要特别注重开发适合西藏高海拔地区的节能技术；二是要针对目前西藏企业规模较小、技术变革投入能力偏弱的实际情况，开发使用低成本、简单易用的节能技术。

（3）通过优化生态保护补偿政策来提升西藏“产业—生态”关联演化的耦合水平。西藏生态保护极其重要，但由于西藏属于经济欠发达地区，这需要各级政府（包括援藏力量）在生态保护补偿中扮演核心角色。从西藏的生态保护补偿实践来看，自治区政府主要采用了两种手段：一是环境规制。主要内容为“法规+命令+控制”，其中，以命令、控制为核心的行政手段是最主要的手段。自治区的各级政府通过行政手段，对高污染、高排放企业（或个体）直接实施“关、停、并、转、迁”，有效地遏制了经济发展对生态环境的破坏。二是加大对生态环境的污染治理投入。投入来源既包括财政投入，也包括部分企业的补偿性投入。上述以行政手段为主的规制政策在短期内的确收到了明显的成效，但也对经济发展造成了一定的伤害，或者提高了企业的生产成本，因此未来需要注意相关政策的相容性，避免导致耗散演化。建议自治区政府在严格执行环境规制政策的时候，一是要将核心手段逐渐转移到助力企业产业升级方面；二是对由于参与生态保护补偿导致竞争力下降的企业在金融、税收、土地等政策方面予以一定的支持；三是大力发展以旅游业为核心的服务业，吸纳由于环境规制政策导致的问题，促进经济、民生、生态的协同发展，实现真正的"产业—生态"耦合演化。

第六章 “产业—生态”关联演化的路径、机制与绩效分析：案例研究

第一节 前言

第五章研究结论显示，当前环境治理体系导致“产业—生态”协同发展度较低，关联演化水平弱。主要原因包括：一是存在“政府失灵”现象；二是“运动式”治理存在破坏营商环境现象（孟庆春等，2020）。因此，对“产业—生态”关联演化的内在机制进行进一步探究，有助于解决经济发展与生态保护面临的主要矛盾，促进二者协调发展。

针对治理体系不完善导致的“产业—生态”失衡问题，党的十九大提出要“构建以政府为主导、企业为主体、社会组织和公众共同参与”的环境治理体系。2020 年颁发的《关于构建现代环境治理体系的指导意见》也要求环保治理需遵循“多方共治、市场导向”原则。已有文献研究也已经注意到仅依靠政府“压力型”体制对企业环保进行治理的局限性，并认为协同治理才是未来的方向（周晓博和马天明，2020；苑春荟和燕阳，2020），只有这样，才能保障各方利益，实现“产业—生态”的关联演化。但不同主体在行为、利益、目标等方面存在较大差异，如何通过协同治理实现西藏“产业—生态”的关联演化，依然有诸多问题亟待研究（董珍，2018；孟庆春等，2020；锁利铭等，2021）。

在研究关联演化问题方面，由于数学分析上的局限性，目前得到的研究结论不多（全吉，2019），为此，本章采用案例研究的方法，试图揭示西藏“产业—生态”关联演化的路径与内在机制。按照从特殊到一般的原则，选取政府、市场（包括中间商、渠道商、终端消费者、内部顾客等）、企业三个主体，以跨界理论为基础，探讨“产业—生态”关联演化的路径与内在机制。

第二节　文献综述

一、从“一元”到“多中心”的环保治理

在“产业—生态”的耦合演化过程中，环保治理的跨界性、系统性等特征促使治理主体的理论研究与管理实践开始从一元治理走向多元共治。人类行为及利益的多元化也要求企业环保治理能够寻找到一种包含政府、市场、社会组织在内的“多中心治理”模式（董珍，2018）。但不管是一元治理还是多中心治理，政府均是环保治理的核心力量（周晓博等，2021）。为了纠正政府“一元”治理模式的行为偏差，生态保护补偿成为一种重要的多中心治理模式。但在中国的生态保护补偿实践中，政府“一元”补偿依然是当前最主要的模式，因为这种方式比较容易启动（刘丽，2010），且效率更高（柳荻等，2018）。虽然如此，我国基于多主体协同的企业环保治理，无论是在理论研究还是治理实践方面，均取得了显著的成就（董珍，2018；吴晓英和朱永利，2019；锁利铭等，2021），这为通过跨界治理实现“产业—生态”耦合演化提供了研究基础。

二、组织边界与跨边界行为

（1）组织边界。边界的本质是组织与它周围环境之间的界限。组织通过理性“隔离”的方式试图界定自身边界，因此边界是普遍存在的（Scott & Davis，2013）。组织边界的子类型很多，如因为目标认同差异导致的身份边界、因为认知差异导致的知识边界等，均属于组织边界范畴（Du & Pan，2013）。组织边界具有双重属性：调整和限制（陈兴淋，2008）。调整属性被认为是将个体差异不

断协调、沟通成一个整体的过程（李永，2010）；而限制属性主要作用于内外边界的监督与控制，通过有目的的行为引导，提供资源流动的空间，产生能量释放（陈兴淋，2008）。由此可见，组织边界在明确自身所处的社会分工位置、价值创造形式上起了重要作用。

（2）跨边界行为。所谓跨边界行为（以下简称“跨界”），就是行为主体的外部导向活动包含了重要外部利益相关者的集合体。依据主体不同，跨界又分为（个体）单独跨界和组织跨界（Du & Pan，2013）。跨界行为不会自发产生，需要依赖边界跨越者和边界跨越载体。边界跨越者是指具有交互知识能力和较强社会关系的人，他们通过分割企业的空间实现跨越，这种分割属于边界的限制属性，不仅代表行使权力，也意味着监督（Aldrich & Herker，1977）。边界跨越载体是推动跨组织交流的桥梁，以实体或虚体的形式连接跨组织边界的不同利益主体。而组织边界跨越还需要一种动态能力，这种动态能力是集知识吸收能力、IT能力和网络能力等为一体的能力（欧阳桃花等，2012；刘鹏程等，2016）。

不同理论对跨界行为的关注点不同。如权力视角下的跨界研究不仅关注组织内部的交易治理成本问题，还关注边界控制问题，组织可以通过产权和非产权的机制来控制利益关联群体，设定组织边界（Porter，1997）。组织身份视角理论认为边界具有主观性和情感依附性，自我认知和情感会影响个体行为，因此组织边界的构建与跨越本质是回答“我是谁”的问题，应该设定在与组织身份相一致的活动中（Weick，1995）。

三、跨界行为与“产业—生态”关联演化

我们主要关注政府、市场、企业在“产业—生态”关联演化中的角色、行为，以及由此衍生出的关联演化机制。在关联演化中，政府对企业的跨界治理属于“点对点”治理，即通过实施“合法性”压力（包括规制压力、规范压力和认知压力，如颁布法律法规和行业标准等有共同约束力细则）来实现产业发展与生态水平的耦合演化（杨艳和龚凡，2019）。在重大公共事项或事件中，政府具有核心主导作用，通过理顺多元主体之间的网络合作关系，提升效率和能力，共同解决重大跨界性问题（陶希东，2011）。但在经济与环境协调发展的治理方面，政府往往面向末端治理，而不对所有的环节进行监控，不仅治理效果不佳（张毅和马冉，2019），还面临严重的寻租问题（李四海等，2015）。如刘春济（2019）

发现，由于不同区位的企业社会责任投入基准不同（企业区位到省域政治中心的距离越远，其社会责任表现则越差），不同区位的政府资源不同，企业可能会利用承担社会责任所付出成本与获得政府资源的利益差值进行投机。

市场对企业的跨界治理则属于"线性化"治理。线性化治理从核心企业出发，依据关系链（或价值链）"逆链而上"或"顺链而下"，通过责任契约、责任激励、责任赋能和责任监督实施治理（肖红军和李平，2019）。在市场条件下，企业声誉能够有效地监督企业的社会责任行为。企业响应市场治理诉求的程度、速度会影响自身的认可度、美誉度、市场竞争优势，因此属于声誉治理（李四海和宋献中，2018）。不同市场的进入门槛具有不一样的企业社会责任标准。许多企业在实行"走出去"策略时，如果目标市场是高企业社会责任门槛标准，且市场间产品的差异化程度较高，企业受高品牌声誉带来的利润诱惑，也愿意接受市场治理。市场竞争的压力也是引起企业间模仿企业社会责任行为的重要因素。如全吉（2019）通过最邻近耦合网络与 NW 小世界研究发现，模仿会抑制群体合作，特别是在投资系数较大时，如果有人破坏规则，在"产业—生态"的负向关联演化中获益，就可能会导致合作失败。另外，如果产权不清晰、市场监督或执行合同不到位，市场治理出现失灵的概率较大（仰海锐和皮建才，2020），尤其是在无法实现寻利的环保治理领域。如郭岚（2015）与贾兴平（2014）在研究中发现，白酒行业的行业竞争与企业社会责任之间呈倒"U"形关系，这种"战略企业社会责任"行为背后体现了企业只是为了获取资产，是一种"伪社会责任"模式。这要求在研究"产业—生态"关联演化的过程中需要进一步探讨企业与政府的协同治理问题。

四、跨界治理与企业响应机制

在"产业—生态"关联演化过程中，产业主体在履行环保治理等社会责任时，表达方式差异会导致对治理方（政府、环保组织、公众等）的跨边界治理行为产生不同的响应动机：当企业面对以市场化方式为主的治理要求时，其内在响应动机趋向于寻利；否则，更可能倾向于寻租。

（一）市场治理与企业寻利

我们不禁会问：市场参与企业环保治理的驱动力是什么？帕森斯认为，行动者受动机（调动能量的需要和愿望，包括认知、情感、评价）和价值观（关于什么是“正确的”观念，包括认知、鉴赏、道德）驱动，并与情景（环境污染的严重性、危害性等）结合起来，形成行为的“取向模式”。取向模式内化到人格系统的过程，即所谓的社会化机制。为清楚传达自己的期望，市场会启动社会控制机制。具体而言，市场会依据自身的“取向模式”在如下三种行为中选择行为组合实施治理控制：工具性（具体目标）、表意性（品牌情感）、道德性（公民行为标准）（特纳，2008）。

“取向模式”形成后，市场会要求品牌具备符合“取向”的“道德内涵”，这要求企业承担更多社会责任以满足基于“取向”的购买行为趋势（刘新宇，2021）。从本质上讲，企业为满足市场“取向”诉求而践行社会责任，并进行资源安排（如环保投入、公共关系维系等），是一种寻利行为（李四海和宋献中，2018）。因为企业响应行为背后的动机是想提升顾客忠诚度与营销竞争力。因此以市场导向（即顾客导向、竞争导向和部门间整合协调）的企业会更好地履行企业社会责任，以提升顾客忠诚度与营销竞争力，创造“经济+社会”的共享价值（何音等，2020），从而更容易实现“产业—生态”的耦合演化。

（二）政府治理与企业相机性寻租

已有文献研究表明，产业关联性、产业结构等产业要素对生态水平具有显著影响（原嫄等，2017）。同时，生态保护对产业发展也会产生直接的限制性作用，如生态约束可能会影响经济主体的部分发展权利（IPCC，2000；Fischer et al.，2006），推进区域经济发展阶段演进、产业结构升级、产业类型的专业化和多样化趋势（Friedl & Getzner，2003；徐成龙等，2014；原嫄，2016，2017）。即产业发展与生态水平总体表现出一种关联演化的趋势。因此，政府在推进“产业—生态”实现耦合演化方面具有较强的动机。

为了实现“产业—生态”的耦合演化目标，政府对经济发展中的环保治理设立了以治理绩效为基础的相机性租金（如税收优惠、政府补贴、奖金等），并在其中扮演游戏规则设立和维持公平秩序的角色。

企业社会责任行为的相机性寻租方式，是企业通过企业社会责任行为满足某一强势利益集团（如政府）的特殊要求（如政治利益），从而获取强势利益集团管制下的稀缺资源。与“政治租金”“经济租金”等一般性租金不同，相机性租金是以绩效为特殊租金，以企业绩效的优劣来分配社会资源。由此可见，相机性寻租可以优化社会资源配置，使资源流向最有效的生产者手中。因此相机性租金可以优化社会资源配置，使资源流向最有效的企业手中（刘海青，2006）。相机性租金以“租金”作为杠杆，引导企业“寻租”并履行环保责任。但这需要政府建立透明公平的游戏规则以及动态的优胜劣汰制度，一是避免相机性租金转化为政治租金；二是防止企业垄断租金破坏公平性（李四海和宋献中，2018）。政府以“相机性租金”为杠杆，引导企业在环保领域履行社会责任的案例屡见不鲜。在东亚各国经济发展中，政府通过设立相机性租金，采用市场与政府相结合的方式干预经济，一方面弥补市场失灵，另一方面防止政府失灵，效果较好。典型的如日本出口信贷竞赛和金融约束政策推进了“产业—生态”的耦合演化。

五、研究评述

要实现“产业—生态”的耦合演化，必须建构相应的合作与互惠机制，避免在关联演化过程中因为“囚徒困境”导致出现自私行为。因此，无论是关于环保治理，还是经济与环保的协调性，文献都非常关注主体有效性，即政府治理试图通过实施环境税、减排补贴等规制政策来约束企业，以促进“产业—生态”的耦合演化，但“政府失灵”现象却屡屡发生（范庆泉和张同斌，2018），研究与实践又开始关注“多元共治”。但目前关于“多元共治”的研究依然存在缺口：一是在“产业—生态”的关联演化过程中，关联演化的具体路径与相应机制研究缺乏；二是在“产业—生态”的关联演化过程中，在如何实现治理主体与被治理主体的闭环方面缺乏有效研究。

第三节　研究方法

一、方法选择

本章采用案例研究方法，主要考量因素包括：①聚焦于“产业—生态”关联演化过程中生产企业污染的跨边界治理问题，面临非常复杂的组织关系行为、动态过程（即所谓的“How”的问题）以及这些行为、过程背后的复杂发生机制（即所谓的“Why”的问题），而定量研究难以回答这类问题（全吉，2019），而这恰好是案例研究的优势（Eisenhard，1989；罗伯特·K. 殷，2016；毛基业和李高勇，2014）。②文献大多基于单一主体行为（如市场主导、政府主导、政府为主、市场为主）探究“产业—生态”关联演化过程中不同主体的行为机制，强调依托问卷等形式得出的数据。而本章更关注真实情景下“产业—生态”关联演化过程中企业跨边界的组织治理与经济发展协同过程。跨边界的组织环境治理与经济发展协同过程这种现象在数字化背景下越来越普遍，但缺乏足够的文献支持，对于这种实践中的新现象，更适合采用案例研究方法进行归纳总结（罗伯特·K. 殷，2016）。

二、样本选择

选择政府、企业、市场三个主体研究“产业—生态”关联演化过程中跨组织边界治理与产业主体（企业）的利益协同过程。按照关联演化过程中治理主体（政府与市场）在环保治理过程中对企业施加压力的强度（强、弱），进行案例设计：强政府—弱市场治理模式（治理模式Ⅰ）、强政府—强市场治理模式（治理模式Ⅱ）、弱政府—强市场治理模式（治理模式Ⅲ），而弱政府—弱市场治理模式则不属于探讨范畴（见图 6-1）。按照模式设计，更适宜采用嵌入式的多案例研究。按照 Eisenhard（1989）以及潘善琳等（2018）等的观点，从理论抽样需要的角度出发，如果一个案例所蕴含的信息能够说明构念之间的关系和逻辑，就没有必要增加更多的案例。因此，在研究时，每一个情景只嵌入一个分析单位，且保证分析单位具有足够的特色与说服力。嵌入企业的代表性特征如表 6-1 所示。

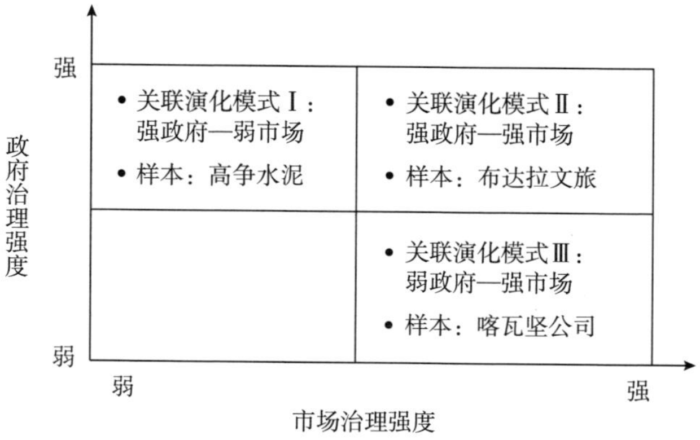

图 6-1 案例设计思路与样本选择

表 6-1 嵌入企业代表性特征描述

企业名称	高争水泥	喀瓦坚公司	布达拉文旅
成立年份	1960	1993	2012
企业性质	国有	民营	国有
核心产品	水泥	藏毯	旅游服务
产品特征	同质化	差异化	差异化
客户类型	企业	普通消费者	普通消费者
市场对企业环保关注度	低	高	高
竞争优势	价格	品质	服务质量

具体而言，关联演化模式Ⅰ（强政府—弱市场）选择高争水泥作为嵌入单位。该公司是一家水泥公司，成立于 1960 年（前身为拉萨水泥厂），主要业务涉及水泥制造、商混、骨料、石灰等，是西藏建材行业的龙头企业。公司属于高污染企业，政府对其环保治理水平监管非常强；但市场不关注公司的环保治理问题，符合“强政府—弱市场”治理模式内涵。

关联演化模式Ⅱ（强政府—强市场）选择布达拉文旅作为嵌入单位。公司是拉萨规模较大的一家旅游公司，正在主导纳木错景区扎西岛旅游资源的开发、管理，景区环保治理问题受到政府的关注。在自媒体发达的今天，旅游者对景区环保的关注也使公司产生了巨大的压力，符合“强政府—强市场”的治理模式内涵。

关联演化模式Ⅲ（弱政府—强市场）选择喀瓦坚公司作为嵌入单位。喀瓦坚成立于 1993 年，主要从事藏毯和羊毛手工艺产品的生产与制造，产品不仅供应国内市场，同时畅销日本、美国、欧洲等市场。在出口日本、欧美市场过程中，企业受到来自经销商、消费者较大的环保压力。为了适应市场需求，公司主动按照欧美日的环保标准对工艺过程进行了改造，如采用纯天然矿物质颜料进行染色等，改造后的环保标准高于国内标准。因此，其环保治理压力主要来自市场而非本地政府，符合“弱政府—强市场”模式内涵。

三、数据收集

主要采用半结构式访谈的方法收集数据。访谈主要围绕“产业—生态”关联演化过程中企业发展与生态约束的关联演化路径、实现关联演化的机制以及由此产生的绩效展开，并重点关注政府主体与市场主体在企业环保治理问题上存在的差异，以及这些差异对实现“产业—生态”耦合演化的影响。调研参与人员主要为课题团队人员，每次4~5人，调研对象主要是企业高管以及与研究对象密切相关的管理人员。访谈结束后，我们均留下了访谈负责人的联系方式，以便查证相关资料的真实性与可靠性。研究样本包括三家企业——高争水泥公司、喀瓦坚藏毯公司和布达拉文旅公司。由于高争水泥公司一手、二手资料均非常翔实，我们只进行了一次访谈，其余两个样本企业则均进行了两次追踪访谈。

四、数据编码与分析

采用Strauss等提出的“开发编码—主轴编码—选择编码—历程编码”过程对数据进行编码、分析。开放编码阶段主要形成基本概念，并通过概念的类别与属性发展新概念。主轴编码主要围绕某一个范畴（如治理路径），将开放编码中被分割的资料进行聚类；选择编码则针对主轴编码形成的范畴进行精练，并寻找不同范畴之间的关联，如治理结构与治理机制之间的关系；历程编码则主要关注不同主体之间的互动关系，如企业面对政府的威权治理，如何进行讨价还价等。

第四节 研究发现

在“产业—生态”耦合演化中，针对企业在发展过程中的环保治理究竟是市场治理更有效还是政府治理更有效，已有文献得出了相互矛盾的结果（Pagiola & Platais，2006；Wunder et al.，2015；Engel et al.，2008），原因是企业性质不同、对企业施加环保治理压力的主体不同、企业应对治理主体压力的动机不同，这些都会导致治理绩效以及企业的经济绩效出现明显偏差，即导致“产业—生态”不同的关联演化路径与结果。案例显示，如果企业将寻利需求放在更重要位置的时候，它对来自市场的环保治理压力更关注；当企业将寻租放在更重要位置的时候，它对来自政府的环保治理压力更关注；如果同时关注寻利与寻租，那么企业会在两种压力之间寻找一种平衡，即如果能够同时保障企业实现寻利与寻租，“产业—生态”耦合演化更容易持续，并不会出现失衡现象。

进一步对三家案例企业进行分析后发现（见图 6-2）：

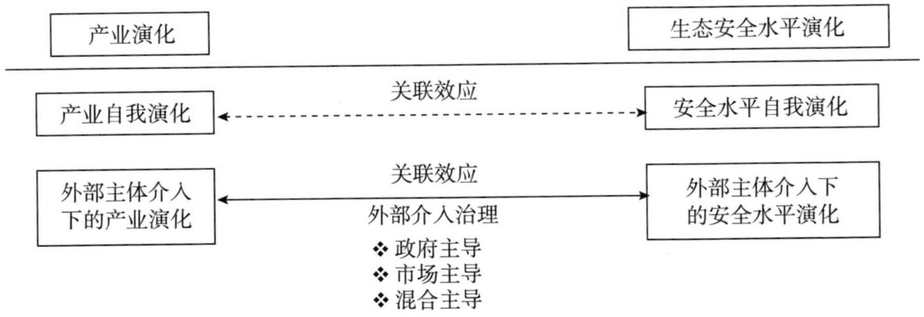

图 6-2 研究示意：自我演化与有主体的演化

（1）当产业与生态均是自我演化的时候（及所谓的经济学视角的产业生态系统），生态得不到有效保障。产业发展是以牺牲生态为代价的，即二者间具有负向关联效应。如高争水泥负责人谈道：

“但是我可以给你这样讲，当时（注：即没有外部主体接入治理）肯定是超标的。原来超标到什么程度我们也不知道，因为当时检测设备也简陋。2014 年根据咱们环保的要求，一二线全部上了深度脱硝项目开发，主要减少氮氧化物的排放……在环保局要求下，我们投入了 1000 多万元。那么治理之前，实话实说，时常有超标的现象。为了全部达标排放，公司正逐步在加大力度。”

产业与生态完全自我演化，在现实中几乎不存在，因此不是本书的研究范畴。

（2）在有外部治理主体介入后（即跨边界组织治理），我们发现可以按照企业面临主要治理压力的来源、企业应对压力的动机、治理有效性来区分“产业—生态”关联演化的三者模式：一是以高争水泥为代表的政府主导模式（即“强政府—弱市场”治理模式），政府利用威权对公司环保治理提出要求，企业则通过强化博弈能力获得更多相机性寻租收益，以获得平等竞争空间。二是以喀瓦坚公司为代表的“弱政府—强市场”治理模式，市场对环保的要求高于政府标准，企业满足市场给公司带来的环保治理要求获得市场利益。三是以布达拉文旅公司为代表的“强政府—强市场”治理模式，公司不仅要应对政府环保治理带来的压力以获得资源或租金，同时也要时刻应对游客的压力（如环保投诉、负面口碑传播等）以获得市场利益。

一、政府主导下的关联演化模式

高争水泥是西藏建材行业的龙头企业。由于水泥生产属高污染行业，政府下达了严苛的环保治理目标。2017～2019年，公司先后投资1.8亿元进行环保治理，巨大的治理投入让公司的低成本竞争优势受到挑战，即为了区域生态保护，产业发展受到损害。

政府利用其“合法性”规制权，以行政命令要求公司开放“权力边界”接受治理，边界属性表现为“限制”（典型特征：政府要求公司“必须做好这项工作”并以“目标清单”确定公司行动方向）。具体而言，政府主导模式具有如下特征（见表6-2）：

表6-2 政府主导下关联演化模式主要特征及证据举例

维度	主体	主要概念	证据示例（典型援引）
边界类型	企业	权力边界	“政府要求我们（管理层）必须做好这项工作，我们是被执行者”
治理路径	政府	任务—契约	“2014年应环保局要求，一二线全部上了深度脱硝项目，主要减少氮氧化物的排放。2017年，为响应环保政策，又先后两次投资了环保在线设计”
		监督—反馈	“现在这些环保数据已经全部上传到环保局专业互联网监控平台……昨天又说我们超了”
		惩罚—激励	2017年公司获“全区环保保护工作先进单位”
治理机制	政府	合法性规制 ·规制压力 ·规范压力 ·认知压力	①规制压力：“（政府）在环保治理中扮演管理制度的角色。一般来讲就是说：你不要给我惹事了，必须做好这项工作。”②规范压力：“考核指标主要是氮氧化物，氮氧化物是400，颗粒物是200……噪声上限是80分贝。”③认知压力：“因为现在环保是企业遵循的基本生存条件，如果环保做不好，没法生存”
	企业	相机性寻租 ·回应 ·执行 ·博弈	“环保设施我投了几千万元……成本明显上去了，竞争优势就下来了……”

续表

维度	主体	主要概念	证据示例（典型援引）
关联演化结果与特征	企业利益	成本升高 竞争力下降	"（环保设施）建好后，给我们带来的压力是现在年产360万吨熟料，每吨熟料要增加5块钱成本，还要投入一些原材料、人工费用、电力等成本，预计成本又会增加两块钱……水泥行业就是谁的成本高，谁的竞争就会出现劣势"
	政府环保目标	环保达标	"因为二氧化硫脱硫装置，还没上完，其他的氮氧化物现在完全可以控制在国家标准400以内"
		满意度	（环保厅）"贵公司秉承生态保护、利国利民的原则，切实肩负起环境保护的社会公益责任，主动实施林周县甘曲湿地防护林工程……"

（1）关联演化路径与结构。在"产业—生态"关联演化过程中，政府职能人员以政府职能机构为主要载体，跨越公司的"权力边界"实施外部治理。其治理路径为：制定"任务—契约"→实施"监督—反馈"→强化"惩罚—激励"。公司的响应路径则表现为："回应→执行→博弈"。政府主导模式下，市场并不关注公司的环保问题，治理结构主要表现为基于政府的"单边治理"；权力边界的"限制"属性导致主体之间缺乏沟通、协调，治理结构表现出"单边—单向"特征。以威权为依托的"单边—单向"治理结构会导致政府目标（生态保护）与企业目标（产业发展）发生冲突，"博弈"加剧可能使边界的"限制"属性失效导致企业产生机会主义行为，从而导致"产业—生态"出现失衡，即走向负向关联演化——生态保护与产业发展以牺牲另一方为代价来实现。

（2）关联演化实现治理闭环的机制。政府主导模式的核心是政府利用合法性规制权实现"压力型"治理（苑春荟和燕阳，2020；周晓博和马天明，2020）。具体而言，政府通过"规制压力"（必须做好）、"规范压力"（按"清单"做好）、"认知压力"（理解环保治理的重要性）对公司施加压力以实现"生态保护目标"。"单边—单向"的治理结构导致企业不断与政府博弈以争取更多相机性租金以实现产业发展目标。

因此，政府主导的关联演化模式实现治理闭环的机制为"（政府）合法性规制+（企业）相机性寻租"。相机性租金可以弥补"单边—单向"治理结构导致的目标不相容问题，使公司与政府通过"博弈"实现"产业—生态"的阶段性动态平衡。

（3）政府主导下关联演化的结果与特征。公司按照政府目标清单迅速投入1.8亿元进行环保治理，并开展了异地生态保护补偿项目；政府的环保目标在较短时间内基本达标。因此政府主导模式具有启动快、指向性强、效率高等特点。对于企业而言，由于存在政府环保治理目标与公司竞争力目标不相容等特点，企业面临相机性租金“杠杆”效应不足等问题，企业成本升高，竞争力下降，“产业—生态”的阶段性动态平衡容易被打破，企业的机会主义行为较易导致出现“政府失灵”现象。

二、市场主导下的关联演化模式

喀瓦坚主要从事地毯等羊毛工艺品生产，生产工艺包括（羊毛）清洗、挑选、晾干、舒绒、纺纱、编织等。由于“清洗”属于重污染环节，公司选择了直接进口初纺羊毛，因此公司实际不受政府环保治理规制管理。但市场对公司的环保治理介入程度却较深。为了满足市场的治理期望，公司不仅将染料改为进口，并优化了生产工艺。这虽然导致了高生产成本，但却使公司品牌成功地与市场其他品牌切割开来，并形成了强大的顾客品牌资产。

市场基于取向模式的环保治理具有较强的主观性和情感依附性，且不具有强制性。它们在向公司表达“我是谁”及其“取向”时，需要公司确认“身份资格”，即市场通过企业开放“身份边界”参与治理（Weick，1995），且边界属性表现为“调整”。市场主导的治理模式具有如下特征（见表6-3）：

表6-3 市场主导治理模式主要特征及证据举例

维度	主体	主要概念	证据示例（典型援引）
边界类型	企业	身份边界	“企业的任务就是满足消费者。如果（环保理念）已经进入消费者意识中，我们肯定会想方设法去满足，否则很难扭转他们对我们的认知”
治理路径	市场	取向模式	“消费者会认为我们的产品来自西藏，完全是纯天然的，当然这种市场认知存在偏差”
		行动组合 ·工具性行为 ·表意性行为 ·道德性行为	①工具性。“比如做收藏的买家，对产品的原材料来源、染色、酸度都有很具体的要求。”②表意性。“顾客很在意这个品牌买回家，对他的家（环保）会有什么影响。然后在我们的App上点赞、评价。”③道德性。“现在市场的环保观念越来越强，他们会迫使我们改进工艺”
		约定	“经销商每年都要过来验厂，采集样本后去做检测”

续表

维度	主体	主要概念	证据示例（典型援引）
治理机制	市场	社会系统规范 ·社会化 ·社会控制	①社会化。“他们（消费者）对环保的理念根植到骨髓了，不符合要求就不买你的产品。”②社会控制。“经销商每年都要过来验厂，采集样本后去做检测……消费者也会从味道、（染料）矿物质颗粒去核验你是不是植物染料，不符合就会投诉、给差评”
	企业	寻利 ·识别 ·行动 ·承诺	①识别。“我们通过多种渠道，特别是通过代理商获取市场的（环保）需求标准……消费者的消费意识、消费理念在拉动我们商家做出改变。同时也会主动对消费市场错误的（环保）观念进行纠正。”②行动。“（市场）迫使我们改进工艺，才达到现在的环保标准。”③承诺。“虽然是被迫接受的，但是我们非常感谢市场提出的高要求，现在我们将这些（治理措施）作为企业的最基本活动了”
关联演化结果与特征	企业	环保达标	“我们的环保标准远远高于国家标准”
		高市场忠诚度	“目前口碑算是出来了，基本是供不应求”
	市场	满意度提升	“经销商与我们都是合作多年的，大家在环保认知上都很一致（合作）也非常愉快”

（1）关联演化的路径与结构。在“产业—生态”关联演化过程中，市场以公司的关系链或价值链（包括信息、产品、服务、传播等）为主要载体，跨越公司的“身份边界”参与外部治理。市场跨界治理的路径为“取向模式→行动组合→约定”，公司的响应路径则为“识别→行动→承诺”。由于公司将涉及政府环保目标清单的生产环节进行了外包，因此治理结构主要表现为基于市场的单边治理。身份边界的调整属性需要市场与企业沟通、协商、达成一致才能实现闭环治理，因此治理结构表现出“单边—双向”特征。“单边—双向”的治理结构不易产生目标冲突，但可能因为协商时间过长、沟通成本过高出现“市场失灵”现象。

（2）关联演化实现闭环的机制。市场是否参与到“产业—生态”关联演化过程中的纠偏，取决于参与公司环保治理的核心是否能形成介入治理的取向模式。市场形成介入治理的取向模式可能是基于自身利益（如藏品购买者希望产品能够增值保值），也可能是基于公民责任感。取向模式一旦内化（即社会化机制），由此形成的紧张与焦虑就会引导或制约市场主体的市场行为。为了降低或消除自身的紧张与焦虑，市场会通过关系链实施社会控制行为（如要求经销商提供染料的来源证明）以达成自身的角色取向目标。因此，市场是通过社会系统规范的运行机制（“社会化+社会控制”）参与公司环保的外部治理的。

社会化与社会控制过程为公司构建强势顾客品牌资产属性（差异化、关联、尊重与知识）奠定了基础（菲利普·科特勒等，2017），使公司获得了满意的品牌溢价空间。因此市场治理虽然不具有强制性，但为了增加顾客品牌资产这一市场目标，公司会迅速通过“识别→行动→承诺”过程进行响应，响应的过程也是公司“寻利”的过程。因此市场主导模式达成治理闭环的机制为“（市场）社会系统规范+（企业）寻利”。公司王经理阐述了相关观点：

“（市场）迫使我们改进工艺，才达到现在的环保标准。虽然是被迫接受的，但是我们非常感谢市场提出的高要求，现在我们将这些（环保治理措施）作为企业的最基本活动了……目前口碑算是出来了，基本是供不应求。”

（3）市场主导下关联演化的结果及特征。通过染料筛选、工艺流程优化、业务外包等手段，公司环保指标远高于国家标准，治理效果降低了市场的紧张感。由于市场主体众多，市场主导的治理指向性不强、达成协议时间较长，可能导致出现“市场失灵”现象。但优点是一旦将环保治理理念内化为品牌“承诺”，企业的机会主义行为会更少，治理绩效较政府主导模式更稳定。

三、混合治理模式下的关联演化模式

布达拉文旅主要从事旅游开发与管理，严格的环保政策对公司的营收及利润造成了较大影响。政府在强化企业环保跨界治理的同时，也给予了公司相机性租金补贴，以用于购买环保设备、恢复生态环境以及进行景区农牧民补偿等。公司开发的景区的环保治理也备受市场关注——游客不仅通过自媒体、政府热线等渠道表达他们对景区环保治理的关切，也会身体力行地参与景区环保治理（如环保知识宣讲、制止破坏生态的行为等）。因此公司同时面临政府、市场两个主体的混合治理。从治理路径、治理机制来看，混合治理与一个主体主导的治理有类同之处，但也有差异，其主要特征如下：

（1）关联演化的路径与结构。在政府、市场均强势介入的“产业—生态”关联演化过程中，政府遵从“任务—契约→监督—反馈→惩罚—激励”的跨界治理路径，缺乏互动，特征为“单向”；市场则遵循“取向模式→行动组合→约定”的跨界治理路径，强调互动，特征为“双向”。因此治理结构整体表现为

“双边—混合（单向+双向）”。从企业角度来看，这种“双边—混合”的治理结构存在治理主体协同不足、目标背离等缺陷，希望政府能够强化与市场的互动，实现“政府—市场”的协同治理。企业诉求的本质是希望政府与市场的治理能够在企业的市场目标上达成一致。公司刘总阐释了他对混合治理的观点：

“按照政府提出的治理原则，景区环保治理应该由我们负责……但是要平衡好环境保护和经济发展之间的关系，不能‘一刀切’。比如，在景区修建厕所、游步道、休憩设施，这都是以环保的目的出发、以游客满意为宗旨的修建，但好多时候受制于环境保护政策难以实现……游客参与治理的方式主要是发现问题，政府更注重预防和处置，应该将政府和游客结合起来，形成系统的预防与治理体系。”

（2）关联演化实现闭环的机制。公司针对不同的治理主体给出不同的响应机制，从而形成与单主体相同的闭环机制：对政府，闭环机制表现为“（政府）合法性规制+（企业）相机性寻租”；对市场，闭环机制表现为“（市场）社会系统规范+（企业）寻利”。市场与政府虽然没有在实践中达成协同治理，但二者均会在一定程度上考虑对方的述求，并愿意成为对方的跨界载体，实现环保治理目标。

（3）混合治理下关联演化的结果与特征。在“产业—生态”关联演化过程中，从主体来看，混合治理与单主体主导治理的绩效结果、特征类同。区别主要在于：如果政府能够与市场在企业的市场目标上达成协同，企业接受跨界治理的意愿越高，治理绩效的稳定性就越强，即存在帕累托改进空间。公司负责人表达了相关观点：

“虽然环境保护在带动（企业）经济发展的方面还不是很明显，但游客满意度、领导重视度就足以显示我们在环境保护方面所做的努力。”

四、模型建构

本章选取高争水泥等 3 家企业展开案例研究，并采用类比逻辑构建了“跨界视角下企业环保外部治理理论模型”（见图 6-3）。基于混合治理模式的研究结论检验了基于政府主导和市场主导模式结论的可靠性，说明研究具有较强的信效度。

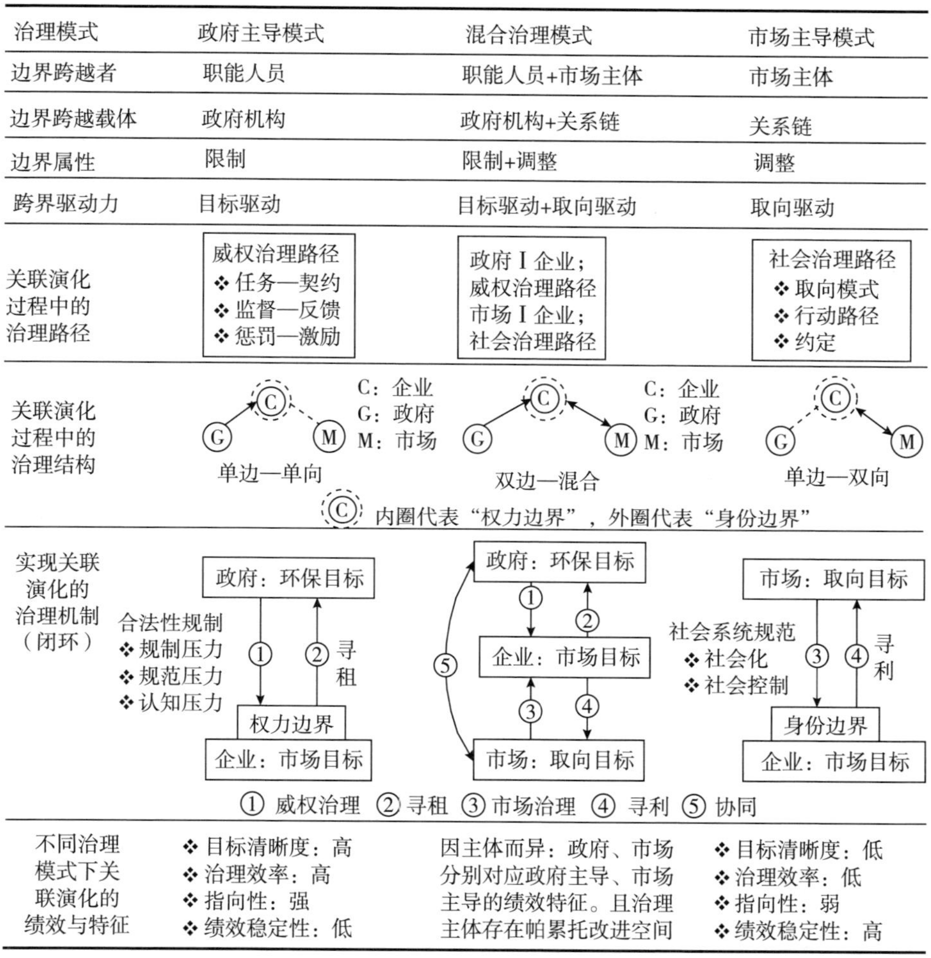

图 6-3 跨界视角下企业环保外部治理理论模型

第五节 研究结论与政策建议

一、主要结论

通过对企业的深度访谈，使用案例研究方法，对不同主体介入治理模式下

“产业—生态”关联演化的路径、机制、驱动力以及耦合绩效进行分析。研究发现，一是在经济学视角的产业系统中，企业主体是逐利的，不能保障“产业—生态”的耦合演化；二是只有政府介入而缺乏市场参与的产业生态学视角的产业系统也不能保障“产业—生态”的耦合演化。具体而言：

（1）在关联演化过程中，跨界治理的驱动力因主体而异。政府治理目标驱动下，驱动力来源于上级给定的目标压力，政府职能人员作为跨界人员，并以政府机构作为跨界媒介，以法规为基础采取治理行动，行动清晰而具体。市场治理则是取向驱动，驱动力来源于动机、价值观等形成的取向模式，目的是捍卫自身的市场利益或公民权益。跨界人员为市场主体，组织结构松散性较强，实现跨界的载体为关系链。取向模式的多元性以及关系链上主体利益的复杂性，导致市场治理行为表现出松散、复杂、多元等特征。

（2）关联演化的权力边界是公权力与企业权力的对话，核心属性是限制。身份边界是公民权益与企业利益的对话，核心属性是调整。

（3）在政府主导模式下，关联演化的路径为：政府治理的路径为“制定‘任务—契约’→实施‘监督—反馈’→强化‘惩罚—激励’”，企业的响应为“回应→执行→博弈”。在市场主导模式下，市场跨界治理的路径为“取向模式→行动组合→约定”；企业的响应路径则为“识别→行动→承诺”。在混合治理模式下，治理路径是上述两种的融合。

（4）从实现关联演化的闭环机制来看，政府主导的闭环的机制为“（政府）合法性规制+（企业）相机性寻租”，相机性租金可以弥补“单边—单向”治理结构导致的目标不相容问题，使公司与政府通过“博弈”实现达成“产业—生态”的阶段性动态平衡。市场主导模式达成治理闭环的机制为“（市场）社会系统规范+（企业）寻利”。混合治理模式下，公司针对不同的治理主体给出不同的响应机制，从而形成与单主体相同的闭环机制。市场与政府虽然没有在实践中达成协同治理，但二者均会在一定程度上考虑对方的诉求，并愿意成为对方的跨界载体，实现环保治理目标。

（5）从耦合演化度来看，政府主导的治理容易产生产业生态学视角的产业系统，导致产业发展与生态水平的负向关联。政府治理以合法性规制为基础，强制性要求企业开放权力边界实现单向压力型治理。这种治理模式本质上属于威权治理，单向特征会导致企业竞争优势与政府环保治理目标不相容，企业只有在获取满意的相机性租金后才能实现稳定的闭环。这种情况容易产生产业生态学视角的产业系统，通过单纯追求生态总量的改善忽视或侵害产业主体的利益。而市场主导的治理更容易形成经济与生态协同的产业系统，即市场治理有助于促进产业发展与生态水平的耦合演化。市场治理以社会系统规范为基础，在企业开放身份边界后与企业实现双向互动型治理，其本质是社会治理。由于企业可以通过品牌溢价等实现治理成本的外化，因此企业通过寻利机制实现治理闭环（见图 6-4）。

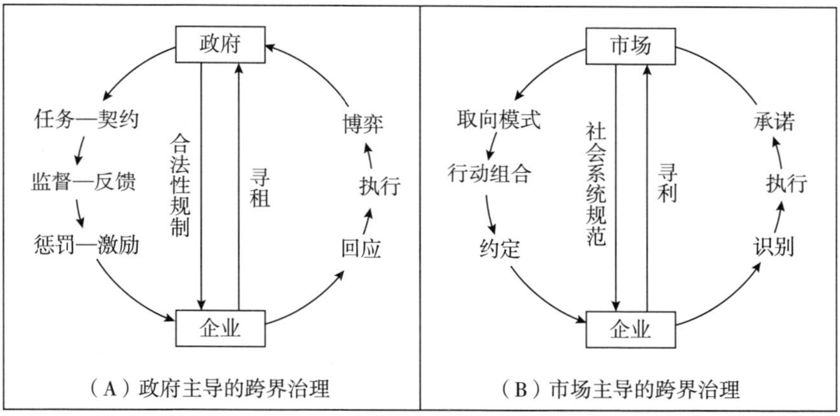

图 6-4 关联演化中政府、市场实现闭环治理的机制与路径比较

（6）从治理绩效来看，在关联演化过程中，不同治理模式对企业经营绩效的影响差异较大。政府治理要求企业在限定时间内达成治理目标，如果相机性租金的杠杆效应不明显，治理目标将会与企业的竞争优势目标不相容，企业将面临较大的生存压力，这种治理模式具有稳定性差、易反弹等特点。市场治理是一个双方互动协商的过程，企业会依据自身能力确定目标达成时间，并将治理成本外化为品牌溢价，最终实现市场与企业的双赢，这种治理模式具有内化性好、稳定性强等特点。因此，在“产业—生态”关联演化过程中，市场主导的治理强调互动协商以及双赢结局，从长期来看，市场主导的治理更有助于提升企业经营绩效，混合治理主体可以协同到企业的“市场目标”上实现治理绩效的帕累托改善。

二、政策建议

（1）充分认识关联演化过程中边界有效性，避免边界失灵导致的负向关联。市场基于身份边界参与治理，身份边界的核心属性是调整，不具有强制性。市场无法寻找到跨界载体、市场取向组合不能形成（如顾客只对产品价格等因素敏感）、调整时间过长等，均会导致"身份边界失灵"（即"市场失灵"），也就是产业发展与生态水平不能实现协同，也就是产业与生态发生负向关联——一方的发展以牺牲另一方的利益为代价。政府基于权力边界实施治理，身份边界的核心属性是"控制"。如果政府的目标清单不清晰，或者因为政府认知不足、企业机会主义行为等原因导致目标清单失效，均会产生权力边界失灵（即"政府失灵"），也会导致产业与生态保护的负向关联。这说明，选择政府主导、市场主导还是混合治理，需要充分考虑治理边界的有效性，否则容易产生边界失灵现象。

（2）强化治理主体协同，将"压力之手"转化为"帮扶之手"，促进"产业—生态"的耦合演化。政府的压力型治理具有启动快、达成目标时间短等优点，但对企业利益的关注度不够，容易演变为"破坏之手"，导致产业发展与生态水平的负向关联，即：一是导致企业竞争优势丧失甚至大量中小型企业破产；二是导致治理手段减效甚至失效。市场治理受"取向模式"复杂性、无序性及主体松散性、知识局限性等因素影响，具有启动慢、效率低等缺点，但不影响企业竞争优势、容易被企业内化，可以与政府治理形成互补。因此，政府应主动打破"边界隔离"，寻找治理绩效的帕累托改善：通过将治理目标与企业的市场利益相结合，将治理手段与企业价值创造相结合，协助企业围绕"绿色生产"进行工艺改造、技术升级、流程优化等，将"压力之手"转化为"帮扶之手"，实现外部治理与企业内部治理的统一。

三、理论贡献与研究局限

通过对3家企业的外部治理展开研究，并围绕政府、市场两个主体建立跨界治理模型，以期为进一步完善企业环保的多元治理提供文献支持。可能的理论贡献主要体现在三个方面：第一，"边界失灵"是治理模式失灵的根源。第二，与其他文献不同，研究了政府、市场对企业进行外部治理的具体路径与机制，并探讨了路径、机制与绩效之间的关系。第三，市场、政府、企业在环保治理的内在驱动力不同，实现闭环治理的路径、机制也存在差异，但是多元主体可以统一到“市场价值创造”这一核心关联点上，实现企业外部治理与内部治理的统一。

研究缺陷：第一，没有从企业性质、企业规模、品牌声誉对跨界治理的调节效应方面展开研究。第二，从企业视角厘清了政府、市场进行外部治理的路径、机制，但是强化对政府、市场的调研将是进一步研究的重点，特别是在如何强化二者协同治理的路径与机制上。

第七章　西藏新环保政策对“产业—生态”关联演化的冲击效应分析

第一节　前言

在较长时间内，西藏的“产业—生态”关联演化的核心是围绕经济学视角的产业系统展开的。经济学视角的产业系统围绕经济增长这一核心目标展开，不考虑或不重点考虑资源消耗、环境污染的产业系统带来的资源过度消耗导致的生态水平下降问题，也不考虑生态水平下降制约经济的可持续发展问题。上述问题在已有文献研究中获得了证实。已有文献研究发现，随着经济的跨越式发展，西藏的生态水平受到了较大扰动：2004~2010 年西藏的生态水平一直处于预警状态；2009 年国务院颁发《西藏生态安全屏障保护与建设规划（2008－2030）》后，西藏被纳入生态环境重点治理区域，生态水平逐渐回升到较为安全的水平，但依然面临严峻压力（杜青龙等，2015）。

如何保障西藏“产业—生态”实现耦合演化，同样备受我国中央高层的高度关注。2015 年 8 月中央第六次西藏工作座谈会上，习近平总书记作出了重要讲话。西藏既要发展经济，实现“富民兴藏，要把增进各族群众福祉作为兴藏的基本出发点和落脚点，紧紧围绕民族团结和民生改善推动经济发展、促进社会全面进步，让各族群众更好共享改革发展成果”，也要实施环境治理，“坚守生态红线，共同保护碧水蓝天”。

为了落实第六次西藏工作落实座谈会精神，推进西藏经济、社会的可持续发展，西藏自治区政府于2016年推出了新环保政策。新环保政策积极贯彻了“生态保护第一”的指导思想，强调区域生态治理以严守西藏生态环境保护的底线、红线。政策内容主要包括以生态保护补偿政策为主体的环境规制政策以及以“命令+控制”为特征的环保行政命令，包括（部分）：积极推动落实全区水生态保护补偿机制，全面实施“大气、水、土壤”三大污染防治行动计划；印发《2016年全区重点行业环境保护专项执法检查工作方案》，对水泥、城镇污水处理厂等重点行业开展专项执法检查；严禁“三高”项目进入西藏（西藏自治区环境保护厅，2018）；严格执行矿产资源自治区政府“一支笔”审批制度、环境保护“一票否决”制度等（廖卫华和刘玉璟，2016）。

为了检验西藏自治区政府2016年推出的新环保政策对“产业—生态”关联演化的冲击效应，以习近平同志提出的既要“确保各族人民物质文化生活水平不断提高”，又要“确保生态环境良好，加大对青藏高原空气污染源的控制和治理”这两个具体目标为检验对象，运用政策分析法（包括双重差分法及合成分析法）就西藏新环保政策对“产业—生态”关联演化的冲击效应展开研究，以期为西藏进一步落实习近平同志“加强民族团结、建设美丽西藏”重要嘱托提供文献支持。

第二节 文献综述

一、生态保护补偿政策对生态质量的影响

2005年，Wunder对诸多生态保护补偿概念进行修正后，将生态保护补偿定义为：一种生态系统服务使用者和生态系统服务提供者之间的自愿交易……是一种有条件的付费。生态保护补偿有多种类型，如果按照时空维度划分，生态保护补偿可以分为代内补偿和代际补偿（时间维度）、国内补偿和国家间补偿（空间维度）。为了获得最大化补偿效益，于是产生了对生态保护补偿机制的研究。生

态保护补偿机制的核心是解决资源环境领域的外部性问题，包括两大基本思路：市场补偿机制和政府补偿机制（柳荻等，2018）。市场补偿与政府补偿两种机制谁更有效，已有文献得出了矛盾的结论：Pagiola 和 Platais（2006）等认为，市场补偿比政府补偿更有效率，与 Engel 等（2008）的研究成果相矛盾。矛盾的结论说明治理机制的设计与选择可能存在诸多调节变量，如 Borner 等（2017）认为，情景变量（如政治环境、制度、供应成本的异质性等）以及确定环境和社会经济产出的方案设计（如支付类型和水平、补偿目标等）均会影响补偿机制的作用效率。国际上，政府补偿与市场补偿是两种常用的机制，但是在中国的生态保护补偿实践中，政府补偿是当前最主要的形式，因为这种方式比较容易启动（刘丽，2010），且效率更高（柳荻等，2018）。

二、行政规制对生态质量的影响

以生态保护补偿政策为主体的环境规制政策与以"命令+控制"为特征的环保行政命令常常是同步运行的，因此环保政策在实践表现为"法规+命令+控制"。而"命令控制型"的行政手段（如对高污染高排放行业直接实施"关、停、并、转、迁"）在所有政策手段中使用比率最高，达到 61.44%（高歌，2019）。规制政策与行政命令各有优长，在相同的经济增长目标下，"命令控制型"的行政命令对环境质量改善的效应明显优于生态保护补偿（王林辉等，2020）；但以行政命令为核心的环保政策，在效果上可能存在短期性如为了保障 APEC 会议、G20 会议顺利进行而使用的各种以行政命令为核心的环保政策所出现的"APEC 蓝""G20 蓝"存在短期效应（李小胜和束云霞，2020）。另外，单一的以行政命令为主导的环保政策虽然可以快速改善环境质量，但却可能会以牺牲短期经济产出为代价（王林辉等，2020）。

三、经济增长与生态质量的相容发展

高阳等（2011）对我国省区生态经济系统进行分析后发现，尽管我国人均生态足迹不断增长，但由于生态承载力的增长快于生态足迹的增长，因而生态盈余也在不断增长，即产业发展与生态水平在时间维度上表现出耦合演化特征。大量的关于区域产业发展与生态水平的关联分析文献也证实了上述结论，即产业发展与生态水平在时间维度上存在显著的关联性，如胡晓芬等（2017）对甘肃生态时空格局的演化研究及曹娣和周霞（2017）对山东产业结构与水质的关联研究。因此，只要有恰当的环保政策组合，实现产业发展、经济增长与环境质量的相容发展是可行的（王林辉等，2020）；而如果环保政策目标单一，如只考虑经济发展或行业利益，则容易发生政策脱轨（仇泸毅和何凌云，2020），相容性发展则难以实现。

第三节 研究设计与计量模型

一、研究设计

研究基于“生态保护第一”指导思想的西藏新环保政策对“产业—生态”关联演化的冲击效应。具体而言，就是看西藏经济在不断高速增长的同时，新环保政策对空气污染物的减排效应，因此研究在本质上属于“政策研究”范畴。政策研究领域比较流行的方法是双重差分法，但是该方法存在诸多缺陷。从实验设计角度来看，政策研究属于自然实验，数据属于观察数据，双重差分法无法解决控制组非随机选择带来的内生性问题。基于 Neyman-Rubin 反事实框架（即寻找干预组在原因不存在情况下会发生的潜在结果或事件状态）的倾向值分析可以克服双重差分模型的缺陷，被大量用于政策效应评价中，且效果良好（郭申阳和马克·W. 弗雷泽，2012）。但具体到研究中，由于所采用的数据结构属于面板数据结构，进行倾向值匹配时地区与年份的交互会产生较强的匹配误差，所以并不适宜。而基于非参估计的合成控制法，则能够有效解决研究所面临的问题，有效检验新环保政策与空气污染物减排之间的因果效应（苏治和胡迪，2015）。在实际研究时，同时采用双重差分模型加合成分析模型，目的有三：一是将双重差分模型作为合成分析模型的参照分析结果；二是合成分析法有可能存在无法合成的情况；三是双重差分模型可以提供协变量对被解释变量方差变异的贡献，弥补合成分析法在这方面的不足。

二、计量模型

(一)基于双重差分法的计量模型

双重差分法(Difference-in-Differences, DID)常常被用来进行政策效应评价。在总评价样本中,设某样本地区进行了政策变革,称其为处理组;没有实施政策变革的样本地区则为控制变量。令变量 Treat 刻画处理组与控制组的差异;若 Treat=1,分析样本属于处理组,若 Treat=0,分析样本属于控制组。令变量 Date 刻画试验期前后的差异(即使没有政策变革,也存在时间趋势),若 Date=1,表示已经实施了政策变革;若 Date=0,表示尚未进行政策变革。则只有交互项 Treat×Date 才能真正度量处理组的政策效应。设政策影响的结果变量为 y,则有(陈强,2014):

$$y_{it}=\alpha_0+\alpha_1 Treat_i\times Date_t+\alpha_2 Treat_i+\gamma Date_t+\varepsilon_{it}(i=1,\ \cdots,\ n;\ t=1,\ \cdots,\ m)$$

选取中国 31 个省份(除港澳台地区外)为研究样本,西藏在 t_0 时期(2016 年)基于中央第六次西藏工作座谈会进行了环境政策的变革,设 2016 年前某个地区的工业废气物排放量为 Y_{0it},2016 年及以后工业废气物排放量为 Y_{1it},则政策效应为(刘友金和曾小明,2018):

$$\bar{\pi}=y_{1it}-y_{0it}$$

其中,y_{0it} 代表不存在政策干预情况下的潜在结果或状态,称之为"反事实"。对于西藏(处理组)而言,反事实就是处于控制状态,但在真实数据中观测不到(即它是一个缺失值,除非回到 2016 年停止政策变革)。对于其他地区而言,反事实则是处于干预状态,但是同样观测不到。

令 w_{it} 表示地区 i 在 t 期的环境政策干预状态(郭申阳和马克·W. 弗雷泽,2012),即:

$$w_{it}=Treat_i\times Date_t$$

则有:

$$y_{it}=w_{it}y_{1it}+(1-w_{it})y_{i0t}=y_{i0t}+\bar{\pi}\ w_{it}$$

如前文所述,2016 年后西藏没有实施政策干预的观测值是观测不到的,在评价时是用 E(y_0 | w=0)作为替代。依据反事实模型的定义,将平均干预效应值进行分解后证明这一替代是有效的,即:

$\overline{\pi}=E(y_{1t}|w=1)-E(y_{0t}|w=0)$

（二）基于合成分析法的计量模型

Abadi 和 Gardeazabal（2003）在分析巴斯克地区冲突对经济的影响时，提出了合成分析方法（Synthetic Control Methods，SCM）。2007 年，Abadi 等又以合成分析法分析了加州控烟政策对加州个人香烟销量的影响。由于可以有效克服以往实证方法在选择控制对象时可能出现的样本选择偏误和政策内生性问题，该方法目前已经被我国学者广泛应用于单样本的环境政策效应分析中，如郝枫等（2020）对江苏污水处理差别定价政策对地表水质的影响的评估、陆贤伟（2017）对低碳试点政策实施对碳排放量的影响的评估等（陆贤伟，2017）。

合成分析法的基本思想是，虽然无法找到与西藏相匹配的最佳控制地区，但可以通过对其余省市的线性组合，构造一个相似度高的“合成西藏”，并将“真实西藏”与“合成西藏”进行对比。由此可以看出，合成分析法选择线性组合的最优权重是基于数据驱动的，这可以减少控制单元的自由裁量权（Abadi & Gardeazabal，2003）。其基本原理如下（Abadie et al.，2007）：

假设有 J+1 个地区，其中，J 个地区是潜在控制地区，第一个地区是受到干预的地区，Y_{it}^{N} 为 i 地区 t 时间的观测结果。设 D_{it} 表示 i 地区在 $t>T_0$ 时期进行了政策干预，则有：

$$Y_{it}=Y_{it}^{N}+\alpha_{it}D_{it}$$

因为 Y_{1t}^{i} 是可以观察的，因此估算政策效应 α_{1t} 需要估算 Y_{1t}^{N}，假设其由如下因子模型给定：

$$Y_{it}^{N}=\delta_t+\theta_t Z_i+\lambda_t u_i+\varepsilon_{it}$$

如果控制组的权重为：

$$W=(w_2,\ \cdots,\ w_{j+1})'$$

由此权重构成的合成观测值为：

$$\sum_{j=2}^{J+1} w_j Y_{jt} = \delta_t + \theta_t \sum_{j=2}^{J+1} w_j Z_j + \lambda_t \sum_{j=2}^{J+1} w_j \mu_j + \sum_{j=2}^{J+1} w_j \varepsilon_{ij}$$

如果能够得到一个合适的权重（w_2^*，…，w_{j+1}^*）′，满足如下两个条件：

$$\sum_{2}^{J+1} w_j^* Y_j^K = \overline{Y}_1^K,\quad \sum_{2}^{J+1} w_j^* Z_j = Z_1$$

便可以得到政策效应的估计值：

$$\bar{\alpha}_{1t} = Y_{1t} - \sum_{2}^{J+1} w_j^* Y_{jt}$$

其中，$t \in \{T_0+1, \cdots, T\}$。

第四节　实证检验

一、样本选择与数据来源

分析中央第六次西藏工作座谈会后西藏新的环保政策对空气质量的影响效应，分析样本包括中国 31 个省份（除港澳台地区外），其中，西藏为处理组，其余 30 个样本为控制组。

数据全部来源于“国家统计局”官方网站。依据主要变量数据可获得情况，利用废气中主要污染物排放量的显著性减少表征空气污染物减排效果，其中，废气中主要污染物包括二氧化硫（SO_2）、氮氧化物（NO）以及烟（粉）尘（Dust）。由于西藏 2011 年后才有氮氧化物与烟（粉）尘排放量统计值，因此分析数据的时间周期为 2011~2017 年。

二、变量描述性统计

西藏经济总量小，对应的废气主要污染物排放量远低于参照地区。为了便于比较，本章取单位 GDP 排放量（吨/亿元）的对数值（$Ln(y_i/GDP)$，$i=1, 2, 3$；取对数的另一个目的是对变量进行线性化处理）进行分析。图 7-1 为西藏单位 GDP 排放量对数值后的时间序列。图 7-1 显示，2017 年，三类废气污染物在单位 GDP 上的排放量有一个掉头向下的减排趋势；政策实施的基期（2016 年，图中垂直虚线处）则没有明显的减排趋势。表 7-1 为处理组、控制组变量在不同阶段（T1 为 2011~2015 年，T2 为 2016~2017 年）三类主要废气排放物在单位 GDP 上的排放均值分布情况。从表 7-1 来看，西藏 2016 年后二氧化硫的排放量均值有所减少，氮氧化物、烟（粉）尘则有所增加；控制组 2016 年后二氧化硫的排放量均值有所增加，氮氧化物、烟（粉）尘基本持平。

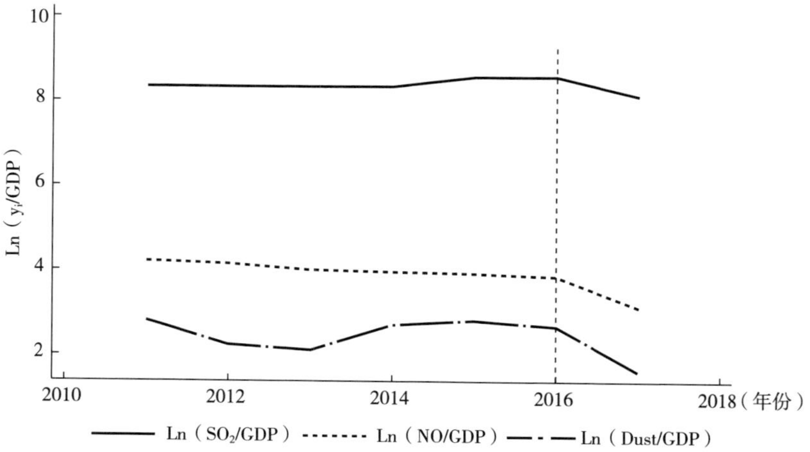

图 7-1　西藏单位 GDP 主要废气物排放（Ln（y_i/GDP））

表 7-1　西藏与控制组主要废气物排放量均值

排放物	西藏		参照地区	
	T1	T2	T1	T2
二氧化硫：Ln（y_1/GDP）	12.967	11.912	12.847	12.935
氮氧化物：Ln（y_2/GDP）	3.648	4.049	3.424	3.413
烟（粉）尘：Ln（y_2/GDP）	2.362	2.537	2.885	2.887

三、新环保政策对生态水平的冲击效应分析

（一）基于“DID 模型”的模型建构

依据双重差分建模思想，建立如下政策效应分析模型：

$$y_{it}=\alpha_0+\alpha_1 Treat_i\times Date_t+\alpha_2 Treat_i+\gamma Date_t+cov(x_{it}^j)+\varepsilon_{it}$$

其中，y_i 分别为二氧化硫排放量、氮氧化物排放量及烟（粉）尘排放量，因此共包括 3 个分析模型。由于西藏属经济欠发达地区，为了排除经济总量对政策效应的影响，本章取单位 GDP 污染物排放量的对数值作为分析因变量（取对数值是为了线性化变量）。依据双重差分的思想，政策效应采用 $Treat_i$（i=1，处理组；i=0，控制组）与实验期虚拟变量 D_t（t=1，实验期；t=0，控制期）的交互项 $Treat_i\times Date_t$（交互项值=1，表示变量属于处理组的实验期）来度量。由于 $Treat_i\times Date_t$ 已经包括了政策变量、与政府环境治理相关的行为变量，故将这两个变量排除在模型外。协变量主要引入状态变量，包括经济、人口、产业结构、能源消费、被解释变量的滞后项等。由于西藏碳等能源消费数据缺乏，因此只能用电力消费数据替代。引入模型的协变量包括被解释变量的滞后一期项（L. Y）、第三产业占比（RGDP3）、常住人口数量（People）、经济增长率（Growth）以及能源消费（Power）。

确立政策期（T_0）为 2016 年。由于政策期后（$Date \geq T_0 = 2016$）只有两期数据，为了平衡数据分布、弱化时间效应等混淆变量对政策效应的影响，新环保政策实施前（$Date<T_0$）进入模型的数据也只包括了 2014 年、2015 年两期数据。当包含 2016 年数据时，政策效应并不明显。由图 7-1 可知，主要原因可能是政策效应具有滞后性。因此最后确立的回归模型不包括 2016 年的数据。为了保障结果的稳健性，回归时采用自助法（bootstrap）抽取 1000 个样本。

分别以二氧化硫、氮氧化物以及烟（粉）尘在单位 GDP 上的排放量为因变量的三个 DID 分析模型的回归结果，如表 7-2 所示。由表 7-2 可知，代表政策效应的交互项（Treated×Date）均在 1%的统计水平上显著，三类主要污染物在单位 GDP 上的排放量在 2017 年明显被显著抑制，即西藏 2016 年开始的基于“生态保护第一”的新环保政策对主要废气物排放量减排效应具有政策滞后性。从 Date 的回归系数来看，2017 年 31 个省份在单位 GDP 上二氧化硫、烟（粉）尘的排放量较 2014 年、2015 年均显著降低，但氮氧化物没有显著变化。从 Treat 的系数来看，西藏单位 GDP 的氮氧化物和烟（粉）尘排放量相较于参照组（其余 30 个省份）明显要高，但是二氧化硫则没有显著差异。

表 7-2 环境政策对废气污染物排放的冲击效应（DID 模型）

变量	模型 1	模型 2	模型 3
	Ln（SO_2/GDP）	Ln（NO/GDP）	Ln（Dust/GDP）
效应值			
Treat×Date	-0.367*** (0.0928)	-0.678*** (0.0310)	-1.121*** (0.173)
Date	-0.192*** (0.0342)	-0.0502 (0.0332)	-0.290*** (0.0516)
Treat	0.143 (0.116)	0.188*** (0.0566)	0.416** (0.173)

续表

变量	模型 1	模型 2	模型 3
	Ln（SO_2/GDP）	Ln（NO/GDP）	Ln（Dust/GDP）
协变量			
L. Y	0.992*** (0.0145)	0.929*** (0.0415)	0.877*** (0.0462)
RGDP3	-0.386 (0.255)	-0.0566 (0.248)	-1.131*** (0.392)
Ln（People）	0.0860** (0.0431)	-0.0168 (0.0419)	0.0787 (0.0787)
Ln（Growth）	6.00e-06 (0.00434)	-0.00556 (0.00358)	-0.0161** (0.00746)
Ln（Power）	0.0221 (0.0204)	0.0181 (0.0352)	0.118** (0.0571)
常数	0.419** (0.209)	1.227*** (0.339)	1.707*** (0.331)
校正后的 R^2	0.990	0.979	0.962
观测值	93	93	93

注：数据包括 2014 年、2015 年、2017 年；*、**、*** 分别表示 10%、5%、1%的显著性水平。

从协变量对主要废气物排放量的影响来看，污染物排放具有明显的惯性，头一年的排放量（L. Y）明显正向影响第二年的排放量；较高的第三产业比重（RGDP3）、较高的经济增长率（Ln（Growth））能够明显抑制单位 GDP 的烟（粉）尘排放量，但是对二氧化硫、氮氧化物排放量无显著影响。常住人口数量（Ln（People））主要对单位 GDP 的二氧化硫排放量具有明显的正向影响，对氮氧化物、烟（粉）尘排放量则没有显著的影响。较高的电力消费（Ln（Power））主要正向影响烟（粉）尘单位 GDP 的排放量，对二氧化硫、氮氧化物的影响则不显著。

环境政策既包括生态保护补偿政策，也包括其他规制政策与行政命令。西藏经济相对欠发达，因此生态保护补偿主要是政府行为。表 7-3 通过加入协变量“投资工业污染投资（Ln（invest））”来分离生态保护补偿政策，剩余的政策效应主要代表其他规制政策以及行政命令的效应。将表 7-2 与表 7-3 的效应值进行 T 检验发现，二者不存在统计学意义上的差别，因此可以认为，2014~2017 年，西藏生态保护补偿政策对废气污染物减排没有显著的作用，这与第五章的实证研究结论基本匹配（即：第一，生态保护补偿与产业发展的融合水平不够。作为产业结构调整来讲，其发展方向及发展模式等均受到地方政府在生态保护的规制性法律法规制约。第二，基于生态保护补偿的“产业—生态”的耦合演化的动力机制尚未有效形成，难点在于如何在企业利润与生态保护补偿之间寻求平衡）。

表 7-3 强制性规制政策对废气污染物排放物的冲击效应（DID 模型）

变量	模型 1 Ln（SO_2/GDP）	模型 2 Ln（NO/GDP）	模型 3 Ln（Dust/GDP）
效应值			
Treat×Date	−0.308*** (0.0915)	−0.668*** (0.0448)	−1.054*** (0.186)
Date	−0.187*** (0.0299)	−0.0509 (0.0344)	−0.293*** (0.0527)
Treat	0.0714 (0.112)	0.176** (0.0704)	0.330* (0.195)
效应值差值 T 检验[a]			
P 值	0.5255	0.8182	0.7177

注：效应值差值 T 检验是将表 7-2、表 7-3 的 Treat×Date 系数进行 T 检验。

（二）基于合成法的新环保政策效应分析

1. 政策效应检验

双重差分模型要求处理组与控制组在 2016 年前是可比的，这种配对具有较强的主观性，因为西藏地域辽阔、人口稀少、经济发展水平相对较低。这导致西藏与控制组进行比较时，双重差分要求的可比性可能并不存在，从而导致政策效应的评估出现较为严重的内生性偏差。因此，将继续选择合成分析法分析西藏新环保政策对空气污染物的减排效果，以期通过数据驱动而不是主观判断决定权重得到更为客观的结果判断。

分析数据为分省年度面板数据（id 为 31 个省份，因为合成法需要更多的时间数据，所以在二氧化硫排放时间中增加了 2010 年）。合成分析时氮氧化物排放量在 T_0 之前难以找到有效的合成地区，因此研究对象只包括了二氧化硫排放量和烟（粉）尘排放量。由于西藏的 Ln（SO_2/GDP）与控制组差距太大，难以有效合成，实际进入的合成被解释变量为 Ln（SO_2）/GDP。与 DID 不同，合成分析不存在政策变量（Treat×Datet），因此本章的预测变量既选取了被解释变量的滞后项、常住人口、第三产业占比、经济增长率、人均 GDP 等状态变量，同时还包括政策的外显变量——工业污染投资（Ln（invest））。最终进入合成的预测变量及其在“真实西藏”与“合成西藏”中的平衡值，如表 7-4 所示。表 7-5 为入选“合成西藏”的地区及其权重，合成二氧化硫排放量的地区包括广西、北京、贵州及黑龙江，其中，广西的权重最大（55.3%），其次是北京（36.8%），二者占了总权重的 92.1%；合成烟（粉）尘排放量的地区只有黑龙江与北京两个地区，其中，黑龙江的权重最大（63.5%）。

表 7-4　预测变量在“真实西藏”与“合成西藏”中的平衡值

变量	Ln（SO_2）/GDP		Ln（烟（粉）尘/GDP）	
	“真实西藏”	“合成西藏”	“真实西藏”	“合成西藏”
状态变量				
L. Y	0. 00034	0. 00034	2. 55867	2. 44197
Ln（dlxf）	-3. 2196	-2. 6772	-3. 22056	-3. 04580
RGDP3	0. 53299	0. 53220	0. 53176	0. 52996
Ln（pGDP）	—	—	10. 2614	11. 0536
Ln（People）	—	—	-1. 04252	-1. 84117
与政策相关的行为变量				
Ln（invest）	5. 1604	4. 29392	5. 1604	3. 61073

表 7-5　“合成西藏”的地区构成及权重

二氧化硫排放量（Ln（SO_2）GDP）	合成城市	北京	黑龙江	广西	贵州
	权重	0. 368	0. 028	0. 553	0. 05
烟（粉）尘排放量（Ln（烟（粉）尘/GDP））	合成城市	北京	黑龙江	—	—
	权重	0. 365	0. 635	—	—

“真实西藏”与“合成西藏”2010~2017年在单位GDP上的二氧化硫及烟（粉）尘（缺失2010年数值）排放量如图7-2所示。图中垂直虚线与x轴的交点表示新环保政策确立的年份。图7-2（A）显示在垂直虚线左侧，“真实西藏”与“合成西藏”在单位GDP上二氧化硫排放量非常接近；但是在虚线右侧，“真实西藏”的排放量与“合成西藏”的排放量则出现了明显的差异，二者的差异正是新环保政策的政策效应。图7-3（A）垂直虚线右侧便是新环保政策带来的具体政策效果，可以看出，政策效应具有1年期的滞后性：相较于“合成西藏”，“真实西藏”在单位GDP上的二氧化硫排放量在2017年才出现了明显的下降。图7-2（B）显示单位GDP上的烟（粉）尘排放量在新政策实施前（垂直虚线左侧），“真实西藏”与“合成西藏”的拟合不如二氧化硫好，但二者也基本呈现出缠绕状态，即“合成西藏”较好地模拟了“真实西藏”在单位GDP上的烟（粉）尘排放量。图7-2（B）虚线右侧显示，“真实西藏”在2017年单位GDP上的烟（粉）尘排放量的下降速度明显快于“合成西藏”。图7-3（B）垂直虚线右侧便是政策效应带来的具体效果，同样可以看出，相较于“合成西藏”，2017年“真实西藏”单位GDP上的烟（粉）尘排放量出现了显著的下降。

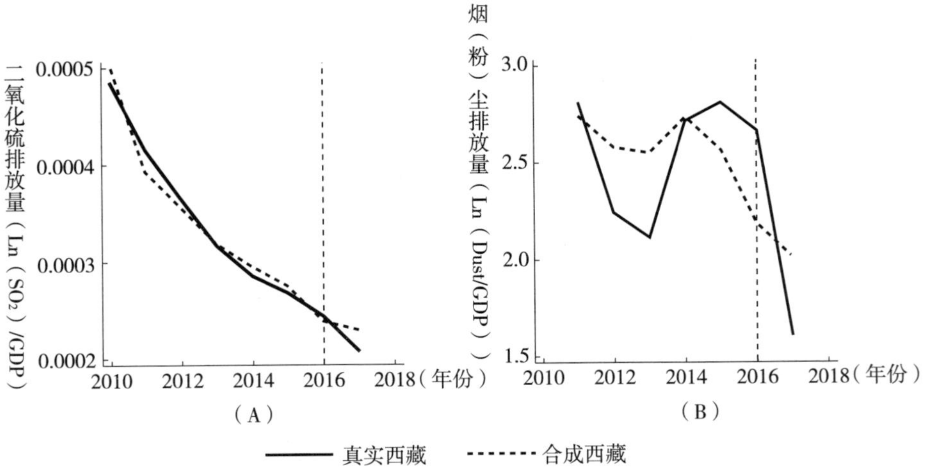

图7-2 “真实西藏”及“合成西藏”主要废气污染物排放量

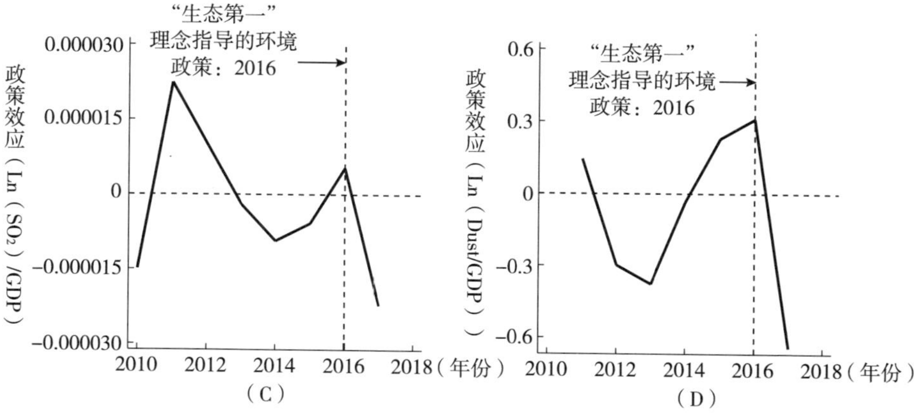

图 7-3　新环保政策对西藏主要废气污染物排放量的影响效应

2. 稳健性检验

上文分析了新环保政策对西藏废气污染物的影响效应，为了检验上述效应的确来源于新环保政策而不是其他因素，需要进行稳健性检验。稳健性检验的基本思想是：在 31 个省份随机抽取一个地区，假设其在 2016 年实施新环保政策，便会得到该地区与其合成地区的差值，如果差值真的来源于政策效应，那么该地区的差值要明显高于其他城市。从图 7-4 可以看出，无论是二氧化硫还是烟（粉）尘，西藏的政策效应均表现非常突出，2017 年相较于其他地区有明显的下降。因此可以认为，基于“生态保护第一”指导思想的新环境政策的确显著降低了二氧化硫和烟（粉）尘排放量在单位 GDP 上的排放量。

四、新环保政策对经济发展的冲击效应分析

构建以经济发展水平为因变量的双重差分模型如下：

$$Y_{it}=\alpha_0+\alpha_1 Treat_i \times Date_t+\alpha_2 Treat_i+\gamma Date_t+cov(x_{it}^j)+\varepsilon_{it}$$

为了全面分析环保政策的冲击效应，Y_i 既包括经济总量绝对值（GDP，地区生产总值），也包括产业结构（第二、第三产业比重），因此共包括 3 个分析模型。

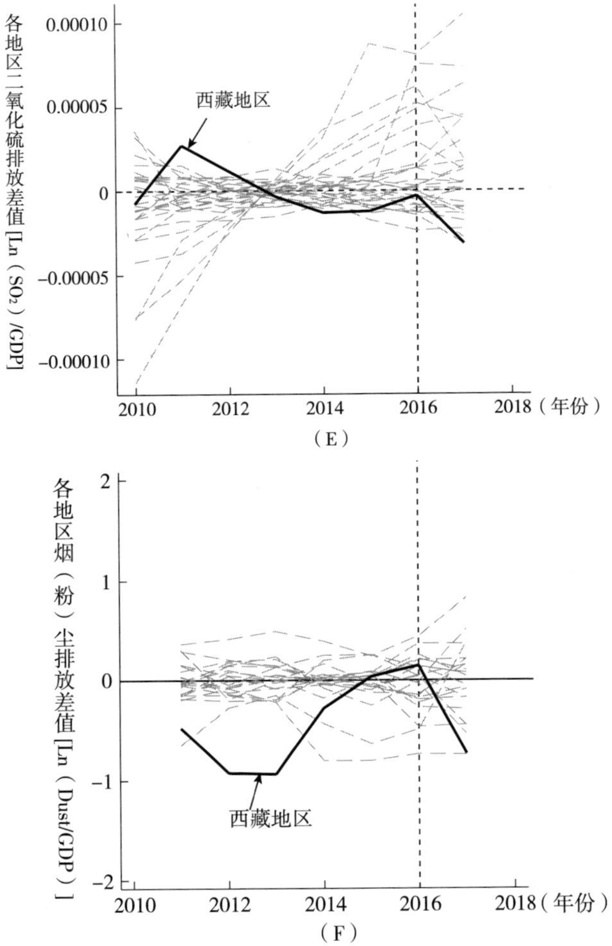

图 7-4　西藏与其余地区主要废气排放差值分布

依据双重差分的思想，政策效应采用 $Treat_i$（i=1，处理组；i=0，控制组）与实验期虚拟变量 D_t（t=1，实验期；t=0，控制期）的交互项 $Treat_i \times Date_t$（交互项值=1，表示变量属于处理组的实验期）来度量。同样，由于 $Treat_i \times Date_t$ 已经包括了环保政策变量、与政府环境治理相关的行为变量，故将这两个变量排除在模型外。协变量主要人口、能源消费、被解释变量的滞后项等。与上一部分生态水平的冲击效应一致，确立政策期（T_0）为 2016 年。为了平衡数据分布、弱化时间效应等混淆变量对政策效应的影响，新环保政策实施前（$Date<T_0$）进入模型的数据也只包括了 2014 年、2015 年两期数据。为了保障结果的稳健性，回归时采用自助法（bootstrap）抽取 1000 个样本。

分析结果显示（见表 7-6），在新环保政策实施后，西藏的经济总量与控制组地区的经济总量的差值有所扩大，但这种扩大并不具有统计学意义（差值 1=-1.50E+04；差值 2=2.00E+04；双重差分值=-5.00E+03，T=0.5，P=0.618），即可以认为，新环保政策没有对经济整体发展造成不利影响。

表 7-6　环境政策对经济发展的冲击效应（DID 模型）

	模型 1			模型 2			模型 3		
	GDP			第二产业比重			第三产业比重		
	系数	T	P	系数	T	P	系数	T	P
实施政策前									
控制组：其他地区	1.60E+04			0.484			0.395		
实验组：西藏	762.868			0.351			0.537		
差值 2：实验组—控制组	-1.50E+04	-3.08	0.002***	-0.133	-4.73	0.000***	0.142	7.31	0.000***
实施政策后									
控制组：其他地区	2.20E+04			0.422			0.468		
实验组：西藏	1231.165			0.382			0.521		
差值 2：实验组—控制组	-2.00E+04	2.35	0.020**	-0.039	0.81	0.421	0.052	1.56	0.121
Diff-in-Diff（双重差分）	-5.00E+03	0.5	0.618	0.094	1.67	0.097*	-0.090	2.31	0.022**
R^2	0.1			0.21			0.42		
实施政策前样本									
控制组	144								
实验组	6								
实施政策后样本									
控制组	48								
实验组	2								

注：*、**、***分别表示 10%、5%、1%的显著性水平。

但从产业结构上看，新环保政策对经济的影响是显著的，主要表现在第三产业的比重上。政策实施前，西藏第三产业的比重比控制组要高 14.2%；政策实施后，西藏第三产业的比重与控制组的差值缩小到 5.2%，双重差分值 = 9%（t = 2.31，P = 0.022），即新环保政策明显抑制了第三产业的发展速度。从第二产业来看，政策实施前，西藏第二产业的比重比控制组要低 13.3%；政策实施后，西藏第二产业的比重与控制组的差值缩小到 3.9%，双重差分值 = 9.4%（t = 1.67，P = 0.097>0.05），即新环保政策抑制了第三产业的发展后，比重主要转移到第二产业上。

图 7-5 显示，不考虑与对照组，单独看西藏，也可以看到 2016 年实施新环保政策后，第三产业的比重明显下滑，而第二产业比重有一个明显上升的过程。

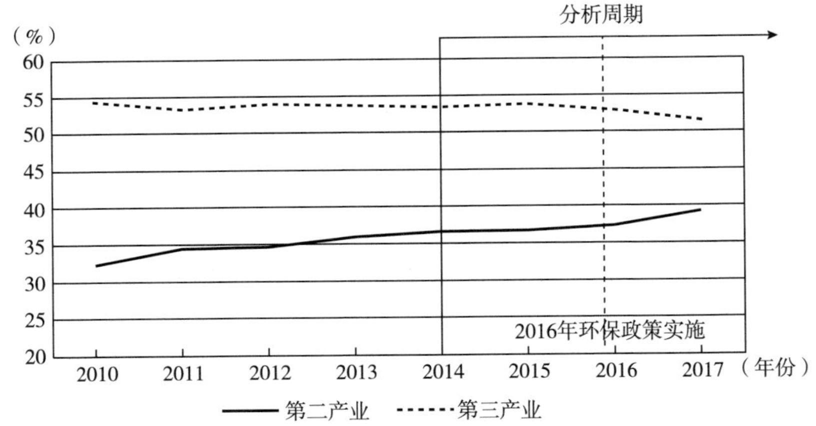

图 7-5　新环保政策实施前后第二、第三产业比重对比

上述分析结论与前文基于哈肯模型的西藏“产业—生态”的关联演化分析结论相吻合：西藏产业结构调整和生态系统的势函数图形能够揭示二者的协同演化机制，该势函数会随着状态变量 λ_1、λ_2 和控制变量 a、b 变动而变动，二者系统由原来的稳定向不稳定状态发展。产业结构系统是产业结构调整—生态保护系统的有序参量，是影响二者系统协同演化发展的主导因素，决定了整个系统演化的进程及方向，产业结构调整子系统和生态保护子系统二者呈现出相互影响、相得益彰的效应。

第五节　研究结论与政策建议

一、主要结论

（一）新环保有效抑制了污染物的排放

通过双重差分法与合成分析法检验了基于“生态保护第一”指导思想的西藏新环境政策对“产业—生态”的冲击效应。双重差分法的分析结果认为，西藏的新环保政策显著抑制了三类主要废气污染物（二氧化硫、氮氧化物以及烟（粉）尘）在单位 GDP 上的排放量。合成分析法确认了西藏新环保政策对二氧化硫和烟（粉）尘在单位 GDP 上的排放量具有明显的抑制作用，但是对氮氧化物排放的作用无法确认。另外，上述两种研究方法均确认了政策效应具有一年的滞后性。因此，通过综合评判后认为，习近平总书记在中央西藏第六次座谈会上的讲话已经在西藏初步得到较好的落实。

（二）新环保政策对经济总量无明显影响，但对产业结构影响较大

在新环保政策实施后，西藏的经济总量与控制组地区的经济总量的差值有所扩大，但这种扩大并不具有统计学意义，即可以认为，新环保政策没有对经济整体发展造成显著不利影响。但从产业结构上看，第三产业的比重与控制组的差距明显缩小，即新环保政策明显抑制了第三产业的发展速度，且第三产业降低的比重转移到第二产业的增长上。

（三）新环保政策对“产业—生态”关联演化的冲击效应

从分析来看，新环保政策对污染物的排放有明显的抑制作用；但对经济增长而言，虽然没有阻碍，却也没有助推作用，即新环保政策对西藏“产业—生态”关联演化具有一定正向效果。但从经济的内部结构来看，第三产业的比重明显降低。其原因是新环保政策主要采用规制政策，基于市场主导的生态保护补偿政策应用较少，这大幅度增加了企业的生产成本（参见第六章）。由于第三产业企业规模小，应对外部变化的能力相对不足，从而导致增长率大幅度降低。因此，从总体来看，新环保政策对“产业—生态”关联演化的冲击效应总体偏正向，显

著减少了污染物排放，且对经济没有明显的负面影响。

(四) 市场化生态保护补偿缺位是导致“产业—生态”耗散演化的主要原因

2016年的新环保政策，也主要是基于“法规+命令+控制”的“命令控制型”行政手段，对高污染高排放行业直接实施“关、停、并、转、迁”等政策，市场化的生态保护补偿政策在产业发展与生态耦合的关系中没有发挥应有的效应。同时我们也发现，“命令控制型”的行政命令对环境质量在短期内的确有改善效应，但在效果上可能存在短期性，更重要的是没有市场化生态保护补偿作补充的以行政命令为主导的环保政策可能会对经济发展造成较大的扰动，这非常不利于经济的稳定发展。这种局面不能得到有效改善，将是未来西藏“产业—生态”出现耗散演化的主要原因。

二、政策建议

总体来看，新环保政策对“产业—生态”关联演化的冲击效应总体偏正向，显著减少了污染物排放，且对经济没有明显的负面影响。为了强化经济发展与生态保护的协同效应，实现更积极的“产业—生态”关联演化，我们认为，西藏的环保政策在如下方面亟待进一步加强：

第一，继续强化积极的环保政策，但是要注意多种政策的配合使用。分析结论显示，体现“生态保护第一”的积极环保政策的确对主要污染物排放有明显的抑制作用，但是目前西藏的环境治理手段主要依靠相对单一的具有“命令控制”特征的政策规制与行政命令。“命令控制型”的规制政策与行政命令虽然可以快速改善环境质量，但效果可能难以持久，容易出现政策“脱轨”的现象。因此，在未来的环保政策中，西藏要注意强化生态保护补偿政策在环境治理中的应用，设计具有多重主体而不是单一政府主体的生态保护补偿体系框架，探索多元化补偿机制促进产业与生态水平耦合演化。

第二，环保治理必须将顶层设计与全社会参与治理结合起来。目前西藏的环保政策已经引起了中央高层的注意，并提出了“生态保护第一”的指导思想。但是在具体实施过程中，需要积极借助多方力量形成共同治理格局。2015年，国家启动了全国环保系统技术援藏，这是外部主动参与形成的多方治理。西藏要发挥自身的内部积极性，主动借助多方主体强化空气污染的治理，并强化政府主体与非政府主体之间资源与力量的融合；主动利用现代传媒技术（如抖音、西瓜视频、微博等）的优势，积极发动网络意见领袖的影响作用，号召全社会的组织与个体投入到西藏的环境保护中，形成一种自下而上的舆论导向。

第三，积极探讨环保政策与产业政策之间在环境保护上的融合，实现环保与经济增长的相容发展，即既要贯彻“生态保护第一”的思想，也要贯彻“确保各族人民物质文化生活水平不断提高”的要求。分析过程显示，较高第三产业比重、较高的经济增长率能够明显抑制单位 GDP 上的烟（粉）尘排放量，这说明环保政策与产业政策之间可以实现协调。通过梳理环保政策与产业发展耦合演化的条件、积极探讨实现西藏环保政策与产业政策之间的相容性发现，只有环保政策与产业政策实现相容，生态水平才不会出现反复，同时也才会更有利于环保政策的贯彻与落实。

第八章　生态文明建设及其对“产业—生态”耦合的影响：基于社会结构的视角

第一节　引言

在研究中，我们常常把“环境保护”与“生态保护”混为一谈。环境保护更多地涉及人与自然的关系，而生态保护则在环境保护基础上嵌入了社会关系、价值观与社会感知等内容。生态系统服务价值理论也认为生态系统一般可以分成自然生态系统和社会经济系统两部分，前者包括环境系统和生命系统，后者则包括生产关系系统和生产力系统，经济、生态和社会三个方面构成了复杂多元的生态系统（锁利铭等，2021）。前面章节我们主要研究了经济、生态的关系，本章我们将从行为主体视角出发，基于社会经济系统来观察“产业—生态”协同演化过程中人的主动影响。

将主体行为纳入到“产业—生态”协同演化体系中进行研究具有重要的现实意义，因为“产业—生态”协同演化离不开生态保护补偿，而生态保护补偿作为资源在社会行动者之间的一种转让，是嵌入在社会关系、价值观与社会感知中的（Sommerville et al.，2009）。在第六章我们通过案例研究分析发现，市场参与公司环保治理的核心是能否形成介入治理的“取向模式”。市场形成介入治理的“取向模式”可能是基于自身利益（如产品购买者希望产品能够保值增值），也可能是基于公民责任感。“取向模式”一旦内化（即社会化机制），由此形成的紧张与焦虑就会引导或制约市场主体的市场行为。为了降低或消除自身的紧张与焦虑，市场会通过关系链实施“社会控制”行为（如要求经销商提供染料的来源证明）以达成自身的角色“取向”目标。因此，市场是通过社会系统规范的运行机制（“社会化+社会控制”）来参与公司环保的外部治理的。我国的环保研究者早已经关注到人的主体活动在生态治理与补偿中的重要性，因此在第二次青藏高原综合科学考察研究中，就已经将人类活动作为核心主体展开研究，研究结论为西藏生态文明建设、绿色发展途径提供理论与数据支持。

公民不仅可以作为市场主体参与治理，同时也会通过监督推进“产业—生态”的协同演化。已有文献显示，提升公民参政能力，让公民通过“退出”或“呼吁”两种方式参与环保治理（“退出”即对环保治理失职行为发出警告；“呼吁”则是对政府环境政策提出建议），可以更好地推进区域环保治理的质量与进度。

本部分将在第六章的基础上，围绕农牧业、旅游业开展对农牧民、外地游客的生态文明观念与行为，以及其对“产业—生态”耦合演化影响的研究。

第二节 文献综述

一、社会经济系统

生态系统的经济和生态功能更多体现物化的内容，如维系生命生存与延续的环境系统，维持生命物质的循环系统、生产交换系统；而社会功能则更多表现精神层面的内容，是指生态系统通过旅游、娱乐、文化传承等行为满足人类精神层面的需求（李宁，2018）。

二、生态文明

生态文明具有广义与狭义之分。广义的生态文明囊括社会的方方面面，包括人与自然、人与人、人与社会的和谐，是全方位的和谐，其核心是共同体价值观。狭义的生态文明，则主要强调人与自然的和谐发展（刘静，2011；王雨辰，2020）。

社会主义生态文明是一种新的文明形态，是有机衔接了“绿色化物质形态、制度形态和文化形态”的生态文明（杨英姿，2021）。党的十七大报告正式提出“建设生态文明”要求，即“建设生态文明，基本形成节约能源资源和保护生态环境的产业结构、增长方式、消费模式。循环经济形成较大规模，可再生能源比重显著提升。主要污染物排放得到有效控制，生态环境质量明显改善。生态文明观念在全社会牢固树立”。党的十八大提出“五位一体”总体布局。党的十九大进一步把“建设生态文明”定位为“中华民族永续发展的千年大计”，并将其写入宪法。由此，生态文明建设上升为国家意志，并成为全体人民需要遵循的基本理念。

第三节　研究设计

目前对生态文明的研究存在不同观点，研究主要聚焦于两个维度（王雨辰，2020）：一是从人类社会历史发展的纵向维度展开阐释，即认为人类社会历史必然按照原始文明、农业文明、工业文明和生态文明的顺序发展，从这个维度来看，生态文明是人类超越工业文明的新文明形态。二是从社会结构的角度展开阐释，即把社会结构划分为物质文明、精神文明、政治文明、社会文明和生态文明（彭蕾，2020）。

本章主要从社会学视角展开研究，即基于自然人主体（居民、游客等）视角研究人们的生态文明观，包括生态文明形成的影响因素及其对“产业—生态”的影响。生态文明来源于生产、生活实践中人们选择节约能源资源和保护生态环境的产业结构、增长方式、消费模式的态度与行为。主要研究自然人主体生态理念、生活方式、生产方式以及文化价值观与生态文明的匹配度。自然人主体对第二产业的影响在第六章已经进行了论述，本章不再赘述。本章主要研究自然人主体在农牧业（代表第一产业）、旅游业（代表第三产业）中表现出的生态文明以及其对西藏“产业—生态”耦合演化的影响。

第四节 生态文明研究之农牧业

一、样本与数据来源

我们采用拉萨市农牧区民生发展调查的数据。该调查采用入户调查的方式，获得了 834 户农牧民家庭的家庭情况、生产生活、生态文明等数据。接受调查的 834 个样本构成如下：从性别来看，男性样本要多于女性样本，男性占比 63.79%，女性占比 36.21%；从年龄来看，主要集中在 30 岁以上，占比达 94.72%。具体如表 8-1 所示。

表 8-1 调查样本性别/年龄分布情况

		年龄（岁）			
		29 以下	30~49	50 以上	合计
性别	女（人）	18	144	140	302
	比重（%）	2.16	17.27	16.79	36.21
	男（人）	26	222	284	532
	比重（%）	3.12	26.62	34.05	63.79
合计	频数（人）	44	366	424	834
	频率（%）	5.28	43.88	50.84	100.00

从职业来看，样本主要从事农牧工作。“居住在农牧区但工作却是全日制非农工作”的样本只占 7.80%，从事农牧业相关的“全业务农或放牧”与“兼业务农或放牧”样本的占比为 67.82%。其余样本则包括全职家庭主妇、手工业者等，占比 24.37%。具体如表 8-2 所示。

表 8-2　调查样本职业分布情况

职业	频数（人）	频率（%）	累计频率（%）
全业务农或放牧	504	60.50	60.50
兼业务农或放牧	61	7.32	67.82
全日制工作	65	7.80	75.62
其他(全职家庭主妇/手工业者等)	204	24.37	100.00
合计	834	100.00	—

从民族构成来看，藏民族样本是核心主体。藏民族样本共计 812 人，占比 98.44%；其他少数民族样本共计 13 人，占比 1.56%。

二、基础数据

（一）生活能源使用

从能源使用上看，农牧民正处于新旧交替阶段，目前使用传统非清洁能源的现象依然比较普遍，且略高于使用清洁能源的频率。"经常使用""每天使用"传统非清洁能源（包括煤炭、牛粪、木柴/树枝）的频次占总频次的 45.72%；"经常使用""每天使用"清洁能源（包括天然气/煤气/沼气、电、太阳能/风能）的频次仅占总频次的 38.45%。具体如表 8-3 所示。其中，使用牛粪作为生活能源的频率最高，这说明农牧民受传统生活习惯的影响依然较强。

表 8-3　调查样本生活能源使用情况

能源类型	使用频率	几乎从不使用	很少使用	有时使用	经常使用	每天使用	合计
煤炭	频数	645	67	55	41	26	834
	频率（%）	77.34	8.03	6.59	4.92	3.12	100
牛粪	频数	57	23	76	140	538	834
	频率（%）	6.83	2.76	9.11	16.79	64.51	100
木柴/树枝	频数	245	90	100	131	268	834
	频率（%）	29.38	10.79	11.99	15.71	32.13	100
天然气/煤气/沼气	频数	279	60	132	143	220	834
	频率（%）	33.45	7.19	15.83	17.15	26.38	100
电	频数	183	64	86	125	376	834
	频率（%）	21.94	7.67	10.31	14.99	45.09	100

续表

能源类型	使用频率	几乎从不使用	很少使用	有时使用	经常使用	每天使用	合计
太阳能/风能	频数	559	82	95	51	47	834
	频率（%）	67.03	9.83	11.39	6.12	5.64	100
其他能源	频数	713	61	27	10	23	834
	频率（%）	85.49	7.31	3.24	1.2	2.76	100

（二）生活垃圾处理

在生活垃圾处理方面，当前基本实现了“无害化”处理：“政府提供生活垃圾的收集与集中处理”占比达到86.69%；“就地掩埋”“敞开焚烧”“自家随意处置”等行为依然占所有不规范处理行为的11.65%，其中，“敞开焚烧”方式较为普遍。具体如表8-4所示。

表8-4 调查样本生活垃圾处理情况

处理方式	否		是	
	频数	频率（%）	频数	频率（%）
政府提供生活垃圾的收集与集中处理	111	13.31	723	86.69
就地掩埋	744	89.21	90	10.79
敞开焚烧	718	86.09	116	13.91
自家随意处置	779	93.41	55	6.59
其他	810	97.12	24	2.88

（三）生活污水排放

在生活污水排放方面，调查样本主要使用“自己家自行排放”的方式，占比高达69.31%；而“有污水排放管道系统接入家庭”的样本比重只有22.90%。具体如表8-5所示。

表8-5 调查样本生活污水排放情况

污水排放方式	频数	频率（%）
有污水排放管道系统接入家庭	191	22.90
自己家自行排放	578	69.31

续表

污水排放方式	频数	频率（%）
其他	65	7.79
合计	834	100.00

（四）厕所类型

2015 年，我国推出《全国旅游厕所建设三年行动计划》，西藏也进行了相应的厕所改革。调查显示，调查样本当前主要使用“自家修建的旱厕”，比重高达 75.18%；公共厕所比重相对较少，仅占 1.56%。另外，值得关注的是，目前尚有 14.27%的调查样本处于没有厕所的状态，亟待解决。具体如表 8-6 所示。

表 8-6　调查样本生活污水排放情况

厕所类型	频数	频率（%）
自家修建的旱厕	627	75.18
自家修建的冲水厕所	74	8.87
公共厕所	13	1.56
没有厕所	119	14.27
其他	1	0.12
合计	834	100

（五）生态文明宣传触达率

总体来讲，西藏农村地区生态文明宣传触达率较高，以未外出接受外部信息的农牧民中有 85.75%的人认为他们接受到了与“坚持绿色发展、保护生态环境”相关的环境宣传。分类数据显示，没有接受到生态文明宣传的调查样本主要是生活空间相对封闭的农牧民——88%为从未外出的样本。具体如表 8-7 所示。

表 8-7　绿色发展宣传触达情况

		宣传触达			
		是		否	
		频数	频率（%）	频数	频率（%）
是否外出	是	101	14.25	15	12.00
	否	608	85.75	110	88.00
合计		709	100.00	125	100.00

三、生活方式生态化改善与居民福利满意度

为了促进西藏生态文明建设，基本形成节约能源资源和保护生态环境的产业结构、增长方式与消费模式，改善本地居民的生产、生活方式，中央与西藏地方政府对西藏农牧区的清洁能源、垃圾处理、给排水、厕改等投入了大量的人力、物力，提升了西藏农牧民的生活福利。

以居民生产生活满意度代表居民福利满意度，将其作为因变量；以能源使用、垃圾处理、生活污水排放满意度（问卷未涉及厕所满意度）代表生活方式生态化改善水平，将其作为自变量进行回归分析。其中，满意度采用 5 级测量量表，“1”代表“非常不满意度”，“5”代表“非常满意”。回归结果显示（见表 8-8），能源使用改善对居民生态文明满意度的影响最强烈，也最稳健；居民对垃圾处理的关注度相对小一些，但在 90%的水平上也表现出显著性。在加入“教育”“外出经历”两个控制变量后，居民对生活污水排放变得更敏感，这说明提高受教育水平以及增加外出阅历有助于改善农村居民的生态文明观。

表 8-8 生产生活方式生态化与环境满意度的关系

变量	模型 1	模型 2	模型 3
能源使用改善	0. 1336*** (0. 0436)	0. 1347*** (0. 0440)	0. 1355*** (0. 0440)
垃圾处理改善	0. 0828* (0. 0462)	0. 0782* (0. 0464)	0. 0784* (0. 0464)
污水排放改善	0. 0480 (0. 0338)	0. 0528 (0. 0340)	0. 0561* (0. 0340)
性别		0. 0887 (0. 0592)	0. 0994* (0. 0596)
年龄		-0. 0597 (0. 0504)	-0. 0696 (0. 0509)
职业		-0. 0224 (0. 0297)	-0. 0219 (0. 0297)
婚姻		0. 0806 (0. 1114)	0. 0507 (0. 1132)
民族		0. 1600 (0. 3507)	0. 1446 (0. 3507)

续表

变量	模型 1	模型 2	模型 3
教育			-0.0454 (0.0361)
外出经历			-0.0270 (0.0341)
常数项	2.8958*** (0.2152)	2.8022*** (0.4630)	2.8899*** (0.4670)
观测值	762	761	761
R^2	0.0327	0.0381	0.0412

注：括号内为标准误差；*、**、***分别表示 10%、5%、1%的显著性水平；生态文明满意度存在样本缺失，共计 762 个样本。

四、产业发展与生态文明

按照彭蕾（2020）对生态文明的定义，我们以能源生态化满意度、垃圾处理生态化满意度、生活污水排放生态化满意度的平均值代表生态文明程度；以村、乡镇产业发展状态代表村镇产业发展程度。产业发展采用 5 级量表进行度量，"1" 代表"没什么变化"，"5" 代表"有很大发展"。

回归结果显示（见表 8-9），村及乡镇产业发展能够显著促进区域居民生态文明的改善。这说明即使是在微观层面，产业发展与生态水平也存在耦合性。

表 8-9 产业发展与生态文明

变量	模型 1	模型 2	模型 3
产业发展	0.0424*** (0.0137)	0.0389*** (0.0137)	0.0380*** (0.0137)
性别		-0.0562 (0.0404)	-0.0636 (0.0407)
年龄		-0.0192 (0.0345)	-0.0137 (0.0348)
职业		-0.0293 (0.0203)	-0.0293 (0.0203)
婚姻		-0.1500** (0.0762)	-0.1328* (0.0775)
民族		-0.4493* (0.2386)	-0.4383* (0.2386)

续表

变量	模型 1	模型 2	模型 3
教育			0.0230 (0.0247)
外出经历			0.0254 (0.0233)
常数项	3.8308 *** (0.0500)	4.5882 *** (0.2683)	4.5294 *** (0.2725)
观测值	762	761	761
R^2	0.125	0.288	0.319

注：括号内为标准误差；*、**、*** 分别表示 10%、5%、1%的显著性水平；生态文明满意度存在样本缺失，共计 762 个样本。

五、生态文明对“产业—生态”耦合演化的影响

乡村振兴就是要“让生态美起来、环境靓起来，再现山清水秀、天蓝地绿、村美人和的美丽画卷”（中共中央党史和文献研究院，2019；赵仁青和黄志斌，2022）。因此，乡村振兴其实是“产业—生态”耦合演化的最终表现形式。

发展才是硬道理。乡村振兴作为“产业—生态”耦合演化的表现形式，其核心基础是产业发展。因此，本书认为，居民乡村振兴信心（即认为本地的“产业—生态”能够实现耦合演化）是以产业发展为基础的，但产业发展只有在以生态文明为支撑的情况下，才不会偏离既定轨道，即生态文明中介影响产业发展与“产业—生态”耦合演化的关系。

由此，我们建立以产业发展为自变量、生态文明为中介变量、“产业—生态”耦合演化信心为因变量的中介回归模型。回归结果显示（见表 8-10、图 8-1），生态文明的中介效应成立，即生态文明可以有效解释产业发展与“产业—生态”耦合演化信心之间的关系，解释程度为 4.55%（见表 8-11）。

表 8-10　生态文明中介效应检验

变量	模型 1			模型 2		
	生态文明			耦合演化信心		
	系数	Z 值	P	系数	Z 值	P
生态文明	—	—	—	0.0976 ***	2.77	0.006
产业发展	0.1064 ***	2.98	0.003	0.2170 ***	6.35	0.000

续表

变量	模型 1			模型 2		
	生态文明			耦合演化信心		
	系数	Z 值	P	系数	Z 值	P
性别	-0. 0534	-1. 48	0. 138	0. 0415	1. 18	0. 239
年龄	-0. 0342	-0. 92	0. 355	0. 0101	0. 28	0. 780
教育	0. 0523	1. 42	0. 156	0. 0306	0. 85	0. 397
职业	-0. 0505	-1. 40	0. 162	0. 0006	0. 02	0. 987
_cons	7. 4186	26. 78	0. 000	3. 2842	9. 23	0. 000
R^2	0. 1516			0. 1221		

注：*** 表示 1%的显著性水平。

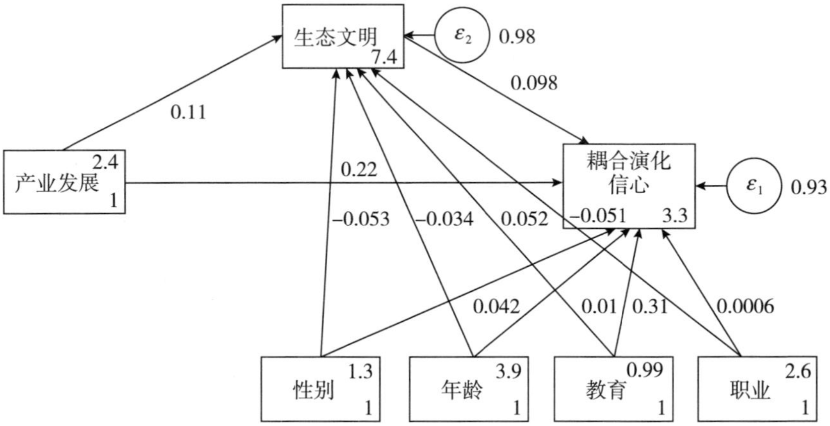

图 8-1　生态文明中介效应值及比重

表 8-11　生态文明中介效应值及比重

效应类别	效应值	中介效应比重
直接效应	0. 1363***	4. 55%
间接效应	0. 0065**	
总效应	0. 1428***	

注：**、*** 分别表示 5%、1%的显著性水平。

第五节 生态文明研究之旅游业

选择旅游业来研究“产业—生态”的协同演化机制与生态文明建设，是因为西藏作为著名的旅游目的地，具有较强的典型性与示范性——2017 年实现接待国际游客 34 万人次，实现国际旅游外汇收入 1.98 亿美元。第三章分析发现，2001 年后，西藏第二产业和第三产业增长迅速，特别是旅游业，给当地生态水平和环境保护带来了较大压力。2000~2012 年，西藏的生态水平处于预警状态，即旅游行业发展与西藏生态水平之间可能存在较强的负向关联，需要我们对旅游产业的主体——旅游者展开进一步分析。我们发现，随着信息技术的不断发展以及公民参政意识越来越强烈，已经有大量案例显示，游客对破坏生态环境、生态文明的负面事件，对政府、企业施加积极的干预，较好地实现了监督作用。

本章采用扎根理论研究方法，以进藏游客网络帖子为研究数据来源，对基于进藏游客建立“产业—生态”协同演化的监督机制进行了研究，以期为政府、企业提供一定的启发，并形成良好的生态文明习惯。

一、文献综述

（一）生态文明体验感知

体验感知是体验主体对事件（如产业对环境的影响）、行为过程等要素的一种主观反应。该主观反应是一个多维度结构，包括主体的认知、情感、行为以及对企业的社会反应等（Brakus et al.，2009；Lemon & Verhoef，2016）。体验作为一种主观反应，需要对体验主体实施刺激后才能诱发，被诱发的体验主体体验常常表现出强弱、正负之分（Brakus et al.，2009）。

体验感知研究起源于 20 世纪 60 年代，Lemon 和 Verhoef（2016）在对已有研究文献进行大量总结后，将体验的研究成果划分为 7 个研究范畴（见表 8-12），并提出应该基于体验旅程的视角去关注体验感知。

表 8-12 文献对体验概念的解读和研究历程

年份	体验的范畴	体验研究的内容
1960~1970	行为过程模型	将体验理解为一个过程
1980	体验满意度	对体验的知觉、态度进行评估和估值
1990	体验质量	体验旅程中体验的情景和要素识别
1990	关系建构	在体验过程中扩大响应范围
2000	CRM	识别体验中哪些具体要素会相互作用并影响营业收入
2000~2010	市场导向	专注于成功设计和管理客户体验，以应对来自跨学科的、组织的挑战
2010	市场参与	识别体验中体验参与者的角色

随着人工智能的发展，传统的以体验主体个人主观反应为核心的体验理论受到了挑战。由此，Hoffman 和 Novak（2018）基于集群理论（Assemblage Theory）提出，主体体验研究不应离开“体验主体—对象”组合，并由此提出了赋能体验和约束体验。

（二）旅游者体验

旅游体验本质上是消费体验。旅游服务由于具有无形性、体验主体参与服务过程、不可储存性等特征，导致游客的旅游体验质量难以衡量（詹姆斯和莫娜，2002），因此激发游客体验的外部要素以及由此产生的体验后行为与一般消费体验存在一定的差异。

已有文献对旅游体验的研究具有不同的视角，包括历史学视角（旅游体验是肤浅的“虚假事件”）、社会学视角（游客对真实性的追求）、心理学视角（一系列特定体验活动）（唐文跃等，2018）。目前的研究重心正逐渐转向对游客身体实践、心理感受的描述及对游客体验要素和机制的全面分析（樊友猛和谢彦君，2017）。

负面体验也正在被学者和旅游从业者所关注，因为负面体验与游客不满意、负面情绪、负面口碑传播等负面态度或行为相关联（崔庆明等，2014；Pavesi et al.，2016；上海市质协用户评价中心，2018）。例如，崔庆明等（2014）发现，游客对西藏旅游的负面体验（如过度商业化和乞讨现象）强化了游客对西藏“原真”的期待以及对“爱心绑架”的不满（崔庆明等，2014）。Pavesi 等（2016）关注了游客负面体验对其后期旅游目的地选择的影响。

总体而言，已有文献对旅游体验的研究主要集中于影响体验的因素以及体验对态度（忠诚度、满意度）的影响，忽略了旅游体验过程的阶段性演化特征（孙小龙，2018），特别缺乏对生态体验的研究。

二、基于扎根理论的模型建构

（一）研究设计

（1）研究方法选择。对于旅游过程中的生态环境体验，已有文献多采用以统计学为基础的定量研究方法，并从研究者自身的研究目的或视角展开研究，忽略了游客在体验过程中或体验后的“真实行为”。扎根理论作为一种聚焦解释性过程的方法，更能揭示游客“在真实领域的行为”（Suddbay，2006），并且有利于针对某一现象建立新的或更新的理论与解释框架。因此采用扎根理论可以更贴近现实地解释旅游过程中生态环境负面体验的发生机制以及游客在负面体验情境下的“真实行为”问题。

扎根理论是一个系统化并具有探索性的研究方法，对其的使用主要包括三个过程（3C 过程）：认知过程（cognitive process）、连续比较（constant comparison）以及编码（coding），其中，核心部分是编码（陈晓萍和沈伟，2019；五多・库卡兹，2017）。

（2）数据采集。运用扎根理论进行分析的数据要求能够捕获特定情境下的复杂社会行动，包括深度访谈、观察、故事、照片、录音等（陈晓萍和沈伟，2019）。为了更真实地阐释游客生态负面体验产生的机制及策略性行为，我们采用自然收集数据的策略，即主要依靠游客在旅游体验后发表的帖子、旅游后对景点生态环境的评价以及对不文明行为反应等形成研究数据，数据来源包括论坛、贴吧、微博、微信公众号、知乎、旅游服务网站等。为了保障时效性，数据采集的时间节点为 2014 年 1 月至 2018 年 12 月，共计 5 年。

（二）理论抽样

本节主要探讨游客负面体验唤醒机制及游客在负面体验情境下的策略性行为，因此理论抽样时只关注结果为负面体验的二手数据。为了更好地实现研究目的、保障游客样本抽取的代表性，理论抽样选取的样本数据尽量涵盖旅游过程中的不同场景/过程、不同地点/旅游景点、不同体验内容和不同事件。

（三）选择性编码

选择性编码的第一步是确定核心范畴。确定核心范畴遵循如下两条主要原则：①在资料中经常出现，且几乎所有的对象都有指涉这个概念的指标；②经由联结范畴形成的解释架构合乎逻辑且具有一致性（Strauss & Carbin，1998）。发现在“环境/事件”负面刺激下（对“生态文明、产业产品、服务过程”的实际感知、西藏的高旅游成本以及对西藏旅游质量的高预期）游客负面体验感的唤醒过程，以及游客为了缓解伴随负面体验感被唤醒时产生的负面情绪和因此而产生的认知失调感所采取的策略性行为，行为的发生与选择受游客归因焦点选择的影响。游客基于策略性行为与归因，形成影响“产业—生态”关联演化方向的行为：“影响”、监督。根据这个故事线，将核心范畴确定为“游客策略性行为对‘产业—生态’关联演化的影响及监督效应”，并在此基础上发展出“游客策略性行为对‘产业—生态’关联演化的影响及监督效应”（见图8-2）。通过对模型中核心范畴与其他范畴的关系进行梳理后发现，该模型与经典的消费者“认知→情感→行为→绩效”理论具有一致性。

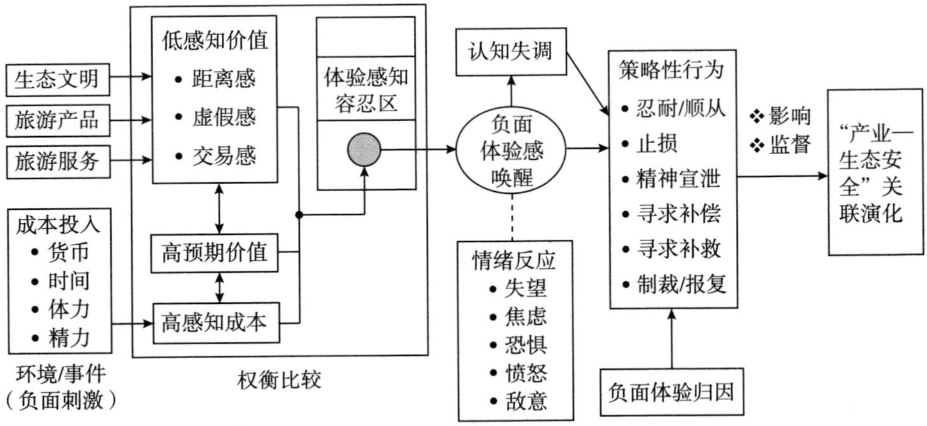

图 8-2　游客策略性行为对“产业—生态”关联演化的影响及监督效应

（四）理论饱和性检验

Strauss 和 Carbin（1998）认为，当核心范畴达到饱和后可以停止抽样。通过对模型与剩余样本进行检验发现：①没有关于核心范畴新资料的出现；②核心范畴不再有新的维度和属性；③范畴之间的关系主要表现为旅游负面体验的唤醒机制及游客负面体验情境下的策略性行为。

三、模型阐释及研究发现

（一）负面刺激因素的形成

低于容忍区阈值的体验质量感知是游客对旅游刺激（环境/事件）进行权衡比较的结果：低体验感知价值—高感知成本、低体验感知价值—高期望价值。其中，低体验感知价值是体验质量低于容忍区阈值的主导因素，在资料中出现的频率最高。导致低体验感知价值较低的原因主要包括三个方面：①生态文明体验产生的距离感。距离感主要源于游客对生态环境、社会生活环境、人文环境不熟悉、不理解而产生的不适应感。②内容产品体验产生的虚假感。游客对西藏旅游产品（生产方式、文化价值、生态理念）的求新、求异期望较高，过度商业化、过度包装、与区外的旅游景点或区内其他旅游景点的区别度不高导致的趋同感，均会让游客产生一种没有实现自己“真实体验意图”的虚假感。③服务过程体验产生的交易感（主要包括“文化价值、精神文明、生态理念”）。服务提供商（包括网络平台、旅游公司、旅游景点、导游等）是以交易为中心而不是以关系（或交互）为中心为游客提供旅游服务，主要表现为：以欺骗、欺诈为核心的机会主义行为，低信息交换、高谈判成本，事前高承诺、事中低执行、事后无补救，自我利益最大化等，这会让游客在接受服务的过程中觉得自己与服务提供商是一种交易关系而不是伙伴关系。距离感、虚假感、交易感既可能在旅游体验中单一发生，也可能同时发生。其中，服务过程交易感发生率最高（占整体百分比的 57.35%），其次是虚假感、距离感，分别占整体百分比的 28.92%和 13.73%（见表 8-13）。我们发现，生态理念贯穿了生态文明、旅游产品以及旅游服务。

表 8-13　负面感知发生频率占比

负面感知	生态文明范畴	出现频次	个案百分比（%）	整体百分比（%）
距离感	生态理念	28	18.30	13.73
虚假感	·生产方式 ·文化价值 ·生态理念	59	38.56	28.92

续表

负面感知	生态文明范畴	出现频次	个案百分比（%）	整体百分比（%）
交易感	·精神文明 ·文化价值 ·生态理念	117	76.47	57.35
合计		204	—	100.00

（二）负面体验唤醒的诱发机制

负面体验是旅游过程中游客的主观反应，研究发现，游客负面体验产生时一般会伴随一种或多种负面情绪，包括失望、焦虑、恐惧、愤怒、敌意等，即情绪不是体验后的结果，而是与体验伴随产生的，是负面体验感被唤醒的标志。负面情绪被唤醒后，游客会在心血管反应、皮肤电反应、呼吸变化、肾上腺素水平等项目上与常态不同（魏平等，1997；王振宏等，2007）。

Lindsey 等认为，人的情绪（体验）唤醒过程是一个内部系统，包括：①外部输入的刺激，如旅游投入、接触到的旅游产品，由实际数据驱动；②由记忆产生的期望（概念驱动，相对模糊，如"天堂一般的西藏"）；③进行权衡比较后激活。负面体验唤醒的机制符合这一流程：游客对外部刺激与期望进行加工比较，当权衡比较的结果低于容忍区阈值的时候，游客会产生一种出乎预料、违背意愿或无力应对的感觉，当这种感觉让游客产生"逃离倾向"时，负面体验感便激活了。

（三）策略性行为具有多维属性

进藏游客在负面体验感被唤醒后，采取的策略性行为可以归纳为 6 个范畴（顺从/忍受、止损、精神宣泄、寻求补偿、寻求服务补救、制裁/报复），并表现出多维属性。从显示性维度来看，可以分为"内隐态度/外显行为"；从时间维度来看，可以表现为"事中行为/事后行为"；从情感结构维度来看，可以分为"情感驱动行为/判断驱动行为"（Weiss & Cropanzano，1996）。游客的策略性行为之所以表现为多维度，与旅游体验的无形性、体验主体必须亲身参与等特征有关。

游客在负面体验发生初期（事件中），其策略性行为更多是由情感驱动的，行为具有短期性、可调解性、可补救性。如果其负面情绪或认知失调在负面体验后较长时间内没有得到缓解，那么游客的策略性行为就会趋向于由判断驱动，稳定性较强（Weiss & Cropanzano，1996）。

（四）认知失调的中介影响与游客归因的调节影响

负面体验感被唤醒后，游客会因为决策认知失调产生不适感。按照尼古拉追求一致性需要动机理论，游客为了缓解不适感，会采取他们自认为“理智”的策略性行为（霍金斯等，2001），因此，认知失调是游客负面体验感与策略性行为的中介变量。

从资料分析来看，游客常常选择组合行为来应对负面体验感的唤醒，但是组合并没有规律可循。但是否采取行动、采取什么样的行动、采取行动的烈度却明显与游客对负面体验归因焦点的选择有关。当归因的焦点在外部（政府、公司、导游等）时，游客采取激烈行为的倾向更强；当归因的焦点在内部（自身）时，游客更倾向于不采取行为或采取低烈度的行为。

（五）对“产业—生态”耦合的影响与监督

游客对“产业—生态”耦合的影响与监督主要表现在如下两个方面：一是因为旅游产品、服务过程低质量导致的对西藏旅游不利的“策略性”行为，使旅游产业形象受损，旅游产业发展与生态保护不能有效耦合；二是游客对旅游过程中发现的不符合主流生态文明的思想、行为的声讨、抵制等监督行为，有利于旅游产业发展与生态保护实现耦合。

第六节　结论讨论与管理建议

一、结论讨论

本章从社会经济系统的视角，探讨了经济主体（农牧民以及旅游业的经营者、中间商、消费者）对“产业—生态”关联演化的影响。研究显示，在微观层面，产业发展与生态水平也存在耦合性。本章研究结论与第六章相似，即微观个体介入生态治理的“取向模式（生态文明观）”可能是基于自身利益，也可能是基于公民责任感。“取向模式”一旦内化（即社会化机制），由此形成的紧张与焦虑就会引导或制约市场主体的市场行为。为了降低或消除自身的紧张与焦虑，市场会通过关系链实施"社会控制"行为以达成自身的角色"取向"目标。因此，农牧民、旅游消费者等自然人主体在生产生活、旅游消费过程中形成的取向，既有个人因素（如农牧民对美好生活的向往、游客的旅游成本以及对西藏旅游的高预期价值），也有恪守生态文明的公民责任感（四个维度：文化价值观、精神文明、生活方式、生态理念）。其中，生态文明的公民责任感是自然人主体维系高质量生态文明的基石。

我们发现，自然人表现出的生态文明，不仅包括人与自然（土地、牧场、景观等）的关系，更包括人与人、人与社会的和谐共生与良性循环，如农牧民与当地经济发展水平的嵌入关系，旅游者与城市界面、城市治理之间的关系，旅游者与中介、导游、餐馆服务人员之间的关系等，只有有效协调好这几种关系，才能实现"产业—生态"的耦合演化，促进西藏经济、社会可持续发展。

二、管理建议

本章运用定量研究与扎根理论方法，从自然人主体视角探讨了生态文明的影响因素以及其对"产业—生态"耦合的影响。依据研究结果，提出如下建议：

第一，给政府生态文明建设的建议。在生态文明建设方面，自治区政府对人与自然的关系比较重视，但是在建构人与人、人与社会的和谐共生与良性循环的生态文明方面，需要进一步加大力度。生态危机的本质并不是人与自然的关系危机，其本质是人与人之间利益关系的危机，如农牧民的邻里关系，游客与中介、中介与平台、游客与居民等之间的关系。因此，自治区政府要彻底贯彻习近平总书记关于"生命共同体"的概念，既要处理好人与自然的关系、处理好人类与自然的共生关系，也要处理好人与人、人与社会的和谐共生关系，并形成系统思维和整体思维，贯彻于生态文明建设实践中。既要建立严格的生态法律法规和生态文明制度，去规范、约束人的实践活动，保证生态保护和生态文明的底线，同时又要强化生态文化和生态道德价值观建设，处理好人与人、人与社会之间的关系，构建社会主义生态治理观。

第二，给乡村生态文明建设的建议。①深入贯彻习近平总书记的相关讲话精神，大力发展产业，以产业带动生态文明的进步。更重要的是要让农牧民嵌入到当地经济发展中去，并能够充分享受发展带来的红利。②进一步加快农牧区生产生活设施的改善，要特别注重给排水、厕改、能源等乡村振兴项目的推进。③加强生态文明的宣贯工作，提升人民建设美丽新西藏的信心。④尽可能创造条件让农牧民走出乡村，到大城市见更多的世面、涨更多的见识，以提升乡村生态文明的内涵。

第三，给旅游业生态文明建设的建议。①西藏在游客的心目中是神圣的、神秘的、与众不同的，对景区的过度商业化包装无疑是一种短视行为，不仅会破坏景区的商业声誉，同时也会对整个西藏旅游形象形成损害。②做好生态文明的宣传工作，加大对违反生态文明行为的惩处力度，形成产业发展与生态水平一体化思想。③着手对旅游大环境质量进行改造和提升，强化基础设施和公共服务投入，增强游客的融入感和角色感。强化对服务提供商的监管，坚决维护旅游市场的公平和公正。④西藏生态脆弱，部分景区由于游客承载量较低，一旦出现过载就会导致游客难以完成旅游体验或需要买高价票。要注意规范收费，严厉打击“黄牛党”对正常市场价格秩序的破坏，切实降低游客的旅游成本。

第九章　促进西藏“产业—生态”耦合演化的多元化生态保护补偿机制研究

第一节　生态保护补偿文献综述

生态保护补偿已经在我国的实践中展示了它的功效：一是可以有效保护生态环境；二是可以平衡国土空间内上下游之间的利益关系；三是可以深入贯彻“五位一体”总体布局（柳荻等，2018）。

2005 年我国出台《中共中央关于制定国民经济和社会发展第十一个五年规划的建议》（以下简称《建议》），标志着我国开始探索生态保护补偿。《建议》对生态补偿提出了“谁开发谁保护、谁受益谁补偿”的原则。2016 年 5 月，国务院办公厅正式出台我国第一个以“生态保护补偿”命名的文件——《关于健全生态保护补偿机制的意见》（由此我国对“生态补偿”的称呼改为“生态保护补偿”）。目前，无论是理论研究还是生态保护实践，生态保护补偿均成为了热点。

一、生态保护补偿的概念

2016 年以前，“生态保护补偿”的概念为“生态补偿”。国内最早的生态（保护）补偿的概念由张诚谦提出，即“所谓生态（保护）补偿就是从利用资源所得到的经济收益中提取一部分资金并以物质或能量的方式归还生态系统，以维持生态系统的物质、能量在输入、输出时的动态平衡”。定义强调生态保护补偿是一种行为，这种行为试图通过物质和能量的补偿来维持生态系统的稳定和平稳，或者将生态保护补偿视为一种减少生态环境损害的经济刺激手段（陆新元等，1994）。

生态保护补偿的研究或实践逐渐开始从行为向制度安排转移（特别是交易成本理论）——生态保护补偿是一种调整相关利益者关系的制度安排，其核心是将外部成本内部化，即社会个体、群体和政府通过付费的方式来维护生态环境功能以获取一定的生态系统服务（中国生态保护补偿机制与政策研究课题组，2007）。基于交易成本的生态补偿的核心是通过对保护（或损害）资源环境的行为进行补偿（或收费），提高该行为的收益（或成本），从而激励保护（或损害）行为的主体增加（或减少）具有外部经济性（或外部不经济性）的行为，达成生态保护的目的（毛显强，2002）。

党的十八大以后，生态文明建设成为中国特色社会主义事业“五位一体”总体布局的内容，生态保护补偿的内容也更加具体化。由于综合考虑了生态成本与生态服务价值，并针对支付或交易方式、生态保护者与受益者的权利与义务，细化了相关制度安排（见图 9-1），因此生态保护补偿的效应也更为明显，特别是在实施主体功能区战略、促进欠发达地区共享改革发展成果，加快建设生态文明、促进人与自然和谐发展等方面尤为显著。

国外的生态保护补偿被称为“Payment for Environmental/Ecosystem Services; PES”，即“环境/生态系统服务付费”（柳荻等，2018）。其中，Wunder（2005）提出的生态保护补偿概念在我国具有较强的影响力，即“生态保护补偿是一种自愿交易制度，制度建立在当且仅当服务提供者能够保障服务的供给时（有条件的）。制度要求明确的生态系统服务或能保障这种服务的资源（土地）利用，并需要建构一个具有系统服务购买者和生态系统服务提供者的系统”。可以看出，Wunder 的定义是基于制度经济学范畴的，反映的是交易成本逻辑。但是基于交易成本理论建构的生态保护补偿概念，具有理论性太强、约束条件太苛刻（如需要明晰的产权、完全信息、完全竞争等约束条件）等问题，在实践中不太容易推广和实施。从生态保护补偿实践来看，大多数生态保护补偿项目也不能严格遵守 Wunder 提出的约束性条件（赵雪雁等，2012）。2015 年，Wunder 对其 2005 年的定义进行了修正：“生态保护补偿是建立在生态系统服务使用者和生态系统服务提供者之间自愿交易的基础上，并基于双方协定的自然资源管理规定，对需要补偿的生态系统服务实施的有条件付费。”

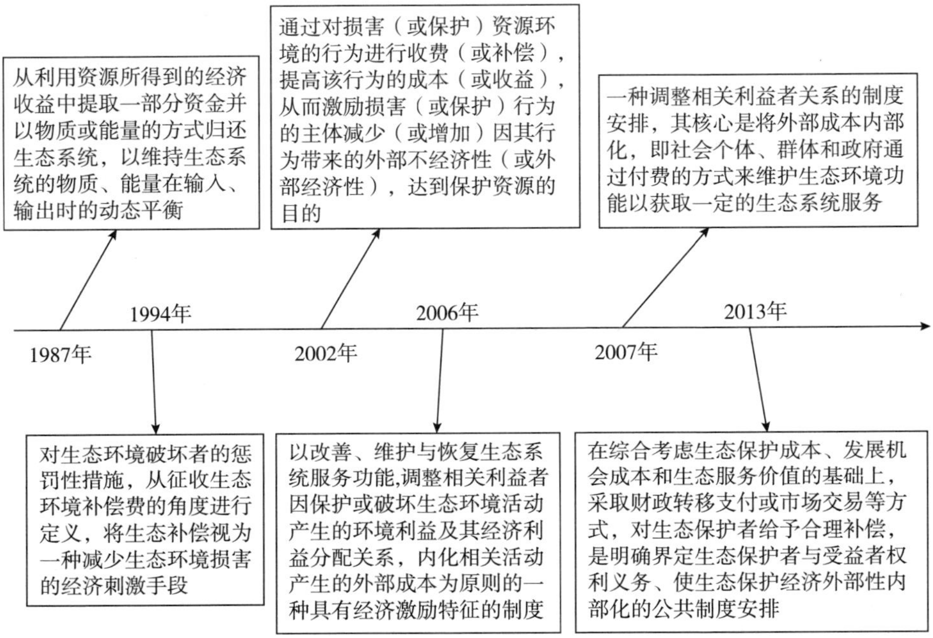

图 9-1　国内生态保护补偿概念的演化

资料来源：由本书参与人员依据相关资料整理。

另外，Sommerville（2009）等诸多国外学者也对生态保护补偿的概念进行了广泛且深入的探讨（见表 9-1）。

表 9-1　国外生态保护补偿概念的演化（2005~2015 年）

作者	主要观点	期刊来源/年份
Sommerville	生态保护补偿是对生态系统服务提供者进行的条件性正向激励，它需要具有额外性和多样性的制度环境才能保障其成功	*Ecology and Society*/2009
Muradian 等	生态保护补偿的内核是资源转移。这种基于社会成员之间的资源转移可以促进土地利用决策更加符合社会利益，并形成与自然资源有效管理利用相关的激励制度	*Ecological Economics*/2010

续表

作者	主要观点	期刊来源/年份
Tacconi	生态保护补偿是一种制度，这种制度具有透明性、自愿性、条件性和额外性特征，可以有效保障生态系统服务提供者获得有条件的付费，从而保障生态系统服务供给的持续性	*Ecological Economics*/2012
Noordwijk 等	生态保护补偿是一种具有现实性、自愿性、条件性和有利于穷人的特征的制度	*Sustainable Sloping Lands and Watershed Management Conference*/2014

观察 Wunder（2015）等学者对生态保护补偿的定义，可以发现有三个共同的核心关键词：条件性、自愿性和额外性，其中，条件性是生态保护补偿的最重要特性。

（1）条件性（conditionality）：是指对生态补偿开展付费的条件。具体而言：①生态系统服务提供者向被服务者提供了生态系统服务；②被服务者采取了特定的土地利用方式；③被服务者认可的自然资源管理规定需要付费。

（2）自愿性（voluntariness）：包含两个层面，一是指生态系统服务的提供者对资源被利用的方式是认可的；二是生态系统服务的被服务者对上述资源被利用的方式愿意支付相应的费用。自愿性是生态保护补偿服务得以有效运转的保障和前提。

（3）额外性（additionality）：即受益者付费原则。生态保护补偿如果缺乏额外性，就会产生机会主义行为，生态保护补偿的管理难度就会大大增加。

国际通用的生态保护补偿概念（或者说“环境/生态系统服务付费”（PES））与我国的生态保护补偿概念的共同点在于生态保护补偿是生态系统价值的货币体现。其差异主要体现在：①补偿环节存在差异。“环境/生态系统服务付费”更多的是指事前自愿交易的行为，而我国的生态保护补偿是指在一定法律法规框架下，对生态环境破坏行为的事后补偿；②行为主体存在差异。“环境/生态系统服务付费”支付者主要是指实际使用者或第三方机构，而生态保护补偿的支付者主要是指环境破坏者（徐素波等，2020）。

以 Wunder 对生态保护补偿的定义作为参照，中国的生态保护补偿概念与国际上的生态保护补偿定义的区别如表 9-2 所示。

表 9-2　国内外生态保护补偿定义的区别

比较内容		国际定义的生态保护补偿（环境/生态系统服务付费）	中国定义的生态保护补偿（生态保护补偿）
视角		生态环节价值被利用所产生的经济收益	对生态环境污染或破坏导致的价值损失
原则		"使用者付费"为主要原则	"破坏者付费"为主要原则
时间尺度		事前预防	"事前预防+事后补偿"
主体		生态系统服务功能价值的受益人	各级政府、企事业单位、个人
客体对象		让渡者、受损者等利益相关群体	财产权所有者或使用者
补偿实施条件	自愿性	环境服务的提供者自愿参与生态补偿项目	生态保护补偿项目一般是政府主导，强调行政化手段，自愿性较弱。如森林生态效益补偿基金、退耕还林工程等
	条件性	生态系统服务提供者向被服务者提供了生态系统服务；被服务者采取了特定的土地利用方式；被服务者认可的自然资源管理规定需要付费	生态保护补偿项目的资金来源主要是财政补贴，这与"自愿性"中的政府主导是一致的，因此很难满足条件性
	额外性	一般遵循"受益者付费"原则	以"污染者付费"原则为主，近年来开始兼顾"受益者付费"原则
	有利于低收入者	一般不要求与减贫相关联	生态保护补偿项目与减贫统筹推进，部分欠发达地区甚至将生态保护补偿作为一种减贫手段（2021 年全面脱贫之前）
理论基础		生态系统理论、生态服务功能价值理论、生态资产理论	环境外部性、公共物品理论
主要手段		交易双方的自愿交易	财政转移支付、法律法规等手段，并综合运用税务等行政手段

资料来源：依据相关资料整理而得。

二、生态保护补偿机制研究

资源和环境领域存在较明显的外部性问题，外部性的后果是市场无效率，既难以实现资源的优化配置，也难以实现资源的最优管理。生态保护补偿主要采取了制度经济学的理论方法，使生态领域的外部性问题内部化。

为了最大化补偿效益，产生了对生态保护补偿机制的研究。生态保护补偿机制的核心是解决资源环境领域的外部性问题，包括两大基本思路：市场补偿机制和政府补偿机制（柳荻等，2018）。

政府补偿机制本质上走的是“庇古税”的理论路线。在生态保护补偿过程中，生态保护补偿相关的利益主体所付出的成本常常低于社会所承担的成本，即出现了所谓负外部性问题。负外部性问题导致用市场补偿机制遏制环境污染会产生偏差，甚至完全失效，需要政府采用税收、补贴、罚款等强制性手段纠正负外部性。虽然1997年哥斯达黎加的市场化生态保护补偿取得了较好的绩效，但实践显示，比较有效的生态保护补偿方式还是纯政府补偿或政府主导的补偿机制，特别是市场化不发达的国家或地区，由于市场化机制不完善，且生态保护补偿还承担改善居民生活状态、增加收入和促进社会平等公平等要素，因而政府主导的生态化补偿占据主导地位（Sattler & Matzdorf，2013）。另外，在生态功能区域建设、区域间横向生态保护补偿、提供具有公共性的生态环境服务方面，政府主导的生态保护补偿机制发挥了更积极的作用。当然，政府补偿机制也存在诸多缺陷，最大的问题是政府在集体购买、监督生态服务上的有效率与激励上的无效率同时并存（王彬彬和李晓燕，2015）。欧洲“农业环境计划”就是一个典型的例子，为了保护农田的生物多样性以及促进农业可持续发展，欧洲制订了生态网络计划，该计划主要采用给农民直接发放现金补贴的方式。然而令人意外的是，大量的经费支出不仅没有让农田生物多样性明显改善，甚至还出现了倒退迹象（Kleijn et al.，2006）。这说明政府既不能像生态服务的受益者那样用货币投票去评估生态服务，也不能像生态服务提供者那样提供优质可行的生态服务方案（王彬彬和李晓燕，2015）。

市场补偿机制本质上走的是科斯的产权界定与交易成本理论路线。环境市场主义者希望找到基于市场的解决方案以解决政府在激励上的无效率等问题。市场补偿机制希望借助制度设置，通过在市场交易中嵌入社会性，兼顾社会对经济公平、不确定性和代理人之间的互动以及权力关系的看法，试图实现兼顾公平和效率（Pascual et al.，2010）。

在市场补偿机制下，生态产品可以像普通商品一样进行交易，通过市场谈判、签订合同、确定付款条件，换取固定形式的生态服务（或排污权）。但问题恰恰出在生态服务（或排污权）的商品化难以解决。目前除了碳交易，大部分生态服务（或排污权）的产权交易仍缺乏公认的内容界定、标准界定、价值界定和效果界定（王彬彬和李晓燕，2015）。

市场治理与政府治理两种机制谁更有效，已有文献得出了矛盾的研究结果。Pagiola、Wunder 等学者认为，市场补偿比政府补偿更有效率，与 Engel 等（2008）等的研究成果相矛盾。矛盾的结论说明治理机制的设计与选择可能存在诸多调节变量，如 Borner 等（2017）认为，情景变量（如政治环境、制度、供应成本的异质性等）以及确定环境和社会经济产出的方案设计（如支付类型和水平、补偿目标等）均会影响补偿机制的效率。通过对经典补偿案例的梳理可以发现，我国大型的生态保护补偿主要包括生态功能区域建设、区域间横向生态保护补偿以及公共性的生态环境服务三大类，补偿模式以政府补偿为主导、市场补偿为补充（见表 9-3）。

表 9-3　我国生态保护补偿实践中的补偿机制选择

项目名称	项目性质	案例介绍	补偿资金来源	补偿机制
新安江流域治水命运共同体	1. 生态功能区域建设 2. 区域间横向生态保护补偿	新安江流域生态保护补偿自 2011 年启动实施，成为我国首个跨省流域生态保护补偿试点	1. 财政转移支付方式：其中，中央出资 20.5 亿元，地方出资 31.6 亿元 2. 市场化方式：采取债权、股权投资等方式，设立新安江绿色发展基金，首期规模 20 亿元	“政府补偿+市场补偿”
福建省重点流域生态保护补偿	1. 生态功能区域建设 2. 区域间横向生态保护补偿	作为全国第二个开展跨省流域生态保护补偿试点的省份，福建省建立了覆盖全省的 12 条主要流域的全流域生态保护补偿长效机制	由省级政府牵头，采取“省里支持一部分、市县集中一部分”的方式筹集补偿资金	政府补偿
西藏自治区隆子县：以补偿护民生底线，守一方净土	公共性的生态环境服务	生态保护补偿内容主要包括：科学选种植被，提升生态系统服务功能；持续提升生态效益，释放“生态保护补偿红利”；衍生发展生态产业，提供更多优质生态产品	国家重点生态功能区财政转移支付与中央财政重点生态功能区转移支付	政府补偿

资料来源：依据生态环境部案例资料整理。

三、生态保护补偿的标准与尺度

在“环境/生态系统服务付费”语境下，生态保护补偿的标准为补偿金额小于生态系统服务支付的金额，即“补偿≤环境服务估价”；而在我国的生态保护补偿语境下，生态保护补偿的标准比较难以界定，所以常常是按照区域、流域、生态要素等来确定补偿金额。

因为国外的生态保护补偿相对容易界定，因此“环境/生态系统服务付费”的标准常常通过建模的方法来确定（张婕等，2017）。如 Johst 等（2002）建立生态经济补偿模型，通过对物种、功能以及生态保护补偿预算的时空安排进行详细设计，为补偿金额的确定提供了理论上的支持；而基于支付意愿调查的条件估值法是“环境/生态系统服务付费”标准评估最有效的方法。James 等（2006）利用支付意愿调查对巴西亚马逊玛瑙斯河流域生态服务功能进行了补偿研究，为了确定公民愿意为家庭普遍供水服务支付多少钱，亚马逊大学环境科学中心对1600 多名居民进行了调查，收集了关于当前用水需求、健康问题、家庭社会经济特征等方面的数据，并根据条件估值（CV）实验来确定居民愿意为改善家庭供水服务支付多少钱。通过四种启发式获得了 1479 个观测值，研究表明，居民的平均支付意愿超过 6.12 美元/月。运用条件估值法等计量模型进行计算，研究者发现，美国俄亥俄州湖县政府发现 57%的公众愿意支付至少 1 美元用于环境恢复项目；Platte 河流居民平均意愿支付 21 美元用来提高生态服务水平（Blsinr et al.，2005；Loomis et al.，2000；Sattout et al.，2007；张婕等，2017）。

中国的生态保护补偿主要依赖财政补贴为主、企业补偿支付为辅的模式，其补偿标准不仅要考虑保护生态环境，同时也要考虑改善民生等，几个生态保护补偿的典型案例，如表 9-4 所示。

表 9-4 我国生态保护补偿的补偿标准

项目名称	案例介绍	补偿(考核)标准	补偿金额	承担主体
新安江流域治水命运共同体	新安江流域生态保护补偿自 2011 年启动实施，成为我国首个跨省流域生态保护补偿试点	以新安江皖浙交界的街口断面作为考核断面，以高锰酸盐指数、氨氮、总磷、总氮为考核指标。补偿标准是动态的，结合治水需要不断完善	截至 2021 年 2 月已实施 3 轮，共安排补偿资金 52.1 亿元	1. 财政转移支付方式。其中，中央出资 20.5 亿元，浙江出资 15 亿元，安徽出资 16.6 亿元 2. 市场化方式。采取债权、股权投资等方式，黄山市政府 2016 年与国开行安徽分行、国开证券、中非信银共同发起设立新安江绿色发展基金，首期规模 20 亿元

续表

项目名称	案例介绍	补偿(考核)标准	补偿金额	承担主体
福建省重点流域生态保护补偿	作为全国第二个开展跨省流域生态保护补偿试点的省份，福建省建立了覆盖全省的12条主要流域的全流域生态保护补偿长效机制	流域生态保护补偿资金按照生态因素来统筹分配，生态要素包括水环境质量、森林生态保护和用水总量控制三类	1. 2017年，11.14亿元 2. 2018年，13.36亿元 3. 2019年，14.75亿元，其中，5000万元统筹用于综合性生态保护补偿试点工作	由省级政府牵头推动，责任共担、稳定增长的补偿资金筹集机制，全省12条主要流域范围内的所有市、县共同承担责任。采取"省里支持一部分、市县集中一部分"的方式筹集补偿资金，按地方财政收入的一定比例和用水量的一定标准每年上解补偿资金，下游地区筹集标准高于上游地区
西藏自治区隆子县：以补偿护民生底线，守一方净土	隆子县地处青藏高原，海拔高、气候寒冷，森林植被缺乏，土地沙化和水土流失严重，生态环境十分脆弱，主要做法包括：科学选种植被，提升生态系统服务功能；持续提升生态效益，释放"生态保护补偿红利"；衍生发展生态产业，提供更多优质生态产品	建立以生态环境质量改善为目标、将生态环境保护结果与保护过程相结合的考核指标体系，加强县域生态环境质量监测、评价与考核工作，实现对县域内重点生态功能区生态环境质量的立体监测和综合评价	1. 每年获得资金600多万元 2. 2020年，获得2518.55万元，用于支持脱贫攻坚、保护生态环境及改善民生等	1. 国家重点生态功能区财政转移支付 2. 中央财政重点生态功能区转移支付（支持"三区三州"脱贫攻坚，收入功能科目列"1100226重点生态功能区转移支付收入"）

资料来源：依据生态环境部案例资料整理。

第二节　西藏"产业—生态"关联演化研究结论总结

通过前文分析，我们发现西藏产业结构与生态保护之间存在相互促进的耦合演化过程，这不仅表现为产业结构调整对生态水平起着重大影响，而且还体现在生态保护反过来对产业结构调整方向及特色产业发展产生具体影响。西藏自治区在“产业—生态”关联演化过程中，积累了许多促进“产业—生态”耦合演化的实践经验，值得进一步推广，但也面临一些亟待解决的问题。

一、西藏在关联演化中取得的主要成效

（一）西藏生态水平经历了“安全—预警—安全”的螺旋形发展阶段

2001年后，西藏第二产业和第三产业快速发展，给当地生态保护和环境保护均带来了较大压力。2000~2012年，西藏的生态水平处于“预警”状态。自党的十八大以来，习近平总书记高度重视生态文明建设，国家先后出台了一系列措施对生态污染进行治理和整治，西藏的生态水平重新回到相对安全的局面，2013年从“一般状态：预警”转变为“安全状态：良好”；中央第六次西藏工作座谈会后，生态水平值有了更大幅度的提升（参见第四章）。因此，总体来看，西藏的生态水平不断提升，生态保护效能大为改观。

（二）生态基线属于“静态基线”，总体干扰较小

自2004年以来，西藏高度重视生态环境保护保护，在发展经济的同时，积极响应国家的号召，时刻将生态保护放到优先地位，通过大力调整产业结构、加大投资力度，针对原始森林和林业资源实施重点保护、减少开垦和退耕还林等具体措施，西藏的生态水平趋于向好态势。尤其是2009年以来，西藏的林地面积、森林面积、森林蓄积量以及湿地面积均在西藏林业厅划分的生态红线以上，而且变动幅度微小，因此西藏生态基线属于“静态基线”。

（三）新环保政策对“产业—生态”关联演化具有一定的正向冲击效应

2016年推出的新环保政策，较好地体现了“生态保护第一”的指导思想。分析结果显示，西藏的新环保政策显著抑制了三类主要废气污染物（二氧化硫、氮氧化物以及烟（粉）尘）在单位GDP上的排放量，较好地落实了习近平总书记在中央西藏第六次座谈会上强调的环境治理目标。

在新环保政策实施后，西藏的经济总量与控制组地区的经济总量的差值有所扩大，但这种差值扩大并不具有统计学意义，即新环保政策没有对经济整体发展造成显著不利影响。新环保政策在有效抑制污染物排放的同时，对产业发展没有带来明显的伤害，这说明新环保政策对“产业—生态”关联演化具有一定的正向冲击效应。

（四）西藏生态保障与产业高质量发展实现有机统一

从宏观层面来看，西藏的"产业—生态"表现出较高水平的正向耦合，具体表现为自党的十八大（2012 年）以来，西藏在产业高速发展的同时，生态水平值却由 2000 年的水平值 0.455（一般状态：预警）上升到"安全状态：良好"区间，并一直稳定在整个区间范围内，充分说明了西藏产业发展与生态水平之间是耦合演化而不是耗散演化。表征地区生态保护与产业高质量发展关联的指标"绿色要素生产率"，也体现了西藏生态保护与产业高质量发展较好地实现了有机统一，党的十八大以来，绿色要素生产率整体拉升效应非常明显，且相较于西部地区省份，西藏的绿色全要素生产率整体偏优。

从产业层面来看，产业发展对西藏的生态水平造成了客观负面影响，特别是第二、第三产业的高速发展，如企业对大气与水的污染、交通运输网络对生物物种的影响等，这些影响均会导致自然环境质量下降。但由于西藏坚持"五位一体"总体布局和"四个全面"战略布局统筹推进，通过产业结构升级与提升污染治理投入，坚持走生态特色工业化道路，不断优化生态保护补偿水平等，基本破解了经济发展与生态保护是"鱼和熊掌"的悖论，实现了二者的有机统一。

从企业层面来看，企业与政府通过政府主导、市场主导、混合治理三种模式致力于生态保护补偿或环境治理，取得了良好的绩效。虽然政府主导、混合治理两种治理模式会给企业的生产成本以及市场竞争力带来一定程度的负面影响，但这也倒逼企业寻求市场治理，从而提升企业经营绩效，实现"生态—产业"发展关系的帕累托改善。

从社会层面来看，随着生态文明观的不断深入，作为经济主体的自然人（如农牧民、旅游业的经营者、中间商、消费者等）在产业发展与生态水平耦合发展中的作用与重要性越来越大。农牧民、旅游消费者等自然人主体在生产生活、旅游消费过程中形成的取向，既有个人因素考虑（如农牧民对美好生活的向往、游客的旅游成本以及对西藏旅游的高预期价值），也有恪守生态文明的公民责任感（基于生态文明的四个维度构成：文化价值观、精神文明、生活方式、生态理念），其中，恪守生态文明的公民责任感不仅是他们个人的生活准则，同时也是一种驱动力来推动他们监督各类组织统筹考虑经济发展与生态保护的关系，从而推进产业发展与生态水平的耦合演化。

二、西藏在关联演化中面临的困境

（一）生态基线超越红线并不高，安全线距离警戒线并不远

尽管目前西藏生态基线属于“静态基线”，多数实际数据均在西藏划定的安全线之上，然而多数数据超过生态红线的幅度并不高。这表明西藏的生态保护面临的形势依然十分严峻，生态环境保护的压力仍然较大：一是西藏生态环境十分脆弱，修复难度大。作为高寒生态的代表，因气候、温度等自然条件的制约，西藏的生态形成及发展历经了上千年时间，其受外力影响十分敏感，近年来随着经济社会快速发展，工业化和城镇化对生态环境造成了一定破坏。此外，受全球气候变暖、西藏经济发展和城镇化等多重因素影响，西藏草地沙化、退化形势十分严峻，草地的防风固沙、水源涵养等服务功能减弱，灾害性天气和雪灾时有发生。这给西藏整体生态水平造成了重大影响，修复所需时日较长，生态文明建设任务十分繁重。二是西藏水土流失严重和地质灾害频繁发生，严重影响生态水平。全球变暖及人类活动的频繁，使西藏上千年的冻土消融加快，水土流失加剧。尤其是近年来随着人口增加和对西藏自然资源开发利用力度的加大，牧民过度放牧、陡坡开垦不断增加，水土流失逐渐加剧。此外，西藏地质构造复杂、导致地质灾害类型多、分布广、发生频率高、规模大、危害严重。这些均影响了西藏生态环境保护和生态水平。三是生态保护和环境保护的基础设施尚不健全。自然生态环境的保护及修复需要不断投入财力和人力，尤其是牧民从游牧状态向定居养殖等转变，需要政府加大对基础设施建设的投入力度，转变牧民的生产和生活方式。四是生态保护和环境保护的监控体系还不健全，作为环境保护的重要防控手段，目前西藏建立了多个生态监测站点，然而目前还存在着监测体系不完善、监测数据分析及应用缺乏有效衔接、缺乏人才等问题。五是生态保护和环境保护的法律法规体系还不健全。尽管西藏也出台了许多生态环境保护的法律法规，然而在生态补偿、生态损害定损、生态动态监测等方面的法律法规还有待细化，相应的执法部门职能也有待进一步完善。

（二）产业发展与生态水平实现耦合的机制有待进一步完善

一是生态保护对产业结构调整的正向反馈机制尚未建立。前文的实证结论证实，目前由于西藏正处于经济结构调整中，生态及环境保护的政策体系及制度尚处于不断构建和完善中，生态系统十分复杂，其对产业结构调整的促进效果不会

立竿见影，加之生态和环境保护领域缺乏系统高效的监管体系和生态保护补偿机制等，各种因素交织在一起，使其与产业结构调整的正向反馈机制尚未建立起来。

二是"产业—生态"的耦合演化的动力机制尚未有效形成。从西藏整体经济发展状况来讲，推动"产业—生态"二者良性互动的动力机制尚未有效形成。难点在于如何在企业利润与生态环境保护之间寻求平衡、如何构建生态保护补偿机制等。在既有生态政策前提下，建立健全激励企业从事绿色生产、进行技术创新的促进机制，政府部门构建针对绿色生产的绿色金融机制、税收优惠机制，倡导社会绿色出行、绿色生活的健康生活模式等，这些均是有效推动"产业—生态"耦合演化的动力机制。

如果能够突破机制约束，西藏产业发展与生态水平耦合水平还有足够多的上升空间。以产业结构调整为例，其发展方向及发展模式等均受到地方政府在生态环境方面相关政策法规的制约，但受现实发展阶段的制约以及机会主义的巨大利益驱使，在产业结构调整过程中依然还会出现污染环境和损害生态水平的事件，这就导致生态环境进一步恶化，修复难度大。而如果能够进一步完善正向反馈机制和动力机制，环境机会主义行为就会大大减少。

（三）环保政策手段单一，"命令控制型"行政手段占主导，生态保护补偿政策没有发挥应有的效应

2014~2016年，西藏生态保护补偿政策对废气污染物减排没有显著的作用。2016年的新环保政策，也主要是基于"法规+命令+控制"的"命令控制型"行政手段，对高污染高排放行业直接实施"关、停、并、转、迁"等措施。我们发现，"命令控制型"的行政命令对环境质量在短期内的确有改善效应，但在第六章的研究中我们发现，"法规+命令+控制"的"压力型"治理虽然具有启动快、达成目标时间短等优点，但对企业利益的关注度不够，容易演变为"破坏之手"，导致产业发展与生态水平负向关联：一是导致企业竞争优势丧失，甚至部分中小型企业破产；二是导致治理手段减效甚至失效。在未来的环保政策中，实现"规制命令+生态保护补偿"的环保政策组合拳，设计具有多重主体而不是单一政府主体的生态保护补偿体系框架，探索多元化补偿机制，是西藏自治区政府主要的任务。

三、当前推进西藏“产业—生态”耦合发展的主要任务

2016 年的新环保政策，以规律、法规、行政命令等外部规范性命令，保障了西藏生态水平脱离“预警区间”，向“安全区间”移动。但新环保政策最大的问题是手段单一、对企业（特别是规模性较小的三产企业）的扰动项较强。当前我国经济面临“需求收缩、供给冲击、预期转弱”三重压力，在环保政策上也提出不搞“冲锋式达峰”和“运动式减碳”，因此，在贯彻“生态保护第一”的思想的同时，积极探讨环保政策与产业政策在环境保护上的融合，实现环保与经济增长的相容发展，是当前的主要任务。也只有实现了环保与经济增长的相容发展，生态水平才不会出现反复，也才会更有利于环保政策的贯彻与落实。

第七章的研究结论给了我们较好的启迪：政府主导的治理容易导致产生产业生态学视角的产业系统，企业将面临较大的生存压力；具有稳定性差、易反弹等特点，较易导致产业发展与生态水平的负向关联。而市场主导的治理是一个双方互动协商的过程，企业会依据自身能力确定目标达成时间，并将治理成本外化为品牌溢价，最终实现市场与企业双赢；具有内化性好、稳定性强等特点，因此更容易形成经济与生态协同的产业系统，有助于促进产业发展与生态水平的耦合演化。这说明当前西藏促进“产业—生态”耦合演化的当务之急是在稳妥推进规制化手段的同时，积极建立多主体、多层次、多目标的多元化生态保护补偿机制，通过经济手段、制度手段以及生态文明建设来促进人与自然、人与人、人与社会之间的和谐发展。

第三节 西藏宏观环境分析

一、经济环境

（1）绿色产业稳步发展，为“产业—生态”耦合演化奠定了坚实的基础。为了加快产业结构转型升级，强化产业发展与生态水平的耦合演化，自治区依据区域经济、社会、文化发展现状，制定了《西藏自治区循环经济发展规划

(2013-2020年)》(以下简称《规划》)。《规划》围绕绿色低碳经济,重点发展清洁能源、文旅、特色农牧业等清洁产业。对此,国家也进行了大力支持,不仅在资金上予以扶持,在政策方面也"大开绿灯",如2014年国家将西藏列为不受光伏发电建设规模限制的地区,优先支持西藏开发光伏发电项目。到2017年底,西藏光伏发电装机容量达79万千瓦。为了强化产品的品牌效益,自治区在发展绿色产业规模的同时,非常注重顾客品牌资产的建设,特别是在地理标志产品认证方面取得了较大的成就,目前已有帕里牦牛、岗巴羊、隆子黑青稞、察隅猕猴桃、波密天麻等10多个农牧地理标志保护产品获得国家有关部门认证①。通过资金注入、品牌建设,共培育龙头企业100多家,农牧民实现增收11.82亿元,受益人数达到175.4万。在国家的大力扶持与自治区各级政府的共同努力下,2016年拉萨市被列为国家循环经济示范城市,目前正按照国家审定的《西藏自治区拉萨市循环经济示范城市创建实施方案》推进试点示范建设。

(2)经济增长速度较快,但经济总量非常低。截至2020年,西藏自治区全年地区生产总值(GDP)1902亿元(一、二、三产业的增加值分别为150.65亿元、798.25亿元、953.84亿元),实现经济增长7.8%(按可比价计算,一、二、三产业的增加值增长率分别为7.7%、18.3%、1.4%)。从经济总量上看,与区外一个中等规模的县级城市相当,经济总量过低;而西藏地域辽阔,面积达122.84万平方千米,西藏自治区的经济总量无法支撑庞大的生态治理与生态保护补偿费用,这决定了西藏的生态治理与生态保护补偿资金来源主要依赖中央财政转移支付与其他援藏资金。

(3)人均支配收入增长较快,但收入总额远低于全国平均水平。2020年西藏居民人均可支配收入21744元(同比增长11.5%,其中,城镇居民人均可支配收入达到41156元,同比增长10.0%;农村居民人均可支配收入达到14598元,同比增长12.7%);而全国居民人均可支配收入2020年为32189元(同比增长4.74%)。图9-2显示,西藏人均可支配收入的增长率高于全国平均水平,但总量只有全国平均水平的67.56%,"受益者补偿"制度推行难度较大。

---

① https://baijiahao.baidu.com/s?id=1606288394102911979&wfr=spider&for=pc。

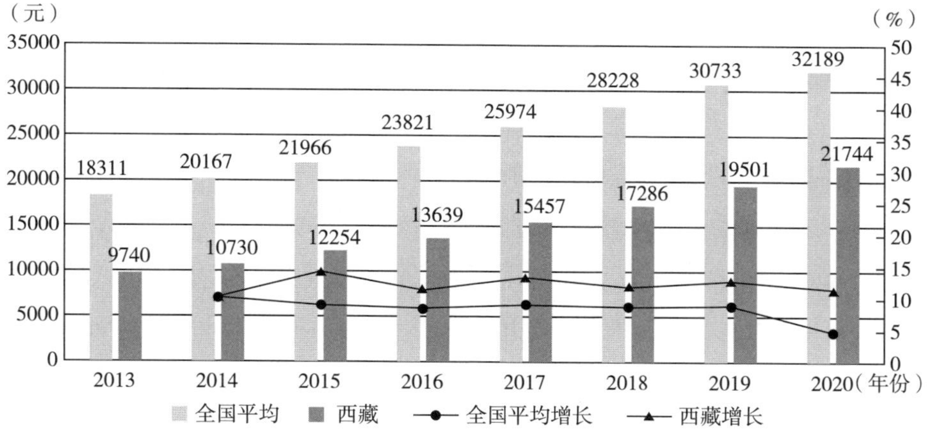

图 9-2 西藏与全国人均可支配收入对比

资料来源：国家数据（stats. gov. cn）。

二、社会文化环境

（1）教育设施不断改善，教育水平不断提升，为生态文明建设奠定了基础。更重要的是，自治区近年来教育投入不断增加，教育水平不断提升。2018 年，全区学龄前至高中阶段 15 年公费教育“三包”生均标准达到 3720 元/年，基础教育办学条件大大改善。2015 年以来，实施教育人才“组团式”援藏。截至 2021 年，西藏有各级各类学校 3195 所（其中，普通高等学校 7 所，中职学校 12 所，中学 143 所，小学 827 所），在校学生人数达到 79 万多人，初中、高中、高等教育毛入学率分别达 106. 99%、90. 2%、56. 14%，教育水平空前提升。经济的发展以及人口素质的大幅提升，为西藏生态文明建设的大力推进奠定了基础，有助于全民参与环保治理与生态保护补偿。

（2）生态文明建设成效显著，人民的生态意识不断提升。党的十八大以来，自治区先后出台《关于建设美丽西藏的意见》《〈大气污染防治行动计划〉实施细则》《西藏自治区“白色污染”治理攻坚战行动总体方案》《关于创建国家生态文明建设示范区，加快建设美丽西藏的实施意见》《西藏自治区国家生态文明高地建设条例》等，环境保护“有法可依、有法必依、执法必严、违法必究”的局面基本形成，生态保护补偿监察考核体系不断完善。

到2017年，自治区建成区级生态县10个、生态乡镇173个、生态村1924个；林芝市巴宜区被授予全国第一批生态文明建设示范县（2020年"国家生态文明建设示范县"达到3个，包括当雄、亚东、巴宜）。截至2020年，中央财政、西藏本级财政、援藏资金等在西藏的生态治理与生态保护补偿的累计资金投入达到814亿元，生态文明建设成效显著：噶尔县因河湖长制工作成效明显，被国务院办公厅列入激励名单；拉萨市、林芝市、山南市、昌都市和阿里地区获"国家生态文明建设示范市"称号；隆子县获"绿水青山就是金山银山实践创新基地"称号；化肥农药施（使）用量实现零增长，土壤处于自然本底状态；2020年全区气优良天数达到99.4%，PM2.5/PM10年均浓度较2015年分别下降37.5%/28.1%。通过大力开展"爱粮节约"活动、"生态保护"等宣传活动，城乡居民勤俭节约风气大大增强；高原农牧民"人畜混居"、燃薪烧粪等生活方式逐步发生变化；居民消费观念逐渐改善，新能源使用、绿色生活方式开始在年轻群体中成为主流与时尚。

三、生态环境

各类保护区封禁区先后设立，生态环境保护成效显著。截至2021年，西藏拥有各类自然保护区、公园、综合示范区、封禁保护区55个（见表9-5），自然保护地占全区国土面积的38.75%，封禁区面积达到4.8万公顷。2004~2014年荒漠化土地面积减少9.24万公顷，沙化土地面积减少10.07万公顷。2020年天然草原综合植被覆盖度达到47%，实现森林覆盖率12.31%，湿地面积提高到652.9万公顷。各类江河湖泊水质整体趋于良好，其中，珠穆朗玛峰下绒布河达到Ⅰ类标准；纳木错、雅鲁藏布江的水质达到《地表水环境质量标准》Ⅱ类标准。各类野生动植物得到有效保护，截至2021年，黑颈鹤数量达到8000多只，数量上涨了3倍；藏羚羊数量提升到约30万只；国家一级保护野生植物巨柏稳步增加，白颊猕猴、东歌林莺等新物种不断被发现。

表9-5 西藏自然保护地与封禁区数量

名称	数量（个）
国家级自然保护区	11

续表

名称	数量（个）
国家级风景名胜区	4
国家地质公园	3
国家森林公园	9
国家湿地公园	22
防沙治沙综合示范区	1
沙化土地封禁保护区	5
合计	55

四、技术环境

（1）科技队伍规模与能力不断提升，环保治理与生态保护补偿科技成果显著。从20世纪70年代初，我国就开展了对青藏高原的科考，不仅积累了一支力量雄厚、学科配套的科研队伍，队伍学科结构合理，年龄老中青相结合；还积累了大量的一手资料，出版了专著多部，1987年“青藏高原隆起及其对自然环境与人类活动影响的综合研究”成果获国家自然科学一等奖。

随着国力日趋强盛、科技水平不断增强，为了让“产业—生态”实现耦合演化，20世纪90年代后，我国就开始将区域资源合理开发、生态环境恢复与治理、社会经济发展规划结合起来展开系统研究，并取得了一系列重要成就，如刘东生院士的“构造—气候科学”学说、叶笃正院士的青藏高原气象学等。

（2）科技手段、科学理念大量运用，绿色发展格局初步形成。截至2020年，西藏的清洁能源使用已经达到发电装机容量的89.09%，已经成为国家清洁能源接续基地。2015~2020年，累计外送清洁电力65亿千瓦时，为“碳达峰、碳中和”做出了积极的贡献。国家级循环经济试点稳步推进，县级以上城镇生活垃圾无害化处理率达到97.34%，医疗废物实现应收尽收、应处尽处；城市污水处理率实现了翻番，达到96.28%。农村生活垃圾收运处置体系不断完善，薪柴替代、厕所革命、环境整治、乡村绿化等项目相继实施。

第四节　西藏生态保护补偿实践案例

一、基于"庇古税"路线的生态保护补偿案例

（一）案例1：隆子县以补偿护民生底线，守一方净土

为深入贯彻习近平生态文明思想，生态环境部优选了87个"绿水青山就是金山银山"实践创新基地，其中，2021年生态环境部公开的"'绿水青山就是金山银山'实践模式与典型案例"第18号案例详细介绍了西藏自治区隆子县的生态保护补偿实践案例。生态环境部对案例的评价是"可复制、可推广、可持续"。

隆子县生态保护补偿模式的目标包括：一是获得清洁空气、干净水源、洁净的土壤等优质公共属性生态产品；二是探索生态保护补偿机制。项目以强化生态环境保护、提升生态系统服务功能为手段，以生态产品价值实现利益联结机制为抓手，以"生态购买、赎买、补偿以及生态公益就业"生态保护补偿机制为核心，取得了良好的效果。2020年隆子县获得中央财政重点生态功能区转移支付到位资金2518万元。

隆子县生态保护补偿模式包括如下举措：

一是科学选种植被，提升生态系统服务功能。隆子县自然生态环境较为恶劣，天气干旱、风沙肆虐，河谷多为沙滩盐碱地且地下水位高，导致农作物质量低、效益差。为此，隆子县在优化种植新模式的同时，通过生态保护补偿的方式出资购买美国兰草、紫花苜蓿等草种，以"群众投劳"的方式在沙棘树下种植苜蓿草，一方面提升了生态效益，有效遏制了沙棘树杂乱生长；另一方面提高了经济效益，解决了群众牲畜的饲草料供给。

二是持续提升生态效益，释放"生态保护补偿红利"。具体措施包括：①以生态环境质量改善为目标，将生态环境保护结果与保护过程结合起来，构建科学而严格的评价指标体系，实现对县域内重点生态功能区生态环境质量的立体监测和综合评价。②释放生态红利，提升群众的获得感幸福感。隆子县"生态红利"包括：销售沙棘苗木人均可获利2000元；每公顷沙棘叶和林间苜蓿饲户均可获

利 3000 元；沙棘木作为建筑材料和制作沙棘木制品的销售收入使人均增收 3000 元。显著的“生态红利”大大刺激了广大农牧民投身生态保护和生态修复的积极性。③其他措施。

三是不断发展生态产业衍生品。隆子河谷生态系统在改善区域生态系统的同时，也催生了河谷特色农产品种植，实现了“人种树、树养人、人致富”的良性循环。具体内容包括：①建成近 1600 亩的繁育优质沙棘种植和苗圃基地，年获利十几万元；一公顷沙棘林鲜叶（1500~2500 千克）配合林地草类可以养活一个羊单位的牲畜。②开发沙棘果、沙棘木产业链，形成了沙棘果产业链条，实现了产品深加工，大大提高了产品的附加值；沙棘木年销售达 20 万元左右，沙棘木手工艺品业日益发展壮大。

隆子县生态保护补偿实践案例如表 9-6 所示。

表 9-6　隆子县生态保护补偿实践案例

项目名称	西藏自治区隆子县：以补偿护民生底线，守一方净土
项目性质	公共性的生态环境服务：支持脱贫攻坚、保护生态环境及改善民生
补偿机制	生态购买、赎买、补偿以及生态公益就业
产品提供	清洁空气、干净水源、洁净的土壤等
补偿资金来源	1. 国家重点生态功能区财政转移支付 2. 中央财政重点生态功能区转移支付 3. 中央草原禁牧补助和草畜平衡奖励 4. 中央财政林业改革发展森林管护补助资金
生态保护补偿效果	森林覆盖率增至 31.5%，年风沙天数降为 20 多天，耕地面积约 1.5 万亩，林地面积约 7.8 万亩，优良天然草场面积约 70 万亩
模式适用条件	国家生态安全格局“两屏三带”中生态功能和地位重要，或经济社会发展水平较高的地区

资料来源：依据生态环境部案例资料整理。

（二）案例 2：创新“生态扶贫”共享“绿色红利”

2016 年以来，拉萨市依据《西藏自治区“十三五”时期生态保护补偿脱贫实施方案》，通过设立水生态（含村级水管员）、草原生态、林业生态等生态保护补偿脱贫岗位，在建档立卡贫困人员、农村低保人员、低收入农牧民人群中招募生态保护人员参与生态环境保护和建设。主要经验包括：

一是将生态保护放在首位，严守生态保护红线，严把环境质量底线。一方面强化生态文明理念宣传，完善村规民约，加强对动植物资源的保护。另一方面通过政府规制手段，采用“关、停、并、转、迁”等措施，关闭取缔采石场和小型砖厂。

二是将生态保护与生态减贫结合起来。引导低收入人群向生态工人转变，让低收入群众受益于生态保护过程、享受到生态保护成果，并积极参与到生态保护中去，实现“绿水青山”向“金山银山”的转变。

三是将生态保护与产业发展关联起来。利用“生态+”功能，把生态与文化、生态与旅游结合起来，大力发展乡村旅游产业。如通过在柳梧新区达东村打造房车营地、星空摄影、温泉、千亩桃林、藏式民俗婚纱摄影等特色项目，达东村逐渐转变为拉萨市周末旅游目的地、全国小康建设示范村、原生态藏家生活体验区，旅游产业效应明显。

拉萨市生态保护补偿实践案例如表 9-7 所示。

表 9-7　拉萨市生态保护补偿实践案例

项目名称	创新“生态扶贫”共享“绿色红利”
项目性质	公共性的生态环境服务：支持脱贫攻坚、保护生态环境及改善民生
补偿机制	生态购买、赎买、补偿以及生态公益就业
产品提供	清洁空气、干净水源、洁净的土壤、扶贫岗位等
补偿资金来源	1. 国家资金 2. 本级财政资金 3. 援藏资金 （2013~2016 年累计投入环保资金 121.58 亿元，其中，国家投入 98.56 亿元，本级财政投入 21.43 亿元，援藏资金投入 1.59 亿元）
生态保护补偿效果	“十三五”期间，通过生态保护补偿脱贫，每年带动 2 万余名农牧区困难群众人均增收 3500 元，累计恢复天然草原植被面积 3106.55 万亩、天然林面积 48.31 万公顷，人工造林存活率达 85%以上、森林覆盖率达到 19.49%
模式适用条件	国家生态安全格局“两屏三带”中生态功能和地位重要，或经济社会发展水平较高的地区

资料来源：依据拉萨市人民政府网资料整理。

二、基于科斯理论的生态保护补偿案例

通过对西藏高污染行业进行访谈，获得了一些较为典型的以企业为主的生态

保护补偿项目案例，如高争水泥、华泰龙矿业等公司。

（一）高争水泥的环保治理与生态保护补偿案例

1. 异地生态保护补偿

高争公司成立于 1960 年（前身为拉萨水泥厂），主要业务涉及水泥制造、商混、骨料、石灰等，是西藏建材行业的龙头企业。对于矿山开采，其生态保护补偿一般是在原地进行。但由于高争水泥所在地一个矿区的山顶生态修复难度太大，于是自治区环保厅建议公司将补偿放到异地，进行异地补偿。最后确定在拉萨市林周县甘曲湿地实施防护林工程，承担金额为 974400 元，效果如图 9-3 所示。

图 9-3　高争水泥林周县甘曲湿地实施防护林工程效果

2. 环保设施投入与改造

由于建厂初期没有上深度脱硝设备[①]，2014 年在环保局的要求下，公司一二线全部上了深度脱硝设备以减少氮氧化物的排放，投资额度达到 1000 多万元。为了响应国家的环保政策，公司又先后两次投资环保设施改造，一期投入 180 多万元（由拉萨市环保局承担），二期投入 100 万元，以实现环保数据的在线监测。

① 脱硝设备：一种环保设备，主要处理锅炉、窑炉等尾气中含有的 SO_2 和氮氧化物。

2017~2019年，公司在环保上的总投资达到1.8亿元，包括3000多万元的降噪投入、6000多万元的脱硫投入等。

3. 生态文化与环保组织建设

高争水泥始终将环保工作当成日常工作的重中之重。一是将"积极推进节能减排，加强环境管控，探索资源综合利用，发展循环经济，推动生产经营与环境保护协同发展"纳入公司文化，在企业总部、各分公司、工地通过展板、电子屏等方式进行宣贯（见图9-4）；并缴纳自治区首笔环境保护税（2018年），这是公司生态文化落地的核心举措之一。另外，公司还成立了专门的安全环保管理委员会，制定了相关考核措施。生态文化与环保组织建设取得了良好成效，2017年公司获得"全区环境保护先进单位"称号。

图9-4 高争水泥环保宣传电子屏

（二）华泰龙矿业的环保治理与生态保护补偿案例[①]

1. 生态保护补偿

华泰龙矿业的主营业务是以甲玛铜多金属矿为基地，全面开发西藏及周边的矿产资源。2016年以前公司对于生态保护补偿并不重视，因此公司的生态保护

① 依据访谈材料整理而得。

补偿欠账较多。2017 年后政府开始重视环保治理与生态保护补偿，现在公司每年在环保方面的投入都超过千万元。2019 年因为环保督察整改，公司环保投入接近 9000 万元。企业的生态保护补偿项目主要是种沙棘林，2018 年种植沙棘苗 60 万千克，2019 年则达到 330 万千克。

关于生态保护补偿项目的树种选择，公司也经历了一个探索过程。公司最初栽种的是红豆杉与松树，但是补偿效果都不理想。后来又引进了很多树种，最后发现沙棘林效果最好。在沙棘林品种的选择上，公司通过与林业等相关部门（特别是自治区本地的一个沙棘研究所）进行反复探讨后得出结论，不能引进外来品种，因为甲玛铜多金属矿地区的水和土壤与其他地区不一样。比如，日喀则的土壤特别贫瘠，水量也不行，而甲玛铜多金属矿地区的土壤、降水量具有得天独厚的优势。公司二期生态保护补偿项目的海拔为 4600～4700 米，种植沙棘林的效果也特别好。

在生态保护补偿方面，公司在实践过程当中取得了较好的成果。但由于公司的露天矿海拔为 4700～4800 米，土壤比较少的地方恢复难度特别大，传统的方法技术面临诸多问题。为此公司成立了一个重点生态课题研究组，并围绕底层土壤培育与内陆高校展开合作，项目目前也已经启动。

在生态保护补偿的技术方面，公司目前面临诸多问题。比如，公司曾经写过一个关于海拔 5200 米的闭坑生态复垦方案，但由于公司专业人才匮乏，最终方案无法有效实施下去，既产生了浪费，也延误了生态保护补偿时间。

从政策层面而言，公司觉得生态保护补偿存在标准不细致、操作难度大等问题。

2. 环保设施投入与改造

公司的环境污染主要包括水、气、声、渣等。以水污染为例，矿区大量工作人员的进入产生了生活废水的排放与治理问题，为此公司专门建造了生活污水处理厂（比一般乡镇处理厂的规模都要大）。当然，工业用水是水污染的主要源头，污染源涉及选矿、采矿等生产环节。而工业用水的量特别大，每天都在 2 万吨以上，虽然这些水都是闭环回收的，但回水率还不能达到 100%，从而造成了水源污染。

值得关注的是，由于政府、企业都开始关注环保，对基层员工的要求也越来越高，基层员工中开始出现一些形式主义、机会主义行为，以覆绿为例，基层覆绿中，为了节约成本，员工偷偷采用两种办法，一是刷油漆，二是盖网，显然这两种办法不但没有实现环保治理，反而产生了更多的污染。

3. 生态文化建设

公司成立了专人贯彻生态文明理念，在“绿水青山就是金山银山”基础上，公司也提出了自己的生态理念——“建筑矿山，绿片环境，促一方和谐，树一座丰碑”，生态保护补偿理念逐渐在公司演化成了一种企业文化。同时将环保纳入到安全管理中，使环保治理、生态保护补偿有专人管理。

三、案例总结

（一）基于“庇古税”路线的生态保护补偿实践

通过对隆子县以及拉萨市生态保护补偿案例的分析，我们发现，基于“庇古税”路线，以政府主导为核心的生态保护补偿具有如下特点：

第一，政府引导生态保护补偿项目的设置与实施，启动快、效率高，初步形成了“守绿换金”“添绿增金”“点绿成金”“绿色资本”4种转化路径和生态修复、生态农业、生态旅游、生态工业、“生态+”复合产业、生态保护补偿6种转化模式。在综合考虑自治区地域特色与资源禀赋、建设进展与成效、经验模式与可推广性等方面取得了较好的成效。

第二，资金来源以中央财政转移支付为主，包括国家重点生态功能区财政转移支付、中央财政重点生态功能区转移支付、专项资金（中央财政林业改革发展森林管护补助资金）、各种奖补资金（如中央草原禁牧补助和草畜平衡奖励）等。

第三，在进行生态保护补偿时，尽可能将生态购买、赎买、补偿与生态公益等结合起来。

第四，以重点项目为主，资金需求量大。

第五，建立了评估体系与考核体系。

但这种补偿方式也有不足之处：

第一，政府同时担任项目的发起者、执行者与监督者，成本有效性与预算效率不能得到保障。

第二，没有有效培育长期的市场机制，生态市场、生态金融发展缓慢。企业等社会组织以及受益者没有参与到生态保护补偿中来，导致生态治理或生态保护补偿资金来源单一，没有形成连续、稳定、可持续的资金供给机制，给中央和地方财政造成较大的压力。

（二）基于科斯理论的生态保护补偿实践

通过对高争水泥、华泰龙矿业等企业的访谈，我们发现，基于科斯理论的以市场主导为核心的生态保护补偿具有如下特点：

第一，企业由不自觉逐渐向自觉转化。初期企业没有环保或生态保护补偿意识，对环保或生态保护补偿有较强的抵触情绪。在政府的强力推动，特别是中央巡视组的监督下，企业环保意识大大增强，生态保护补偿意识逐渐增强，并逐渐将意识付诸行动。在这个过程中，企业领导与普通员工在环境治理与生态保护补偿方面的意识大幅度提升，环保行为大大增加，为西藏培育现代生态文明奠定了良好的基础。

第二，具有较强污染外部性的大型企业，特别是国有大型企业、外资企业，逐渐将生态保护补偿融入企业文化，并由专人或专门机构负责。

第三，公司目前的环保治理行为主要集中在改善环保设施、降低污染物排放量方面。

第四，生态保护补偿主要以绿化行为作为补偿方式，尚未建立货币化的补偿方案。

第五，企业开始将环保治理、生态保护补偿与科技结合起来，科技环保、科学补偿效果显著。

同时我们也发现，基于科斯理论的以市场主导为核心的生态保护补偿存在如下不足：

第一，政府与企业的协同存在问题，“一刀切”“运动式”的环保治理或生态保护补偿给企业带来了较大的成本压力。

第二，企业在生态保护补偿过程中没有得到有效的指导，缺乏统一规划，浪费严重。

第三，目前主要针对“污染者”进行收费，“受益者付费”的措施尚未有效建立。

第五节 西藏建构多元化生态保护补偿机制的基本框架

国际上，政府补偿与市场补偿是两种常用的机制，但在中国的生态保护补偿实践中，政府补偿是当前最主要的形式，因为这种方式比较容易启动，且效率更高（刘丽，2010；柳荻等，2018）。

通过案例分析发现，西藏的政府补偿存在成本有效性与预算效率保障性不强，长期的市场机制缺乏，生态市场、生态金融发展缓慢等缺陷。市场补偿机制能够弥补一些政府主导面临的问题，但企业面临较高的成本压力，且缺乏规划。通过对西藏经济、社会文化、生态环境、技术环境进行分析后我们发现，西藏生态环境保护虽然取得了巨大成就，但生态脆弱性依然较高。且西藏地域辽阔，生态价值与生态地位又极其重要，但属于欠发达地区，企业规模小、生存能力弱，本级财政无法承担相应的资金投入，基于市场化的补偿机制给企业经营发展造成的压力过大，强推市场化补偿机制可能会导致企业与群众无法享受"生态红利"。西藏的生态保护补偿机制构建约束条件多、情况复杂，没有现成的经验或理论可以照抄照搬。因此，依照实际情况提出符合西藏区情的生态保护补偿方式，具有重大的现实意义。

一、构建多元化生态保护补偿机制的指导思想

深入贯彻习近平生态文明思想，践行"绿水青山就是金山银山"理念，统筹国内国际两个大局，深刻体会"依法治藏、富民兴藏、长期建藏、凝聚人心、夯实基础"的内涵，在"坚持生态第一"的基础上，把生态保护补偿与民族团结结合起来，把生态保护补偿与经济发展结合起来，把生态保护补偿与改善民生、提升人民幸福感结合起来，构建系统化、市场化、法治化、多元化的西藏生态保护补偿机制。

明确好政府与市场、政府与社会的权责关系与利益边界，做好顶层设计，系统、整体地协调好各方的利益，构建"政府主导、市场参与；目标明确、规划统

一"的生态保护补偿机制。鉴于西藏市场力量弱小，政府要始终在生态保护补偿中占据主导地位，要用足、用好中央发布的关于自治区的环保政策以及各种援藏力量，发展改革委、环保、财政、国土、农牧林等部门既要各司其职，更要密切配合。要充分信任和尊重市场与社会的力量，明确将市场与社会力量纳入生态保护补偿体系是建立多元化生态保护补偿机制的基石。要明确与生态资源、生态资产、生态资本相关的各种利益主体，构建公平、自愿的市场运行机制，政府发挥监督、实施的作用。政府通过强化机制设计与统一规划，明确政府与市场在生态保护补偿过程中的主体目标以及由此产生的权责边界与利益分配目标，在"坚持生态第一"的基础上，把生态保护与产业发展衔接起来，把生态保护补偿与生态红利衔接起来。

二、建构多元化生态保护补偿机制的基本框架

（一）统筹政府、市场、社会力量，构建多元主体参与的生态保护补偿方式

在当前"政府为核心，市场做补充"的生态保护补偿框架 1.0 模式下，继续对经验与不足进行总结、凝练。在用好国家政策的同时，充分考虑产业发展与生态水平的内在关系。加快完善交易机制与交易平台建设，保障多元化生态保护补偿的持续发展，进一步优化排污权交易制度、碳交易制度，建立市场化生态融资机制，充分发挥生态基金的作用，引导社会资本与金融机构甚至是个体参与到西藏的生态保护中来。让西藏的生态保护补偿资金来源由完全依赖中央财政转移支付逐步转变为"中央财政转移支付为主导，市场社会为重要补充"的多元筹资格局，从而形成"政府+企业（集体）+社会"的多主体治理的生态保护补偿 2.0 版本。

（二）统筹城市与乡村、当前与未来的关系，构建多层次立体化的生态保护补偿方式

加快《西藏生态安全屏障建设规划》实施进度，深化生态环境空间分区分级管控，系统推进生态环境保护。重点加大对城镇生活污水和垃圾处理等基础设施建设的投入，在完成地级以上城市污水处理厂的全覆盖后，重点解决县城、人口密度较大的乡镇的污水处理设施建设。通过生态保护补偿政策以及由此建立的生态产业，如乡村旅游、循环农牧业等，强化城市与乡村的产业关联，消除或减弱城乡二元对立现象。要特别强化乡镇及农村的生态文明建设，通过环境文化教

育，引导农牧民积极参与生态环境保护。在保障重要生态功能区、生态敏感区、脆弱区等区域功能红线的同时，要做好产业发展趋势预测，并据此对产业发展和生态水平未来的关系走势进行预判，做好预案。立足当下，着眼未来，做好动态监测与动态规划，确保产业发展与生态水平不发生错位、错配。

（三）统筹生态保护、产业发展与人民幸福感，构建多目标的生态保护补偿架构

深入贯彻习近平生态文明思想，践行"绿水青山就是金山银山"理念，积极探索生态保护补偿目标与责任考核方式，探索西藏生态保护与产业发展、人民幸福感的耦合。将生态保护补偿与营商环境塑造结合起来，切实降低生态保护补偿对企业（特别是中小型企业）正常生产的扰动；积极推动"生态+产业"的协同耦合模式，大力发展"生态农业""生态工业""生态旅游业"。将生态保护补偿与农牧民利益结合起来，在生态保护补偿过程中确立农牧民"短期不减收，长期能受益"目标。通过生态购买、赎买、补偿、股权合作以及生态公益就业等方式，让农牧民充分享受生态发展红利。要特别鼓励农牧民以土地、林地、草场等资源入股生态保护补偿基金，共享发展收益，实现"绿水青山"与"金山银山"的融合，切实提升人民幸福感。

三、多元化生态保护补偿机制建构具体措施

（一）实施"生态+产业"战略，促进"产业—生态"的耦合演化

要用辩证、统一的观点看待产业发展与生态水平的关系，统筹推进自治区高原生态环境保护和产业高质量发展的协调关系，促进"产业—生态"实现高质量耦合演化。

（1）促进生态农业与生态保护补偿的耦合演化。围绕青稞、牦牛、藏猪、藏鸡、藏羊、饲草、葡萄等高原特色农产品资源，大力发展绿色有机农业、特色生态种养殖业，推进农牧业向循环化、差异化、规模化、品牌化发展。强化生物多样性保护，将雪莲、手掌参、冬虫夏草、藏红花、红景天等名贵中药材与生态保护补偿致富联系起来。具体而言：

一是将农业产业化作为未来生态农业与生态保护补偿耦合演化的基石。农业产业化是实现农业的科技化、规模化、生态化的基石，通过"公司+农户"方式，大力发展休闲农业、旅游农业、农业公园等新型农业，改变小而散的农业农

村状态，使企业、农户达到良性互动和效益倍增。农业产业化也有利于政府监管与政策制定，有助于引导农业企业向科技型、生态型发展。

二是积极发展生态农业。积极发展生态农业和有机农业，强化农村农药化肥滥用管理，防止农村面源污染。要在当前化肥农药施（使）用量零增长基础上，进一步科学规范农药和化肥施（使）用量，通过推广农作物病虫综合防治技术、测土配方施肥、秸秆综合利用技术，增加有机肥施用量，让土壤继续处于自然本底状态。

三是大力推进循环农牧业，控制畜禽养殖产生的污染。鼓励将养殖业与循环农牧业结合起来，将畜禽粪便进行无害化处理后形成有机肥，实现农畜粪便的减量化、无害化与资源化。

四是强化有机农产品品牌建设。通过对无公害农产品、绿色食品、有机农产品、有机食品生产基地进行直接财政补贴、品牌化建设、“三品一标”认证等措施，大力提升生态农产品的附加价值，进而让农牧民从生态保护补偿中切切实实得到好处。

五是农牧业发展要充分考虑区域生态承受能力。西藏生态脆弱，而西藏养殖业较为发达，政府要依据生态实际承受能力设立“禁养区”“限养区”“非限养区”，针对新建农场实施排污许可制管理。

六是强化宣传，加强生态文明建设。针对当前高原农牧民“人畜混居”、燃薪烧粪等生活方式，切实做好工作，既要考虑生态性，又要考虑当地居民的实际生活状况，解决他们面临的实际生活问题。

（2）促进生态工业与生态保护补偿的耦合演化。西藏虽然生态脆弱，但基于国民经济发展的需要，依旧存在许多重污染企业，如采矿业、水泥厂、垃圾厂，其中，采矿业尤为发达。2016 年之前很多重污染企业的生态保护补偿欠账其实较多，中央环保督察组进驻后，企业在环保设施、生态保护补偿方面均有巨额投入，弥补了曾经的生态欠账。但是，“一刀切”的单边治理与生态保护补偿存在诸多问题，如营商环境遭到破坏、企业负担重、第三产业受到较为严重的冲击等，更重要的是单边治理模式容易导致机会主义行为严重、可持续不强等。由此，西藏亟待对工业进行转型升级，将污染工业转变为生态工业，具体而言：

一是强化正向激励和反向倒逼工作机制，主动引导生态工业与生态保护补偿的耦合演化。主动学习借鉴浙江、江苏等地的亩均效益评价体系，强化资源向优质企业集中，促进政府与企业的协同治理，推动工业生态转型与产业升级。对规模以上企业而言，经济指标主要包括“亩均税收、亩均工业增加值、全员劳动生产率、工业性投资、研发经费占比等”，生态指标主要包括“单位排放工业增加值、单位能耗工业增加值等”。对规模以下企业而言，经济指标主要包括“亩均税收、工业性投资、亩均销售收入等”，生态指标主要包括“吨排污权纳税额、单位电耗税收等”。依据一定的计算方法，对企业进行考评分级（一般分为 A、B、C、D 四类），并实施动态管理。对 A 类、B 类、C 类企业在税收、能源、环境、人才等资源要素上加大正向激励，减少企业负担（如降低排污费费率），对 D 类企业则主要实施惩罚性激励，增加企业的资源使用率，迫使企业转型升级。

二是强化政府与企业的协同治理机制。政府要转变思路，将“压力之手”转化为“帮扶之手”，以促进“产业—生态”的耦合演化。政府的“压力型”治理虽然具有启动快、达成目标时间短等优点，但对企业利益的关注度不够，容易演变为“破坏之手”，导致产业发展与生态水平出现耗散现象。因此，政府应主动打破企业与市场的“边界隔离”，将治理目标与企业的市场利益结合起来，寻找治理绩效的帕累托改善。

三是强化对治理企业的投入，将治理手段与企业价值创造结合起来。协助企业围绕“绿色生产”进行工艺改造、技术升级、流程优化等，将“压力之手”转化为“帮扶之手”，既能彻底消除污染来源，又能助力企业发展。要特别加大对重金属污染行业的治理投入，推动甲玛矿区、罗布莎矿区、玉龙矿区等的重金属污染防治，协助涉重金属企业完善废水、废气处理设施，确保重金属污染物稳定达标排放。

四是强化矿山的生态修复与生态利用工作。强化科学技术在矿山生态修复中的作用，积极编制相关案例，明晰矿山生态修复标准。组织编制《西藏矿山生态修复手册》，让企业有案可循，在墨竹工卡县、林周县等重点区域，针对土壤重金属含量较高的问题，开展植物—微生物体系修复技术示范工程。按照“政府主导、市场运作、企业主体、社会参与”的原则，率先在矿山企业试点生态保护补偿银行。积极组织专业技术攻关，推进伴生矿、矿山尾矿、煤矸石、炉渣等大宗固体废弃物的综合利用，变废为宝。以大中型矿山为重点试点亩均效益评价体系，以稳步提高矿产资源的回采率、选矿回收率和综合利用率，促进资源高效利用。

五是重要生态功能区严防新增“黑色 GDP”。重要生态功能区禁止新、改、扩建重污染项目，要特别重视重金属污染物排放项目的新建与扩建。按照“等量置换”或“减量置换”的原则，在非重要生态功能区建立有色金属矿（含伴生矿）采选业、皮革及其制品业、地热电厂、重金属固体废物堆场等重污染项目。

（3）促进生态旅游业与生态保护补偿的耦合演化。西藏具有得天独厚的自然生态环境和独特的人文生态系统，生态旅游具有巨大的发展潜力。通过第五章、第七章分析可知，当前以规制为主的环保政策对旅游业的发展造成了一定冲击，导致第三产业产值在国民经济中的比重出现较大幅度的下滑。由此，在以可持续发展理念为基础、生态保护为前提、人与自然和谐统筹发展为准则的框架下，西藏自治区亟待构建多元化的生态保护补偿方案，以促进本地生态旅游与生态水平的耦合发展。

一是要形成“政府+景区+旅行社+游客”四位一体的监督与参与机制。首先要强化景区企业和旅行社的生态公益制度。强化景区企业和旅行社负责人、导游的生态环境意识、绿色发展观教育，围绕“源头严防”“过程严管”“后果严惩”，通过法律手段、规制手段、经济政策手段等刺激景区企业和旅行社在环境保护、环境公益、景区公益方面进行意识培育与增加投入。其次要强化游客的主体意识，让游客积极参与到生态环境监督与建设中来。给予游客更多的监督权与参与权，对提出监督意见以及优质意见的顾客，给予一定的精神与物质奖励。要畅通游客的监督与参与渠道，从制度上保障游客监督与参与西藏环保治理、生态保护补偿的权利。

二是进行全域生态文明旅游示范区建设。在林芝、日喀则、山南“国家生态文明先行示范区”“高原生态文明建设示范区”以及那曲“水生态文明城市”的基础上，构建自治区级生态文明旅游示范区。首先以 4A 级以上景区、国家森林公园、国家地质公园、国家自然保护区、国家历史文化名城等重点景区、生态功能重要区域为重点，打造生态文明试验区样本，并由此向其他景点、区域推广。其次把生态文明示范区纳入城乡统筹发展中，推进乡村旅游走绿色发展道路，实现乡村旅游与生态保护补偿的深度融合。

（二）盘活生态资源，推动生态资源交易市场建设

围绕碳排放权、排污权、水权、能权，解决生态资源面临的量化难题，探索西藏生态资源资产化建设，建立以生态系统服务消耗量为依据的生态环境指标与

产权交易机制。充分利用好西南联合产权交易所（西藏与四川合办机构）在西藏生态保护补偿中的作用与地位，以西南联合产权交易所为主体，积极推动“三级市场”建设实现生态资源向“生态资产—生态资本—生态股本”转变。首先建立“绿色资源”台账（包括土地、森林、水等有形资产以及民俗技艺、文化品牌等优质“无形资产”），利用市场化手段推进生态资源向生态资产转化，提升生态资产的市场价值。其次以西南联合产权交易所为平台，搭建生态股权“三级市场”，积极推动生态资产股权交易。

（三）摸清家底，做好台账，加快出台生态资源定价机制与标准

资源定价是资源综合评估、形成生态资产的基础，也是大范围、多层级内推广跨区域生态保护补偿的前提。

首先，对资源进行确权登记。通过对自治区的生态资源分布、质量、保护等级、资源权属等进行调查摸底，建立“绿色资源”台账，台账既包括土地、森林、水等有形资产，同时也包括民俗技艺、文化品牌等优质“无形资产”，生态资源要形成全区“一张网、一张图、一个数据库”。

其次，要明确生态资源的所有权属性。积极落实中共中央办公厅、国务院办公厅《关于统筹推进自然资源资产产权制度改革的指导意见》关于构建自然资源资产产权体系的意见：一是要健全产权体系，解决自然资源所有者缺位、使用权边界模糊等问题。在土地方面落实方面“三权”分置（所有权、承包权、经营权），在宅基地方面则积极探索“三权”分置，并积极探索经营权、所有权资产化；在资源性资产方面，要明晰开采规划权益与生态保护补偿责任的衔接。二是明晰产权性质，将自然资源按照国有、集体、个人进行分类，以引导生态资源有序开发（张文明，2020），以促进产业发展与生态水平的耦合演化。

在确权登记以及权责清晰的基础上，构建“政府指导+市场比价+企业估值+共同协商”的基本定价方式，采用“入股、托管、租赁、赎买”等方式对自然资源进行资产化，打通自然资源到自然资本的通道，不仅有助于保证各类市场主体依法平等使用自然资源资产，也为西藏构建大范围、多层级的跨区域生态保护补偿提供了基础，有助于自治区生态资源的持续开发利用与保护修复。

（四）积极探索筹建生态保护补偿银行，做强做大西藏生态资产总盘子

西藏属于生态环境敏感、脆弱地区，需要长期开展生态保护修复与生态建设工程，资源投入量大，需要建构一套可持续发展制度来维系生态保护补偿制度的

长期有效运转。积极探索生态保护补偿银行建设，以推动生态资产的增值、变现，将自然财富、生态财富转变为社会财富，维系生态保护者和受益者、破坏者和受害者之间利益的公平，保障生态保护补偿的可持续发展。

按照“政府主导、市场运作、企业主体、社会参与”的原则，生态保护补偿银行由国家层面的财政部、生态环境部以及自治区各级政府牵头发起，鼓励企业、农牧民、非营利组织积极参与，参与者可以是投资人、从业工人、志愿者、监督人员等。实现“无净损失”“长期管理”是生态保护补偿银行健康运转的前提，因此需要生态保护补偿银行制定详细的生态效益监控、存款追踪、银行维系的计划书。从美国生态银行的试点来看，成功经验主要包括如下几点：①生态保护补偿银行需要在特定的生态区域完成，并详细评估开发的损失以及补偿生态区域的需求。②补偿地需要具备原生态区域的原有功能。③拟建补偿区域应能够提供复合的生态利益，如水质管理、野生动物栖息地、洪水控制乃至教育与娱乐等。④有一个由政府、补偿者、监管方形成的正式协议，协议是银行建设、经营与使用的基础蓝本。⑤银行发起者负责生态保护补偿银行的建立，第三方专业机构实施评估。⑥银行发起者依照协议许可授权使用生态银行存款，一般完成地点建设使用50%的存款，实现50%计划后再使用25%存款，功能完整后使用最后的25%存款。⑦生态银行的最主要功能之一是长期管理与维护，以维系生态保护补偿的可持续，这需要在协议中明确规定。

生态保护补偿银行筹建如图9-5所示。

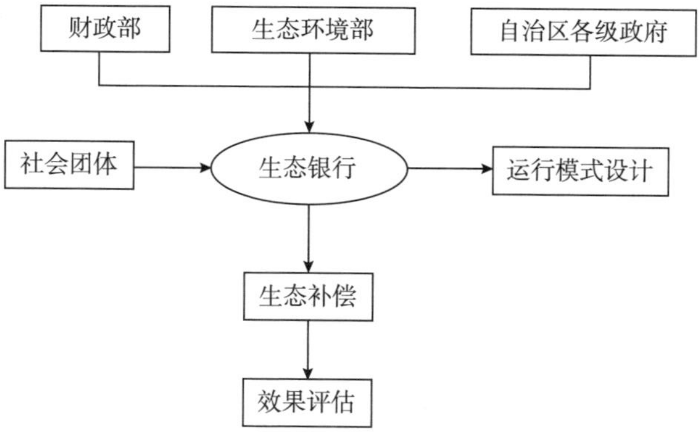

图9-5 生态保护补偿银行筹建

中国生态银行实践案例如表 9-8 所示。

表 9-8　中国生态银行实践案例

中国生态银行实践案例：福建省顺昌县
顺昌县位于福建省北部山区，具有丰富的生态资源，竹子和杉木资源尤其丰富。但是长期以来，这里的“绿水青山”并没有转化为“金山银山”。为了进一步推进产业转型升级，2018 年政府牵头开展了“森林生态银行”试点，并成立“福建省绿昌林业资源运营有限公司”（股东：顺昌县国有林场控股、8 个基层国有林场参股。资本：3000 万元）作为生态银行的运营主体，设林木经营、托管、金融服务三个子公司。为了强化生态资源向生态资产转化，绿昌林业成立了数据信息管理中心和资产评估收储中心，以强化资源管护、资源评估、项目设计、改造提升、经营开发、产权变更等事项。 顺昌“森林生态银行”取得了较为明显的成效：一是引入社会资本和专业运营商，对零散生态资源进行了有效整合和提升，打通了“资源→资产→资本”转化渠道。目前顺昌“森林生态银行”通过赎买、合作租赁、托管经营等方式导入林地 6.56 万亩；林权担保、林权抵押贷款等业务稳步推进。二是通过专业化、科学化运营以及资产规模化，资源价值和生态产品的供给能力大幅度提高，杉木林主伐时的亩均蓄积量为全国平均水平的 3 倍；集约经营使林地的价值大幅提升，单产价值较普通山林提高了 4 倍以上。三是生态资源向生态资产转化的通道被有效打通。通过市场运营和资本运作，“森林生态银行”与西坑旅游康养、板式家具进出口产业园通过项目形成联合体，提升了产品外销量。更重要的是，联合体促进了顺昌生态资源被纳入 FSC 国际森林认证范围（包含 27.2 万亩林地、1.5 万亩毛竹），促成了福建省第一笔林业碳汇项目（成交金额 288 万元）。

参考文献

［1］ Abadi A. , Gardeazabal J. The Economic Costs of Conflict: A Case Study of the Basque Country ［J］. The American Economic Review March, 2003, 93, (1): 113-132.

［2］ Abadie A. , Diamond A. , Hainmuelle J. Synthetic Control Methods for Comparative Case Studies: Estimating the Effect of California's Tobacco Control Program ［J］. NBER Technical Wopeopleing Paper, 2007 (7): 1-49.

［3］ Aldrich H. , Herker D. Boundary Spanning Roles and Organization Structure ［J］. The Academy of Management Review, 1977, 2 (2): 217-230.

［4］ Blsinr T. W. , Lichtkoppler F. R. , Jones K. R. An Assessment of Household Willingness to Pay for Curbside Recycling: A Comparison of Payment Card and Referendum Approachs ［J］. Journal of Environmental Management, 2005 (76): 15-22.

［5］ Borner J. , Baylis K. , et al. The Effectiveness of Payments for Environmental Services ［J］. World Development, 2017 (96): 359-374.

［6］ Brakus J. J. , Schmitt B. H. , Zarantonello L. Brand Experience: What Is It? How Is It Measured? Does It Affect Loyalty? ［J］. Journal of Marketing, 2009, 73 (3): 52-68.

［7］ Chung Y. , R. Fare, S. Grosskopf. Productivity and Undesirable Outputs: A Directional Distance Function Approach ［J］. Journal of Environmental Management, 1997, 51 (3): 229-240.

［8］ Daoping Wang, Kerui Du, Ning Zhang. Measuring Technical Efficiency and Total Factor Productivity Change with Undesirable Outputs in Stata ［J］. Stata Journal,

StataCorp LP, 2022 (1): 103-124.

[9] Du W. Y., Pan S. L. Boundary Spanning by Design: Toward Aligning Boundary-Spanning Capacity and Strategy in IT Outsourcing [J]. IEEE Transactions on Engineering Management, 2013 (1): 59-76.

[10] Eisenhard K. M. Building Theories from Case Study Research [J]. Academy of Management Review, 1989 (14): 532-550.

[11] Engel S., Pagiola S., Wunder S. Designing Payments for Environmental Services in Theory and Practice: An Overview of the Issues [J]. Ecological Economics, 2008, 65 (4): 663-674.

[12] Fare R., Grosskopf S., Norris M. Productivity Growth, Technical Progress, and Efficiency Change in Industrialized Countries [J]. The American Economic Review, 1994, 84 (1): 66-83.

[13] Fischer C., Morgenstern R. D. Carbon Abatement Costs: Why the Wide Range of Estimates [J]. Energy Journal, 2006, 27 (2): 73-86.

[14] Friedl B., Getzner M. Determinants of CO_2 Emissions in a Small Open Economy [J]. Ecological Economics, 2003, 45 (1): 133-148.

[15] Hoffman D. L., Novak T. P. Consumer and Object Experience in the Internet of Things: An Assemblage Theory Approach [J]. Journal of Consumer Resrearch, 2018 (44): 1178-1204.

[16] IPCC. Special Report on Emissions Scenarios-Summary for Policymakers. A Special Report of Working Group Ⅲ [M]. Cambridge: Cambridge University Press, 2000.

[17] James F. C., James R. K., Rivas A. Willingness to Pay for Improved Water Services in Manaus, Amazonas, Brazil [J]. Ecological Economics, 2006 (58): 365-372.

[18] Jimenez R., Lugo H., Miguel M. S. Gradual Learning and the Evolution of Cooperation in the Spatial Continuous Prisoner's Dilemma [J]. European Physical Journal B., 2009, 71 (2): 273-280.

[19] Johnston R. The Zone of Tolerance: Exploring the Relationship between Service Transaction and Satisfaction with the Overall Service [J]. International Journal

of Service Industry Management, 1995, 6 (2): 46-61.

[20] Kleijn D., et al. Mixed Biodiversity Benefts of Agri-Environment Schemes in Five European Countries [J]. Ecology Letlers, 2006 (3): 243-254.

[21] Lemon K. N., Verhoef P. C. Understanding Customer Experience: Throughout the Customer Journey [J]. Journal of Marketing, 2016 (80): 69-96.

[22] Loomis J., et al. Measuring the Total Economic Value or Restoring Ecosystem Services in an Impaired River Basin: Results from an Contingent Valuation Survey [J]. Ecological Economics, 2000 (39): 333-336.

[23] Muradian R., et al. Reconciling Theory and Practice: An Alternative Conceptual Framework for Understanding Payments for Environmental Services [J]. Ecological Economics, 2010, 69 (6): 1202.

[24] Noordwijk M. Van, et al. Criteria and Indicators for Eco-System Reward and Compensation Mechanisms: Realistic, Voluntary, Conditional and Pro-poor [EB/OL]. https://ideas.repec.org/p/raf/wpaper/614964.html.

[25] Pagiola S., Platais G. Payment for Environmental Services: From Theory to Practice [M]. Washington, DC: World Bank, 2006.

[26] Park I., Cho J., Rao H. R. The Dynamics of Pre-and Post-Purchase Service and Consumer Evaluation of Online Retailers: A Comparative Analysis of Dissonance and Disconfirmation Models [J]. Decision Sciences, 2015, 46 (6): 1109-1140.

[27] Pascual U., et al. Exploring the Links between Equity and Efficiency in Payments for Environmental Servies: A Conceptual Approach [J]. Ecological Economics, 2010, 69 (6): 1237-1244.

[28] Pavesi A., Gartner W., Denizct-Guilletb B. The Effects of a Negative Travel Experience on Tourists' Decisional [J]. International Journal of Tourism Research, 2016 (18): 423-433.

[29] Porter M. E. Competitive Strategy [J]. Measuring Business Excellence, 1997, 1 (2): 12-17.

[30] Sattler C., Matzdorf B. PES in a Nutshell: From Definitions and Origins to PES in Practice—Approaches, Design Process and Innovative Aspects-Science Direct

[J]. Eological Economics, 2013 (6): 2-11.

[31] Sattout E. J., Talhouk S. N., Caligari P. D. S. Economic Value of Cedar Relics in Lebanon: An Application of Contingent Valuation Method for Conservation [J]. Ecological Economics, 2007 (61): 315-322.

[32] Scott W. R., Davis G. F. Organizations and Organizing: Pearson New International Edition: Rational, Natural and Open Systems Perspectives [J]. Comparative Biochemistry & Physiology Part A Physiology, 2013 (2): 399-404.

[33] Sommerville M. M., Jones J. P. G., et al. A Revised Conceptual Framework for Payments for Environmental Services [J]. Ecology and Society, 2009, 14 (2): 34-47.

[34] Sommerville. A Revised Conceptual Framework for Payments for Environmental Services [J]. Ecology and Society, 2009, 14 (2): 34.

[35] Strauss A., Carbin J. Basics of Qualitative Research: Grounded Theory Procedres Theory Procedures and Techniques (2ed) [M]. London: Sage Publications, Inc, 1998.

[36] Suddbay R. From the Editors: What Grounded Theory is Not [J]. Academy of Management Journal, 2006, 49 (4): 633-642.

[37] Tacconi L. Redefining Payments for Environmental Services [J]. Ecological Economics, 2012 (73): 29.

[38] Weick K. Sensemaking in Organizations [M]. London: Sage Publications, 1995.

[39] Weiss H. M., Cropanzano R. Affective Events Theory: A Theoretical Discussion of the Structure, Causes and Consequences of Affective Experiences at Work [J]. Research in Organizational Behavior, 1996, 18 (3): 1-74.

[40] Wilkins S., Beckenuyte C., Butt M. M., Consumers' Behavioural Intentions After Experiencing Deception or Cognitive Dissonance Caused by Deceptive Packaging, Package Downsizing or Slack Filling [J]. European Journal of Marketing, 2016 (50): 213-235.

[41] Wunder S. Revisiting the Concept of Payments for Environmental Services [J]. Ecological Economics, 2015 (117): 234-243.

［42］埃里克·弗鲁博顿，等．新制度经济学：一个交易费用分析范式［M］．姜建强，罗长远，译．上海：上海人民出版社，2006.

［43］奥利弗·E. 威廉姆森．治理机制［M］．石烁，译．北京：机械工业出版社，2016.

［44］保罗·A. 萨缪尔森，威廉·D. 诺德豪斯．经济学［M］．高鸿业，等译．北京：中国发展出版社，1992.

［45］曹娣，周霞．山东省产业结构演化与水环境质量的关联分析——基于VAR模型［J］．资源开发与市场，2017，33（9）：1063-1067.

［46］曹飞飞，付晓，李嘉珣，汪铭一，吴钢．基于灰色拓扑理论的草地生态系统损害基线动态预测［J］．生态学报，2020，40（2）：540-548.

［47］陈爱东．构建西藏绿色财政体系的设想——基于促进西藏生态安全屏障建设的视角［J］．西藏民族学院学报（哲学社会科学版），2012，33（4）：30-35+138.

［48］陈斌，李拓．财政分权和环境规制促进了中国绿色技术创新吗？［J］．统计研究，2020，37（6）：28-39.

［49］陈强．高级计量经济学及Stata应用（第二版）［M］．北京：高等教育出版社，2014.

［50］陈晓萍，沈伟．组织与管理研究的实证方法（第三版）［M］．北京：北京大学出版社，2019.

［51］陈晓雨婧，夏建新．甘肃省生态安全评价及其驱动力分析［J］．西北民族大学学报（哲学社会科学版），2017（6）：140-147.

［52］陈兴淋．组织边界的理论及其作用［J］．学术界，2008（2）：84-88.

［53］陈星，周成虎．生态安全：国内外研究综述［J］．地理科学进展，2005，24（6）：8-20.

［54］陈娅玲，杨新军．西藏旅游研究三十年回顾及展望——基于CNKI相关论文的统计分析［J］．西藏研究，2010（12）：27-35.

［55］陈悦，等．CiteSpace知识图谱的方法论功能［J］．科学学研究，2015，33（2）：242-253.

［56］程翠云，杜艳春，葛察忠．完善我国生态安全政策体系的思考［J］．环境保护，2019，47（8）：16-19.

[57] 程漱兰，陈焱．关于国家生态安全［J］．经济研究参考，1999（B5）：37.

[58] 仇泸毅，何凌云．政策脱轨效应：评估环境政策的新框架［J］．产经评论，2020，3（2）：80-95.

[59] 崔庆明，徐红罡，杨杨．世俗的朝圣：西藏旅游体验研究［J］．旅游学刊，2014，29（2）：110-117；

[60] 崔胜辉，等．生态安全研究进展［J］．生态学报，2005，25（4）：861-868.

[61] 戴魁早，骆莙函．环境规制、政府科技支持与工业绿色全要素生产率［J］．统计研究，2022（4）：49-63.

[62] 戴维·迈尔斯．社会心理学［M］．张智勇，等译．北京：人民邮电出版社，2009.

[63] 董珍．生态治理中的多元协同：湖北省长江流域治理个案［J］．湖北社会科学，2018（3）：82-89.

[64] 杜青龙，安玉琴，潘明清，陈莉．西藏地区产业发展对生态水平的影响评价［J］．西藏大学学报（社会科学版），2015，30（4）：22-27+46.

[65] 杜青龙，贺晓庆，何波．旅游负面体验唤醒机制及游客策略性行为研究——基于进藏游客的扎根分析［J］．西藏大学学报，2019（2）：178-185.

[66] 多鲁洪·哈地尔．乌鲁木齐市循环经济发展的产业模式与保障体系研究［D］．北京：中央民族大学，2011.

[67] 樊友猛，谢彦君．“体验”的内涵与旅游体验属性新探［J］．旅游学刊，2017（11）：16-25.

[68] 范庆泉，张同斌．中国经济增长路径上的环境规制政策与污染治理机制研究［J］．世界经济，2018，41（8）：171-192.

[69] 范小杉，高吉喜，何萍，冯朝阳，徐杰，侯利萍，任颖，王德旺，贾娇，侯春飞．基于生态安全问题的生态保护红线管控方案［J］．中国环境科学，2018，38（12）：4749-4754.

[70] 菲利普·科特勒，等．营销管理（第15版）［M］．何佳讯，等译．上海：格致出版社，上海人民出版社，2017.

[71] 高歌．环境政策实践的研究回顾与启示［J］．社会科学家，2019

（9）：54-59.

［72］高阳，等．基于能值改进生态足迹模型的全国省区生态经济系统分析［J］．北京大学学报（自然科学版），2011，47（6）：1089-1096.

［73］呙亚玲，李巧云．基于改进 PSR 模型的洞庭湖区生态安全评价及主要影响因素分析［J］．农业现代化研究，2021，42（1）：132-141.

［74］郭岚，何凡．行业竞争、企业竞争地位与社会责任履行——以中国酒类行业为例［J］．现代财经（天津财经大学学报），2016，36（3）：62-72.

［75］郭申阳，马克·W. 弗雷泽．倾向值分析：统计方法与应用［M］．郭志刚，等译．重庆：重庆出版社，2012.

［76］郝枫，杨丹丹，孙梦迪．江苏污水处理差别定价政策对地表水质的影响——基于合成控制法的研究［J］．长江流域资源与环境，2020，29（2）：459-467.

［77］何音，等．企业社会责任与企业价值：营销竞争力与顾客意识的作用机理［J］．管理工程学报，2020，34（2）：84-94.

［78］胡晓芬，等．西北生态脆弱地区甘肃的生态安全时空演化格局［J］．生态科学，2017，36（6）：165-172.

［79］胡振通．中国草原生态补偿机制：基于内蒙甘肃两省（区）的实证研究［D］．北京：中国农业大学，2016.

［80］环境保护部办公厅．关于印发《环境损害鉴定评估推荐方法（第Ⅱ版）》的通知［EB/OL］．［2014-10-24］．http：//www.mee.gov.cn/gkml/hbb/bgt/201411/t2014 1105_291159.htm.

［81］黄娟．“五大发展”理念下生态文明建设的思考［J］．中国特色社会主义研究，2016（5）：83-88.

［82］霍金斯，等．体验主体行为学（第 7 版）［M］．符国群，译．北京：机械工业出版社，2001.

［83］贾兴平，刘益．外部环境、内部资源与企业社会责任［J］．南开管理评论，2014，17（6）：13-18+52.

［84］蒋大林，曹晓峰，匡鸿海，等．生态保护红线及其划定关键问题浅析［J］．资源科学，2015，37（9）：1755-1764.

［85］解雪峰，吴涛，肖翠，蒋国俊，边华菁，马勇，陈建华．基于 PSR 模

型的东阳江流域生态安全评价［J］. 资源科学，2014，36（8）：1702-1711.

［86］鞠昌华，裴文明，张慧．生态安全：基于多尺度的考察［J］. 生态与农村环境学报，2020，36（5）：626-634；

［87］瞿为民，朱德明．国家生态安全：加入WTO背景下环境保护对策探析［J］. 中国人口·资源与环境，2003（2）：60-64.

［88］李繁荣．新自由主义经济学思想批判——基于生态主义和社会正义的理论剖析［M］. 太原：山西经济出版社，2017.

［89］李宁．长江中游城市群流域生态保护补偿机制研究［D］. 武汉：武汉大学，2018.

［90］李四海，等．产权性质、市场竞争与企业社会责任行为——基于政治寻租视角的分析［J］. 中国人口·资源与环境，2015，25（1）：162-169.

［91］李四海，宋献中．新政治经济学视域下的企业社会责任：一个分析性框架［J］. 社会学评论，2018，6（2）：33-46.

［92］李小胜，束云霞．环境政策对空气污染控制与地区经济的影响——基于命令控制型工具的实证数理统计与管理［EB/OL］. https：//doi. org/10. 13860/j. cnki. sltj. 20200521-003.

［93］李笑春，陈智，王哲，叶立国，董华，聂馥玲．可持续发展的生态安全观——以浑善达克沙地为例［J］. 自然辩证法研究，2005（1）：17-20.

［94］李永．管理分权中的边界分析［D］. 济南：山东大学，2010.

［95］李玉照，刘永，颜小品．基于DPSIR模型的流域生态安全评价指标体系研究［J］. 北京大学学报（自然科学版），2012（6）：971-981.

［96］廖卫华，刘玉璟．西藏开展"史上最严"生态环境保护［EB/OL］.［2016-12-17］. https：//www. sohu. Com/a/121859776_114731.

［97］刘春济，彭屹．分权框架下区位对中国企业社会责任表现的影响［J］. 中国经济问题，2019（2）：65-77.

［98］刘海青．相机性租金的理论与实证研究［D］. 广州：暨南大学，2006.

［99］刘静．中国特色社会主义生态文明建设研究［D］. 北京：中共中央党校，2011.

［100］刘丽．我国国家生态保护补偿机制研究［D］. 青岛：青岛大学，

2010.

［101］刘鹏程，等．组织边界跨越能力对开放式服务创新的影响研究［J］．科学学与科学技术管理，2016，37（11）：136-151.

［102］刘晓莉．我国市场化生态保护补偿机制的立法问题研究［J］．吉林大学社会科学学报，2019，59（1）：47-53+220.

［103］刘新宇．面向美好生活：转型期的消费文化与社会治理［J］．浙江师范大学学报（社会科学版），2021（6）：1-8.

［104］刘友金，曾小明．房产税对产业转移的影响：来自重庆和上海的经验证据［J］．中国工业经济，2018（11）：98-116.

［105］刘雨林．论西藏主体功能区划［J］．西藏研究，2007（3）：81-87.

［106］柳荻，等．生态保护补偿的分析框架研究综述［J］．生态学报，2018，38（2）：1-13.

［107］陆贤伟．低碳试点政策实施效果研究——基于合成控制法的证据［J］．软科学，2017，31（11）：98-109.

［108］陆小成．产业集群协同演化的生态位整合模式研究［D］．长沙：中南大学，2010.

［109］陆新元，等．关于我国生态环境补偿收费政策的构想［J］．环境科学研究，1994（1）：61.

［110］吕建树，吴泉源，张祖陆，刘洋．基于 RS 和 GIS 的济宁市土地利用变化及生态安全研究［J］．地理科学，2012，32（8）：928-935.

［111］罗伯特·K. 殷．案例研究方法的应用（第 3 版）［M］．周海涛，译．重庆：重庆大学出版社，2016.

［112］罗会钧，许名健．习近平生态观的四个基本维度及当代意蕴［J］．中南林业科技大学学报（社会科学版），2018，12（2）：1-5+18.

［113］马璐，李伟，杜大有．市场导向对企业社会责任的影响分析——基于利益相关者视角［J］．科技进步与对策，2014，31（8）：99-102.

［114］毛基业，李高勇．案例研究的“术”与“道”的反思——中国企业管理案例与质性研究论坛（2013）综述［J］．管理世界，2014（2）：111-117.

［115］孟庆春，张夏然，郭影．“供应链+多元主体”视角下中小制造企业污染共治路径与机制研究［J］．中国软科学，2020（9）：100-110.

［116］孟昭兰．情绪心理学［M］．北京：北京大学出版社，2009.

［117］欧阳桃花，等．组织边界跨越与 IT 能力的协同演化：海尔信息系统案例［J］．中国工业经济，2012（12）：128-140.

［118］欧阳志云，郑华，岳平．建立我国生态保护补偿机制的思路与措施［J］．生态学报，2013，33（3）：686-692.

［119］潘善琳，崔丽丽．SPS 案例研究方法：流程、建模与示范［M］．北京：北京大学出版社，2018.

［120］裴潇，胡晓双．城镇化、环境规制对产业结构升级影响的实证［J］．统计与决策．2021，37（16）：102-105.

［121］彭迪云，何文靓．我国实施主体功能区战略的利益困局与政策建议——基于博弈论分析的视角［J］．求实，2013（6）：48-52.

［122］彭蕾．习近平生态文明思想理论与实践研究［D］．西安：西安理工大学，2020.

［123］秦晓楠，卢小丽．基于 BP-DEMATEL 模型的沿海城市生态安全系统影响因素研究［J］．管理评论，2015，27（5）：48-58.

［124］全吉．有限理性下的演化博弈与合作机制研究［M］．北京：经济管理出版社，2019.

［125］上海市质协用户评价中心．上海迪士尼乐园游客体验分析调查报告［J］．上海质量，2018（1）：56-59.

［126］邵明伟，金钟范，张军伟．中国城市群全要素生产率测算与分析：基于 2000—2014 年数据的 DEA - Malmquist 指数法［J］．经济问题探索，2018（5）：110-118.

［127］苏治，胡迪．通货膨胀目标是否有效——来自合成控制法的新证据［J］．经济研究，2015（6）：74-88.

［128］孙小龙．旅游体验质量评价述评：研究进展、要素解读与展望［J］．人文地理，2018（1）：143-151.

［129］锁利铭，等．环境多元主体共治的集体行动、网络结构及其模式演变——基于杭州与合肥都市圈的观察［J］．甘肃行政学院学报，2021（1）：60-71.

［130］唐文跃，张腾飞，龚晶晶．国内外旅游体验研究进展与启示［J］．资

源开发与市场，2018，34（11）：1571-1576.

［131］唐志强，秦娜．张掖市新型城镇化与生态安全耦合协调发展研究［J］．干旱区地理，2020，43（3）：786-795.

［132］陶希东．跨界治理：中国社会公共治理的战略选择［J］．学术月刊，2011，43（8）：22-29.

［133］陶永亮，李旭超，赵雪娇．中国经济发展进程、空间集聚与经济增长［J］．经济问题探索，2014（7）：1-7.

［134］特纳·J. H. 社会学理论的结构（第7版）［M］．邱泽奇，等译．北京：华夏出版社，2008.

［135］托马斯·W. 李．组织与管理研究的定性方法［M］．吕力，译．北京：北京大学出版社，2014.

［136］万伦来，朱琴．R&D投入对工业绿色全要素生产率增长的影响——来自中国工业1999-2010年的经验数据［J］．经济学动态，2013（9）：20-26.

［137］王彬彬，李晓燕．生态保护补偿的制度建构：政府和市场有效融合［J］．政治学研究，2015（5）：67-81.

［138］王耕，周腾禹．基于文献计量分析的区域生态安全研究热点与趋势［J］．生态学报，2019，39（18）：6950-6957.

［139］王韩民，郭玮，程漱兰，王前进．我国生态安全的问题与建议［J］．经济研究参考，1999（72）：40-44.

［140］王林辉，王辉，董直庆．经济增长和环境质量相容性政策条件——环境技术进步方向视角下的政策偏向效应检验［J］．管理世界，2020（3）：39-59.

［141］王敏达，等．生态文明视角下河北省承接京津产业转移对策研究［J］．河北工业大学学报（社会科学版），2017，9（3）：1-8.

［142］王毅，魏江超，孙启元，王菲凤．基于ARIMA-ANN模型的生态安全评价及预测——以河西走廊城市群为例［J］．生态学杂志，2020，39（1）：326-336.

［143］王雨辰．生态文明与文明转型［M］．武汉：武汉出版传媒，2020.

［144］王昀，孙晓华．政府补贴驱动工业转型升级的作用机理［J］．中国工业经济，2017（10）：99-117.

［145］王振波，梁龙武，方创琳，庄汝龙．京津冀特大城市群生态安全格局

时空演变特征及其影响因素［J］. 生态学报，2018（12）：4132-4144.

［146］王振宏，等. 身体攻击行为学生自主神经活动的情绪唤醒特点［J］. 心理学报，2007，39（2）：277-284.

［147］魏彩霞. 改革开放以来我国生态文明制度建设历程及重要意义［J］. 经济研究导刊，2019（6）：1-2+18.

［148］魏平，等. 自我主动情绪唤醒对血清肾上腺素水平影响的研究［J］. 山东体育学院学报，1997，13（36）：1-5+50.

［149］魏燕，蒲佐毅. 基于 VAR 模型的产业结构调整与生态安全实证研究［J］. 统计与决策，2013（4）：133-135.

［150］温湖炜，周凤秀. 环境规制与中国省域绿色全要素生产率：兼论对《环境保护税法》实施的启示［J］. 干旱区资源与环境，2019，33（2）：9-15.

［151］吴传清，黄磊. 承接产业转移对长江经济带中上游地区生态效率的影响研究［J］. 武汉大学学报（哲学社会科学版），2017，70（5）：78-85.

［152］吴德胜，陈淑珍. 生态环境损害经济学评估方法［M］. 北京：科学出版社，2020.

［153］吴福象，杨婧. 产业集群的生命周期及其演化机制——基于开放条件下长三角重点制造业的实证分析［J］. 华东经济管理，2016，30（9）：1-8.

［154］吴晓英，朱永利. 国外多元协同环境治理研究综述［J］. 重庆科技学院学报（社会科学版），2019（6）：26-29.

［155］五多·库卡兹. 质性文本分析：方法、实践与软件使用指南［M］. 朱志勇，等译. 重庆：重庆大学出版社，2017.

［156］西藏自治区环境保护厅. 2016 年西藏自治区环境状况公报［EB/OL］. ［2018-03-07］. http：//cn. chinagate. cn/environment/2018-03/17/content_50684850. html.

［157］西藏自治区生态环境厅. 2019 年西藏自治区生态环境状况公报［EB/OL］. epaper. chinatibetnews. com/xzrb/202006/05/content_31126. html.

［158］肖红军，李平. 平台型企业社会责任的生态化治理［J］. 管理世界，2019，35（4）：120-144+196.

［159］谢高地. 国家生态安全的维护机制建设研究［J］. 环境保护，2018，46（Z1）：13-16.

［160］徐成龙，任建兰，巩灿娟．产业结构调整对山东省碳排放的影响［J］．自然资源学报，2014，29（2）：201-210.

［161］徐成龙，程钰，任建兰．黄河三角洲地区生态安全预警测度及时空格局［J］．经济地理，2014，34（3）：149-155.

［162］徐成龙．环境规制下产业结构调整及其生态效应研究［D］．济南：山东师范大学，2015.

［163］徐大伟，跨区域流域生态保护补偿理论前沿问题研究［M］．北京：高等教育出版社，2019.

［164］徐素波，王耀东，耿晓媛．生态保护补偿：理论综述与研究展望［J］．林业经济，2020（3）：14-26.

［165］颜宁聿，等．生态银行运行机制与本土化改造研究：文献综述［J］．中国国土资源经济，2020，33（12）：10-24.

［166］燕守广，沈渭寿，邹长新，张慧．重要生态功能区生态保护补偿研究［J］．中国人口·资源与环境，2010，20（S1）：1-4.

［167］阳盼盼．我国工业循环经济发展的现实困境与路径选择［J］．改革与战略，2017（12）：84-89.

［168］杨艳，龚凡．制度与市场压力下企业社会责任履行中的模仿行为研究［J］．财会月刊，2019（16）：63-73.

［169］杨英姿．唯物史观与社会主义生态文明［J］．理论与评论，2021（5）：22-31.

［170］杨振姣，郑泽飞．命运共同体背景下北极海洋生态安全治理存在的问题及对策研究［J］．中国海洋大学学报（社会科学版），2018（5）：21-27.

［171］仰海锐，皮建才．企业社会责任标准差异下我国企业“走出去”策略分析［J］．西安交通大学学报（社会科学版），2020，40（1）：69-76.

［172］叶翠红．基于经济与生态协同的产业系统演化研究［M］．武汉：华中科技大学出版社，2016.

［173］叶义成，等．系统综合评价技术及其应用［M］．北京：冶金工业出版社，2006.

［174］佚名．解读《国家生态保护红线——生态功能基线划定技术指南（试行）》［J］．中国资源综合利用，2014，32（2）：13-17.

［175］尹晓波．我国生态安全问题初探［J］．经济问题探索，2003（3）：51-55.

［176］原嫄，等．产业结构对区域碳排放的影响——基于多国数据的实证分析［J］．地理研究，2016，35（1）：81-94.

［177］原嫄，孙欣彤．城市化、产业结构、能源消费、经济增长与碳排放的关联性分析——基于中国省际收入水平异质性的实证研究［J］．气候变化研究进展，2020，16（6）：738-747.

［178］苑春荟，燕阳．中央环保督察：压力型环境治理模式的自我调适——一项基于内容分析法的案例研究［J］．治理研究，2020（1）：57-68.

［179］詹姆斯，莫娜．服务管理·运营、战略和信息技术（第二版）［M］．张金成，等译．北京：机械工业出版社，2002.

［180］张家其，吴宜进，葛咏，王程昊，Hsiangte Kung．基于灰色关联模型的贫困地区生态安全综合评价——以恩施贫困地区为例［J］．地理研究，2014，33（8）：1457-1466.

［181］张婕，等．流域生态保护补偿机制研究——基于主体行为分析［M］．北京：科学出版社，2017.

［182］张军，吴桂英，张吉鹏．中国省际物质资本存量估算：1952—2000［J］．经济研究，2004（10）：36-44.

［183］张琨，林乃峰，徐德琳，于丹丹，邹长新．中国生态安全研究进展：评估模型与管理措施［J］．生态与农村环境学报，2018，34（12）：1057-1063.

［184］张维迎，林毅夫．政府的边界［M］．北京：民主与建设出版社，2017.

［185］张维迎．市场的逻辑［M］．上海：上海人民出版社，2012.

［186］张文明．完善生态产品价值实现机制——基于福建森林生态银行的调研［J］．宏观经济管理，2020：73-79.

［187］张文若，李媛媛，李瑞晶．基于哈肯模型的农村金融生态系统协同演化机制分析——以河北省为例［J］．河北工业大学学报（社会科学版），2020（1）：16-21.

［188］张毅，马冉．面向供应链的ENGO跨部门影响战略与驱动机制［J］．中国行政管理，2017（6）：36-42.

［189］张云飞．习近平生态文明思想的标志性成果［J］．湖湘论坛，2019，32（4）：5-14.

［190］赵军，胡秀芳．我国区域生态安全建设的思考［J］．生态经济，2004（S1）：47-48.

［191］赵仁青，黄志斌．乡村振兴视域中的农民生态文明素养培育研究［J］．江西理工大学学报，2022，43（5）1-13.

［192］赵文力，刘湘辉，鲍丙飞，向平安．长株潭城市群县域生态安全评估研究［J］．经济地理，2019，39（8）：200-206.

［193］赵雪雁，李巍，王学良．生态保护补偿研究中的几个关键问题［J］．中国人口·资源与环境，2012，22（2）：1-7.

［194］郑烨．基于引文分析的国外创新驱动研究的知识图谱［J］．科技管理研究，2014（21）：7-13.

［195］郑玉雯，薛伟贤．丝绸之路经济带沿线国家协同发展的驱动因素——基于哈肯模型的分阶段研究［J］．中国软科学，2019（2）：78-92.

［196］中共中央党史和文献研究院．习近平关于“三农”工作论述摘编［M］．北京：中央文献出版社，2019.

［197］中共中央文献研究室．习近平关于社会主义生态文明建设论述摘编［M］．北京：中央文献出版社，2017.

［198］中国生态保护补偿机制与政策研究课题组．中国生态保护补偿机制与政策研究［M］．北京：科学出版社，2007.

［199］钟祥浩，刘淑珍，王小丹，等．西藏高原国家生态安全屏障保护与建设［J］．山地学报，2006（2）：129-136.

［200］周彬，钟林生，陈田，张爱平．浙江省旅游生态安全的时空格局及障碍因子［J］．地理科学，2015，35（5）：599-607.

［201］周晓博，等．基于国家治理视角的生态补偿逻辑框架研究［J］．生态经济，2021，37（9）：185-195.

［202］周晓博，马天明．基于国家治理视角的中央环保督察有效性研究［J］．当代财经，2020（2）：27-39.

［203］朱教君，郑晓．关于三北防护林体系建设的思考与展望——基于40年建设综合评估结果［J］．生态学杂志，2019，38（5）：1600-1610.

附　录

附表 1　西部 11 个省份全要素生产率数据

年份	省份	TFPCH	TECH	TECCH	SECH	省份	TFPCH	TECH	TECCH	SECH
2004~2005	云南	0. 987	0. 964	1. 024	0. 999	内蒙古	1. 124	1. 002	1. 122	1. 000
2005~2006		1. 059	0. 943	1. 125	0. 998		1. 126	0. 967	1. 168	0. 997
2006~2007		1. 182	1. 175	1. 001	1. 005		1. 171	1. 025	1. 143	1. 000
2007~2008		0. 943	0. 941	1. 010	0. 993		1. 140	1. 060	1. 075	1. 001
2008~2009		0. 906	0. 940	0. 967	0. 997		1. 088	0. 967	1. 127	0. 998
2009~2010		0. 851	0. 805	1. 066	0. 992		1. 119	1. 027	1. 089	1. 001
2010~2011		1. 092	1. 037	1. 049	1. 004		1. 086	1. 018	1. 066	1. 000
2011~2012		1. 037	1. 033	1. 000	1. 004		1. 064	1. 057	1. 000	1. 006
2012~2013		1. 057	1. 047	1. 007	1. 003		0. 970	0. 932	1. 043	0. 998
2013~2014		1. 097	1. 065	1. 030	1. 000		1. 079	1. 006	1. 073	1. 000
2014~2015		1. 064	0. 968	1. 096	1. 002		1. 073	0. 987	1. 087	1. 001
2015~2016		1. 063	0. 923	1. 149	1. 003		1. 083	0. 961	1. 129	0. 999
2016~2017		1. 100	1. 040	1. 067	0. 991		1. 137	1. 087	1. 064	0. 984
2017~2018		1. 106	1. 029	1. 074	1. 000		1. 059	0. 986	1. 069	1. 004
2018~2019		1. 226	1. 167	1. 044	1. 007		1. 034	0. 954	1. 085	0. 999
2019~2020		1. 059	1. 055	1. 000	1. 004		1. 041	1. 041	1. 000	1. 000
年份	省份	TFPCH	TECH	TECCH	SECH	省份	TFPCH	TECH	TECCH	SECH
2004~2005	西藏	1. 066	1. 000	1. 121	0. 950	四川	1. 087	0. 980	1. 107	1. 002
2005~2006		1. 089	0. 994	1. 167	0. 939		1. 122	0. 968	1. 128	1. 028
2006~2007		1. 140	1. 006	1. 151	0. 985		1. 135	1. 036	1. 076	1. 018

续表

年份	省份	TFPCH	TECH	TECCH	SECH	省份	TFPCH	TECH	TECCH	SECH
2007～2008	西藏	1. 094	1. 000	1. 077	1. 016	四川	1. 090	1. 054	1. 028	1. 006
2008～2009		1. 060	1. 000	1. 170	0. 906		1. 020	1. 004	1. 006	1. 011
2009～2010		1. 069	0. 991	1. 115	0. 968		1. 017	1. 011	1. 009	0. 997
2010～2011		1. 140	1. 010	1. 080	1. 046		1. 009	1. 006	1. 000	1. 004
2011～2012		1. 068	1. 000	1. 000	1. 068		1. 000	1. 000	1. 000	1. 000
2012～2013		0. 946	0. 908	1. 018	1. 024		0. 996	1. 000	0. 997	1. 000
2013～2014		1. 068	1. 093	1. 041	0. 939		0. 996	1. 000	0. 996	1. 000
2014～2015		1. 088	1. 008	1. 097	0. 984		0. 992	0. 985	1. 008	1. 000
2015～2016		1. 146	1. 000	1. 155	0. 993		1. 008	0. 998	1. 010	1. 000
2016～2017		1. 083	1. 000	1. 062	1. 020		1. 018	1. 017	1. 001	1. 000
2017～2018		1. 029	0. 985	1. 078	0. 969		1. 001	1. 000	1. 000	1. 000
2018～2019		0. 921	0. 968	1. 032	0. 922		1. 000	1. 000	1. 000	1. 000
2019～2020		1. 150	1. 049	1. 000	1. 096		1. 000	1. 000	1. 000	1. 000

年份	省份	TFPCH	TECH	TECCH	SECH	省份	TFPCH	TECH	TECCH	SECH
2004～2005	宁夏	1. 059	0. 967	1. 119	0. 978	广西	0. 982	0. 965	1. 019	0. 999
2005～2006		1. 112	0. 987	1. 161	0. 971		1. 039	0. 939	1. 111	0. 996
2006～2007		1. 201	1. 093	1. 134	0. 970		1. 056	1. 004	1. 060	0. 993
2007～2008		1. 199	1. 072	1. 069	1. 046		1. 015	0. 962	1. 051	1. 003
2008～2009		1. 056	0. 955	1. 157	0. 956		1. 000	0. 889	1. 130	0. 995
2009～2010		1. 202	1. 062	1. 109	1. 020		1. 124	1. 005	1. 114	1. 003
2010～2011		1. 192	1. 106	1. 077	1. 001		1. 109	1. 029	1. 077	1. 001
2011～2012		0. 994	0. 983	1. 000	1. 012		1. 045	1. 042	1. 000	1. 003
2012～2013		1. 017	0. 990	1. 023	1. 003		0. 990	0. 975	1. 017	0. 999
2013～2014		1. 010	0. 978	1. 054	0. 980		1. 088	1. 057	1. 031	0. 999
2014～2015		1. 032	0. 931	1. 093	1. 013		1. 071	0. 976	1. 095	1. 002
2015～2016		1. 115	1. 013	1. 129	0. 975		1. 081	0. 948	1. 140	0. 999
2016～2017		1. 145	1. 057	1. 097	0. 987		1. 278	1. 228	1. 046	0. 994
2017～2018		1. 137	1. 097	1. 076	0. 963		0. 900	0. 871	1. 036	0. 997
2018～2019		1. 037	0. 974	1. 085	0. 981		1. 029	1. 007	1. 022	1. 000
2019～2020		1. 069	1. 052	1. 000	1. 016		1. 020	1. 018	1. 000	1. 002

续表

年份	省份	TFPCH	TECH	TECCH	SECH	省份	TFPCH	TECH	TECCH	SECH
2004~2005	新疆	1.089	1.064	1.025	0.999	甘肃	1.005	0.991	1.000	1.014
2005~2006		1.084	0.996	1.107	0.984		1.013	1.010	1.006	0.998
2006~2007		1.061	1.036	1.013	1.011		1.002	1.003	1.000	0.999
2007~2008		1.067	1.054	1.012	1.000		0.995	0.966	1.005	1.026
2008~2009		0.940	1.013	0.930	0.998		0.928	1.027	0.908	0.995
2009~2010		0.957	0.972	1.009	0.975		0.987	1.009	1.009	0.968
2010~2011		0.987	0.993	1.000	0.994		0.997	1.008	1.000	0.989
2011~2012		0.883	0.858	1.000	1.029		0.975	0.965	1.000	1.010
2012~2013		1.050	1.040	1.006	1.004		0.974	1.001	0.993	0.979
2013~2014		1.067	1.039	1.028	0.998		0.986	1.009	1.000	0.978
2014~2015		0.995	0.907	1.095	1.002		0.941	0.952	0.994	0.994
2015~2016		1.029	0.926	1.132	0.981		0.965	0.929	0.988	1.051
2016~2017		1.059	0.975	1.083	1.003		1.361	1.293	1.001	1.052
2017~2018		1.239	1.157	1.071	1.000		0.819	0.864	1.000	0.947
2018~2019		1.013	0.993	1.024	0.996		1.000	1.075	1.000	0.930
2019~2020		1.001	1.002	1.000	1.000		1.000	1.010	1.000	0.990

年份	省份	TFPCH	TECH	TECCH	SECH	省份	TFPCH	TECH	TECCH	SECH
2004~2005	贵州	1.045	1.004	1.003	1.039	陕西	1.066	1.053	1.014	0.998
2005~2006		1.040	1.035	1.028	0.977		1.027	0.934	1.098	1.002
2006~2007		1.029	1.026	1.000	1.003		1.062	1.014	1.055	0.993
2007~2008		1.060	1.028	1.005	1.026		1.084	1.029	1.050	1.003
2008~2009		0.957	1.058	0.904	1.001		1.015	0.915	1.115	0.994
2009~2010		0.956	0.980	1.009	0.966		1.125	1.042	1.077	1.003
2010~2011		0.991	0.998	1.000	0.993		1.141	1.051	1.084	1.001
2011~2012		0.931	0.918	1.000	1.014		1.109	1.105	1.000	1.004
2012~2013		0.938	0.952	0.995	0.990		0.920	0.912	1.008	1.001
2013~2014		1.049	1.031	1.005	1.012		1.065	1.042	1.024	0.998
2014~2015		1.086	0.999	1.058	1.028		1.038	0.950	1.093	0.999
2015~2016		1.058	0.972	1.098	0.992		1.029	0.943	1.098	0.994
2016~2017		1.085	1.002	1.082	1.001		1.057	0.996	1.068	0.994
2017~2018		1.135	1.070	1.061	0.999		1.108	1.061	1.037	1.007
2018~2019		1.041	1.028	1.013	1.000		1.050	1.038	1.011	1.001
2019~2020		1.016	1.013	1.000	1.003		1.026	1.025	1.000	1.001

续表

年份	省份	TFPCH	TECH	TECCH	SECH	省份	TFPCH	TECH	TECCH	SECH
2004~2005	青海	1.056	0.987	1.119	0.956					
2005~2006		1.086	0.981	1.149	0.964					
2006~2007		1.120	1.068	1.101	0.952					
2007~2008		1.091	0.988	1.052	1.049					
2008~2009		0.918	0.863	1.127	0.943					
2009~2010		1.113	0.986	1.085	1.041					
2010~2011		1.036	0.963	1.082	0.994					
2011~2012		1.090	1.066	1.000	1.022					
2012~2013		1.053	1.019	1.027	1.006					
2013~2014		1.067	1.055	1.067	0.948					
2014~2015		1.097	0.960	1.083	1.054					
2015~2016		1.116	1.014	1.129	0.975					
2016~2017		1.082	1.023	1.110	0.953					
2017~2018		1.125	1.078	1.067	0.979					
2018~2019		1.002	0.950	1.085	0.972					
2019~2020		1.033	1.026	1.000	1.006					

附表 2　11 个样本单位绿色全要素生产率

年份	省份	TFPCH	TECH	TECCH	省份	TFPCH	TECH	TECCH
2004~2005	西藏	1.034	1.000	1.034	云南	0.918	1.000	0.918
2005~2006		1.002	1.000	1.002		1.042	1.000	1.042
2006~2007		1.054	1.000	1.054		1.164	1.000	1.164
2007~2008		1.043	1.000	1.043		0.906	1.000	0.906
2008~2009		1.045	1.000	1.045		0.915	0.998	0.917
2009~2010		0.860	1.000	0.860		0.836	0.978	0.855
2010~2011		0.889	1.000	0.889		0.953	0.876	1.088
2011~2012		1.019	1.000	1.019		0.975	1.005	0.970
2012~2013		1.028	1.000	1.028		1.001	1.097	0.913
2013~2014		1.010	1.000	1.010		0.948	0.987	0.960
2014~2015		1.006	0.988	1.019		1.005	1.010	0.996
2015~2016		1.108	0.888	1.248		1.104	0.965	1.144

续表

年份	省份	TFPCH	TECH	TECCH	省份	TFPCH	TECH	TECCH
2016~2017	西藏	1.089	0.963	1.131	云南	1.154	1.001	1.153
2017~2018		1.019	0.944	1.080		1.065	0.978	1.089
2018~2019		1.025	0.995	1.031		1.202	1.128	1.066
2019~2020		1.261	1.261	1.000		1.000	1.000	1.000
平均值		1.031	1.002	1.031		1.012	1.001	1.011
年份	省份	TFPCH	TECH	TECCH	省份	TFPCH	TECH	TECCH
2004~2005	内蒙古	0.888	1.010	0.880	四川	1.032	1.007	1.024
2005~2006		0.990	1.000	0.990		1.057	1.000	1.057
2006~2007		0.987	1.000	0.987		1.086	1.000	1.086
2007~2008		0.972	1.000	0.972		1.069	1.000	1.069
2008~2009		0.990	1.000	0.990		1.021	1.000	1.021
2009~2010		1.017	1.000	1.017		1.043	1.000	1.043
2010~2011		1.124	1.000	1.124		1.034	1.000	1.034
2011~2012		1.001	1.000	1.001		1.002	1.000	1.002
2012~2013		0.908	1.000	0.908		0.972	1.000	0.972
2013~2014		1.209	1.000	1.209		1.010	1.000	1.010
2014~2015		1.093	1.000	1.093		0.977	1.000	0.977
2015~2016		1.005	1.000	1.005		1.015	1.000	1.015
2016~2017		1.194	1.000	1.194		1.027	1.000	1.027
2017~2018		0.976	1.000	0.976		1.006	1.000	1.006
2018~2019		1.030	1.000	1.030		1.002	1.000	1.002
2019~2020		1.093	0.990	1.105		1.000	1.000	1.000
平均值		1.030	1.000	1.030		1.022	1.000	1.022
年份	省份	TFPCH	TECH	TECCH	省份	TFPCH	TECH	TECCH
2004~2005	宁夏	0.947	0.957	0.989	广西	0.898	1.000	0.898
2005~2006		1.010	0.996	1.014		0.994	1.000	0.994
2006~2007		1.075	1.049	1.024		0.947	1.000	0.947
2007~2008		0.966	1.257	0.768		0.890	1.000	0.890
2008~2009		0.931	0.864	1.077		0.800	1.000	0.800
2009~2010		1.015	1.157	0.877		0.915	0.859	1.065
2010~2011		1.854	1.000	1.854		1.019	1.035	0.984
2011~2012		0.595	1.000	0.595		1.012	0.977	1.036

续表

年份	省份	TFPCH	TECH	TECCH	省份	TFPCH	TECH	TECCH
2012~2013	宁夏	0.973	1.000	0.973	广西	1.090	1.110	0.982
2013~2014		0.934	1.000	0.934		1.031	0.973	1.060
2014~2015		1.017	0.822	1.237		1.031	1.012	1.018
2015~2016		1.098	1.217	0.902		1.086	0.991	1.096
2016~2017		1.116	1.000	1.116		1.332	1.063	1.253
2017~2018		1.140	1.000	1.140		0.877	0.906	0.968
2018~2019		1.034	1.000	1.034		1.034	0.969	1.067
2019~2020		1.114	0.884	1.261		1.032	1.019	1.012
平均值		1.051	1.013	1.050		0.999	0.995	1.004

年份	省份	TFPCH	TECH	TECCH	省份	TFPCH	TECH	TECCH
2004~2005	甘肃	1.005	1.097	0.916	新疆	1.035	1.053	0.983
2005~2006		0.995	1.000	0.995		1.054	1.024	1.029
2006~2007		1.003	0.853	1.176		1.014	0.921	1.102
2007~2008		0.971	1.118	0.868		1.030	1.111	0.928
2008~2009		0.941	0.915	1.027		0.949	0.937	1.013
2009~2010		1.009	0.979	1.031		0.991	0.974	1.017
2010~2011		1.052	1.052	1.000		1.016	0.994	1.022
2011~2012		0.974	1.077	0.905		0.836	0.845	0.989
2012~2013		0.959	1.034	0.928		0.921	1.210	0.761
2013~2014		0.993	1.000	0.993		0.968	0.942	1.027
2014~2015		0.946	1.000	0.946		0.967	0.948	1.020
2015~2016		1.000	0.763	1.310		1.081	0.933	1.158
2016~2017		1.322	1.311	1.009		1.060	0.984	1.077
2017~2018		0.843	1.000	0.843		1.106	1.089	1.016
2018~2019		1.005	1.000	1.005		1.029	0.951	1.082
2019~2020		0.981	0.961	1.021		0.969	1.039	0.932
平均值		1.000	1.010	0.998		1.002	0.997	1.010

年份	省份	TFPCH	TECH	TECCH	省份	TFPCH	TECH	TECCH
2004~2005	贵州	1.024	1.284	0.798	陕西	0.959	1.064	0.901
2005~2006		1.025	1.000	1.025		0.971	0.970	1.001
2006~2007		1.066	1.000	1.066		0.975	0.958	1.018
2007~2008		1.024	1.000	1.024		0.992	1.031	0.962

续表

年份	省份	TFPCH	TECH	TECCH	省份	TFPCH	TECH	TECCH
2008~2009	贵州	0.950	1.000	0.950	陕西	0.968	1.014	0.954
2009~2010		0.983	1.000	0.983		0.999	1.027	0.972
2010~2011		1.113	1.000	1.113		1.008	0.945	1.067
2011~2012		0.868	1.000	0.868		1.004	1.022	0.982
2012~2013		0.946	1.000	0.946		0.997	1.071	0.931
2013~2014		1.002	1.000	1.002		1.014	0.952	1.065
2014~2015		1.002	1.000	1.002		1.037	0.975	1.064
2015~2016		0.975	0.946	1.031		1.028	1.057	0.973
2016~2017		1.022	0.922	1.109		1.110	1.001	1.109
2017~2018		1.121	1.147	0.977		1.098	1.018	1.079
2018~2019		1.039	0.881	1.180		1.054	1.012	1.041
2019~2020		1.086	1.081	1.005		0.885	1.003	0.882
平均值		1.015	1.016	1.005		1.006	1.008	1.000
年份	省份	TFPCH	TECH	TECCH	省份	TFPCH	TECH	TECCH
2004~2005	青海	0.959	0.955	1.004				
2005~2006		1.017	0.972	1.046				
2006~2007		1.053	0.965	1.092				
2007~2008		0.992	1.005	0.987				
2008~2009		0.888	0.925	0.960				
2009~2010		0.945	0.993	0.951				
2010~2011		0.972	0.974	0.998				
2011~2012		1.008	0.992	1.017				
2012~2013		1.008	1.126	0.895				
2013~2014		1.007	0.974	1.034				
2014~2015		1.014	1.022	0.991				
2015~2016		1.145	1.012	1.131				
2016~2017		1.049	0.960	1.093				
2017~2018		1.081	0.988	1.094				
2018~2019		1.021	0.943	1.083				
2019~2020		0.971	1.067	0.909				
平均值		1.008	0.992	1.018				